OEUVRES
COMPLÈTES
DE MOLIÈRE.

TOME SIXIÈME.

NANCY, IMPRIMERIE D'HÆNER.

OEUVRES
COMPLÈTES
DE MOLIÈRE,

AVEC

DES COMMENTAIRES HISTORIQUES ET LITTÉRAIRES,

PRÉCÉDÉES

DU TABLEAU DES MOEURS DU XVIIe SIÈCLE,

ET ORNÉES DE 33 GRAVURES.

TOME SIXIÈME.

PARIS,

N. BARBA,

COURS DES FONTAINES, N° 7.

1828.

L'AVARE,

COMÉDIE

EN CINQ ACTES ET EN PROSE,

Représentée à Paris, sur le théâtre du Palais-Royal, le 9 septembre 1668.

PERSONNAGES.

HARPAGON, père de Cléante et d'Élise, et amoureux de Mariane.
ANSELME, père de Valère et de Mariane.
CLÉANTE, fils d'Harpagon, amant de Mariane.
ÉLISE, fille d'Harpagon.
VALÈRE, fils d'Anselme, et amant d'Élise.
MARIANE, fille d'Anselme.
FROSINE, femme d'intrigue.
MAITRE SIMON, courtier.
MAITRE JACQUES, cuisinier et cocher d'Harpagon.
LA FLÈCHE, valet de Cléante.
DAME CLAUDE, servante d'Harpagon.
BRINDAVOINE, } laquais d'Harpagon.
LA MERLUCHE, }
Un COMMISSAIRE.

La scène est à Paris, dans la maison d'Harpagon.

L'AVARE.

ACTE PREMIER.

SCÈNE I.

VALÈRE, ÉLISE.

VALÈRE.

Hé quoi ! charmante Élise, vous devenez mélancolique, après les obligeantes assurances que vous avez eu la bonté de me donner de votre foi ! je vous vois soupirer, hélas ! au milieu de ma joie ! Est-ce du regret, dites-moi, de m'avoir fait heureux ? et vous repentez-vous de cet engagement où mes feux ont pu vous contraindre ?

ÉLISE.

Non, Valère, je ne puis pas me repentir de tout ce que je fais pour vous ; je m'y sens entraîner par une trop douce puissance : et je n'ai pas même la force de souhaiter que les choses ne fussent pas. Mais, à vous dire vrai, le succès me donne de l'inquiétude ; et je crains fort de vous aimer un peu plus que je ne devrois.

VALÈRE.

Hé ! que pouvez-vous craindre, Élise, dans les bontés que vous avez pour moi ?

ÉLISE.

Hélas ! cent choses à la fois : l'emportement d'un père, les reproches d'une famille, les censures du monde, mais, plus que tout, Valère, le changement de votre cœur, et cette froideur criminelle dont ceux de votre sexe paient le plus souvent les témoignages trop ardents d'un innocent amour.

VALÈRE.

Ah ! ne me faites pas ce tort de juger de moi par les autres : soupçonnez-moi de tout, Élise, plutôt que de manquer à ce que je vous dois. Je vous aime trop pour cela ; et mon amour pour vous durera autant que ma vie.

ÉLISE.

Ah ! Valère, chacun tient les mêmes discours. Tous les hommes sont semblables par les paroles, et ce n'est que les actions qui les découvrent différents.

VALÈRE.

Puisque les seules actions font connoître ce que nous sommes, attendez donc, au moins, à juger de mon cœur par elles ; et ne me cherchez point des crimes dans les injustes craintes d'une fâcheuse prévoyance. Ne m'assassinez point, je vous prie, par les sensibles coups d'un soupçon outrageux ; et donnez-moi le temps de vous convaincre, par mille et mille preuves, de l'honnêteté de mes feux.

ÉLISE.

Hélas ! qu'avec facilité on se laisse persua—

der par les personnes que l'on aime ! Oui, Valère, je tiens votre cœur incapable de m'abuser. Je crois que vous m'aimez d'un véritable amour, et que vous me serez fidèle ; je n'en veux point du tout douter, et je retranche mon chagrin (*) aux appréhensions du blâme qu'on pourra me donner.

VALÈRE.

Mais pourquoi cette inquiétude ?

ÉLISE.

Je n'aurois rien à craindre si tout le monde vous voyoit des yeux dont je vous vois ; et je trouve en votre personne de quoi avoir raison (**) aux choses que je fais pour vous. Mon cœur, pour sa défense, a tout votre mérite, appuyé du secours d'une reconnoissance où le ciel m'engage envers vous. Je me représente à toute heure ce péril étonnant qui commença de nous offrir aux regards l'un de l'autre, cette générosité surprenante qui vous fit risquer votre vie pour dérober la mienne à la fureur des ondes, ces soins pleins de tendresse que vous me fîtes éclater après m'avoir tirée de l'eau, et les hommages assidus de cet ardent amour, que ni le temps ni les difficultés n'ont rebuté, et qui, vous faisant négliger et parents et patrie, arrête vos pas en ces lieux, y tient en ma faveur votre fortune déguisée, et vous a réduit, pour me voir, à vous revêtir de l'emploi de domestique de mon père. Tout cela fait chez moi, sans doute, un merveilleux

---

(*) *Je retranche mon chagrin, pour mon chagrin se borne.*
(**) *Avoir raison aux choses, pour justifier les choses.*

effet ; et c'en est assez, à mes yeux, pour me justifier l'engagement où j'ai pu consentir ; mais ce
n'est pas assez peut-être pour le justifier aux autres, et je ne suis pas sûre qu'on entre dans mes
sentiments.

VALÈRE.

De tout ce que vous avez dit, ce n'est que par
mon seul amour que je prétends, auprès de vous,
mériter quelque chose : et, quant aux scrupules
que vous avez, votre père lui-même ne prend
que trop de soin de vous justifier à tout le monde ;
et l'excès de son avarice, et la manière austère
dont il vit avec ses enfants, pourroient autoriser
des choses plus étranges. Pardonnez-moi, charmante Élise, si j'en parle ainsi devant vous. Vous
savez que, sur ce chapitre, on n'en peut pas dire
de bien. Mais enfin si je puis, comme je l'espère,
retrouver mes parents, nous n'aurons pas beaucoup de peine à nous le rendre favorable. J'en
attends des nouvelles avec impatience ; et j'en irai
chercher moi-même si elles tardent à venir.

ÉLISE.

Ah ! Valère, ne bougez d'ici, je vous prie, et
songez seulement à vous bien mettre dans l'esprit
de mon père.

VALÈRE.

Vous voyez comme je m'y prends, et les
adroites complaisances qu'il m'a fallu mettre en
usage pour m'introduire à son service, sous
quel masque de sympathie et de rapports de
sentiments je me déguise pour lui plaire, et

quel personnage je joue tous les jours avec lui afin d'acquérir sa tendresse. J'y fais des progrès admirables; et j'éprouve que, pour gagner les hommes, il n'est point de meilleure voie que de se parer à leurs yeux de leurs inclinations, que de donner dans leurs maximes, encenser leurs défauts, et applaudir à ce qu'ils font. On n'a que faire d'avoir peur de trop charger la complaisance; et la manière dont on les joue a beau être visible, les plus fins sont toujours de grandes dupes du côté de la flatterie; et il n'y a rien de si impertinent et de si ridicule qu'on ne fasse avaler, lorsqu'on l'assaisonne en louanges. La sincérité souffre un peu au métier que je fais: mais quand on a besoin des hommes, il faut bien s'ajuster à eux; et puisqu'on ne sauroit les gagner que par-là, ce n'est pas la faute de ceux qui flattent, mais de ceux qui veulent être flattés.

ÉLISE.

Mais que ne tâchez-vous aussi à gagner l'appui de mon frère, en cas que la servante s'avisât de révéler notre secret?

VALÈRE.

On ne peut pas ménager l'un et l'autre; et l'esprit du père et celui du fils sont des choses si opposées, qu'il est difficile d'accommoder ces deux confidences ensemble. Mais vous, de votre part, agissez auprès de votre frère, et servez-vous de l'amitié qui est entre vous deux pour le jeter dans nos intérêts. Il vient. Je me retire.

Prenez ce temps pour lui parler, et ne lui découvrez de notre affaire que ce que vous jugerez à propos.

ÉLISE.

Je ne sais si j'aurai la force de lui faire cette confidence.

SCÈNE II.
CLÉANTE, ÉLISE.

CLÉANTE.

Je suis bien aise de vous trouver seule, ma sœur, et je brûlois de vous parler pour m'ouvrir à vous d'un secret.

ÉLISE.

Me voilà prête à vous ouïr, mon frère. Qu'avez-vous à me dire ?

CLÉANTE.

Bien des choses, ma sœur, enveloppées dans un mot, J'aime.

ÉLISE.

Vous aimez ?

CLÉANTE.

Oui, j'aime. Mais, avant que d'aller plus loin, je sais que je dépends d'un père, et que le nom de fils me soumet à ses volontés ; que nous ne devons point engager notre foi sans le consentement de ceux dont nous tenons le jour ; que le ciel les a faits les maîtres de nos vœux, et qu'il nous est enjoint de n'en disposer que par leur conduite ; que, n'étant prévenus d'aucune folle ardeur, ils sont en état de se trom-

ACTE I, SCÈNE II.

per bien moins que nous, et de voir beaucoup mieux ce qui nous est propre : qu'il en faut plutôt croire les lumières de leur prudence que l'aveuglement de notre passion ; et que l'emportement de la jeunesse nous entraîne le plus souvent dans des précipices fâcheux. Je vous dis tout cela, ma sœur, afin que vous ne vous donniez pas la peine de me le dire ; car enfin mon amour ne veut rien écouter, et je vous prie de ne me point faire de remontrances.

ÉLISE.

Vous êtes-vous engagé, mon frère, avec celle que vous aimez ?

CLÉANTE.

Non ; mais j'y suis résolu : et je vous conjure, encore une fois, de ne me point apporter de raisons pour m'en dissuader.

ÉLISE.

Suis-je, mon frère, une si étrange personne ?

CLÉANTE.

Non, ma sœur ; mais vous n'aimez pas. Vous ignorez la douce violence qu'un tendre amour fait sur nos cœurs, et j'appréhende votre sagesse.

ÉLISE.

Hélas ! mon frère, ne parlons point de ma sagesse. Il n'est personne qui n'en manque, du moins une fois en sa vie ; et, si je vous ouvre mon cœur, peut-être serai-je à vos yeux bien moins sage que vous.

CLÉANTE.

Ah! plût au ciel que votre âme, comme la mienne...

ÉLISE.

Finissons auparavant votre affaire, et me dites qui est celle que vous aimez.

CLÉANTE.

Une jeune personne qui loge depuis peu en ces quartiers, et qui semble être faite pour donner de l'amour à tous ceux qui la voient. La nature, ma sœur, n'a rien formé de plus aimable ; et je me sentis transporté dès le moment que je la vis. Elle se nomme Mariane, et vit sous la conduite d'une bonne femme de mère qui est presque toujours malade, et pour qui cette aimable fille a des sentiments d'amitié qui ne sont pas imaginables. Elle la sert, la plaint, et la console, avec une tendresse qui vous toucheroit l'âme. Elle se prend d'un air le plus charmant du monde aux choses qu'elle fait ; et l'on voit briller mille grâces en toutes ses actions, une douceur pleine d'attraits, une bonté toute engageante, une honnêteté adorable, une... Ah! ma sœur, je voudrois que vous l'eussiez vue !

ÉLISE.

J'en vois beaucoup, mon frère, dans les choses que vous me dites ; et, pour comprendre ce qu'elle est, il me suffit que vous l'aimez.

CLÉANTE.

J'ai découvert, sous main, qu'elles ne sont

pas fort accommodées (*), et que leur discrète conduite a de la peine à étendre à tous leurs besoins le bien qu'elles peuvent avoir. Figurez-vous, ma sœur, quelle joie ce peut être que de relever la fortune d'une personne que l'on aime, que de donner adroitement quelques petits secours aux modestes nécessités d'une vertueuse famille ; et concevez quel déplaisir ce m'est de voir que, par l'avarice d'un père, je sois dans l'impuissance de goûter cette joie, et de faire éclater à cette belle aucun témoignage de mon amour.

ÉLISE.

Oui, je conçois assez, mon frère, quel doit être votre chagrin.

CLÉANTE.

Ah ! ma sœur, il est plus grand qu'on ne peut croire. Car enfin peut-on rien voir de plus cruel que cette rigoureuse épargne qu'on exerce sur nous, que cette sécheresse étrange où l'on nous fait languir ? Hé ! que nous servira d'avoir du bien, s'il ne nous vient que dans le temps que nous ne serons plus dans le bel âge d'en jouir ; et si, pour m'entretenir même, il faut que maintenant je m'engage de tous côtés ; si je suis réduit avec vous à chercher tous les jours le recours des marchands pour avoir moyen de porter des habits raisonnables ? Enfin, j'ai voulu vous parler pour m'aider à sonder mon père sur les sentiments où je suis ; et, si je l'y trouve contraire, j'ai résolu d'aller en

---

(*) *Fort accommodées*, pour fort à leur aise.

d'autres lieux, avec cette aimable personne, jouir de la fortune que le ciel voudra nous offrir. Je fais chercher partout, pour ce dessein, de l'argent à emprunter ; et, si vos affaires, ma sœur, sont semblables aux miennes, et qu'il faille que notre père s'oppose à nos désirs, nous le quitterons là tous deux, et nous affranchirons de cette tyrannie où nous tient depuis si long-temps son avarice insupportable.

ÉLISE.

Il est bien vrai que tous les jours il nous donne de plus en plus sujet de regretter la mort de notre mère ! et que...

CLÉANTE.

J'entends sa voix. Éloignons-nous un peu pour achever notre confidence, et nous joindrons, après, nos forces pour venir attaquer la dureté de son humeur.

SCÈNE III.
HARPAGON, LA FLÈCHE.

HARPAGON.

Hors d'ici tout à l'heure, et qu'on ne réplique pas. Allons, que l'on détale de chez moi, maître juré filou, vrai gibier de potence.

LA FLÈCHE, à part.

Je n'ai jamais rien vu de si méchant que ce maudit vieillard ; et je pense, sauf correction, qu'il a le diable au corps.

ACTE I, SCÈNE III.

HARPAGON.

Tu murmures entre tes dents ?

LA FLÈCHE.

Pourquoi me chassez-vous ?

HARPAGON.

C'est bien à toi, pendard, à me demander des raisons ! Sors vite, que je ne t'assomme.

LA FLÈCHE.

Qu'est-ce que je vous ai fait ?

HARPAGON.

Tu m'as fait, que je veux que tu sortes.

LA FLÈCHE.

Mon maître, votre fils, m'a donné ordre de l'attendre.

HARPAGON.

Va-t'en l'attendre dans la rue, et ne sois point dans ma maison, planté tout droit comme un piquet, à observer ce qui se passe, et faire ton profit de tout. Je ne veux point voir sans cesse devant moi un espion de mes affaires, un traître dont les yeux maudits assiégent toutes mes actions, dévorent ce que je possède, et furètent de tous côtés pour voir s'il n'y a rien à voler.

LA FLÈCHE.

Comment diantre voulez-vous qu'on fasse pour vous voler ? Êtes-vous un homme volable, quand vous renfermez toutes choses, et faites sentinelle jour et nuit ?

HARPAGON.

Je veux renfermer ce que bon me semble, et

faire sentinelle comme il me plaît. Ne voilà pas de mes mouchards (*) qui prennent garde à ce qu'on fait ! (Bas, à part.) Je tremble qu'il n'ait soupçonné quelque chose de mon argent. (Haut.) Ne serois-tu point homme à faire courir le bruit que j'ai chez moi de l'argent caché ?

LA FLÈCHE.

Vous avez de l'argent caché ?

HARPAGON.

Non, coquin, je ne dis pas cela. (Bas.) J'enrage ! (Haut.) Je demande si malicieusement tu n'irois point faire courir le bruit que j'en ai.

LA FLÈCHE.

Hé ! que nous importe que vous en ayez ou que vous n'en ayez pas, si c'est pour nous la même chose ?

HARPAGON, levant la main pour donner un soufflet à La Flèche.

Tu fais le raisonneur ! Je te baillerai de ce raisonnement-ci par les oreilles. Sors d'ici, encore une fois.

LA FLÈCHE.

Hé bien ! je sors.

HARPAGON.

Attends. Ne m'emportes-tu rien ?

LA FLÈCHE.

Que vous emporterois-je ?

(*) Il y avoit sous François II un Antoine Demochairs de Mouchy, inquisiteur de la foi. Mézeray prétend que ses espions furent appelés *mouchards*. En effet, ce mot ne se trouve pas employé avant le règne de François II.

ACTE I, SCÈNE III.

HARPAGON.

Viens çà que je voie. Montre-moi tes mains.

LA FLÈCHE.

Les voilà.

HARPAGON.

Les autres.

LA FLÈCHE.

Les autres ?

HARPAGON.

Oui.

LA FLÈCHE.

Les voilà.

HARPAGON, *montrant le haut-de-chausses de La Flèche.*

N'as-tu rien mis ici dedans ?

LA FLÈCHE.

Voyez vous-même.

HARPAGON, *tâtant le bas des hauts-de-chausses de La Flèche.*

Ces grands hauts-de-chausses sont propres à devenir les recéleurs des choses qu'on dérobe, et je voudrois qu'on en eût fait pendre quelqu'un.

LA FLÈCHE, *à part.*

Ah ! qu'un homme comme cela mériteroit bien ce qu'il craint ! et que j'aurois de joie à le voler !

HARPAGON.

Hé ?

LA FLÈCHE.

Quoi ?

HARPAGON.

Qu'est-ce que tu parles de voler ?

LA FLÈCHE.

Je dis que vous fouillez bien partout pour voir si je vous ai volé.

HARPAGON.

C'est ce que je veux faire.

(Harpagon fouille dans les poches de La Flèche.)

LA FLÈCHE, à part.

La peste soit de l'avarice et des avaricieux !

HARPAGON.

Comment ? que dis-tu ?

LA FLÈCHE.

Ce que je dis ?

HARPAGON.

Oui. Qu'est-ce que tu dis d'avarice et d'avaricieux ?

LA FLÈCHE.

Je dis que la peste soit de l'avarice et des avaricieux !

HARPAGON.

De qui veux-tu parler ?

LA FLÈCHE.

Des avaricieux.

HARPAGON.

Et qui sont-ils, ces avaricieux ?

LA FLÈCHE.

Des vilains et des ladres.

HARPAGON.

Mais qui est-ce que tu entends par-là ?

LA FLÈCHE.

De quoi vous mettez-vous en peine ?

HARPAGON.

Je me mets en peine de ce qu'il faut.

ACTE I, SCÈNE III.

LA FLÈCHE.

Est-ce que vous croyez que je veux parler de vous ?

HARPAGON.

Je crois ce que je crois ; mais je veux que tu me dises à qui tu parles quand tu dis cela.

LA FLÈCHE.

Je parle... Je parle à mon bonnet.

HARPAGON.

Et moi je pourrois bien parler à ta barrette.

LA FLÈCHE.

M'empêcherez-vous de maudire les avaricieux ?

HARPAGON.

Non ; mais je t'empêcherai de jaser et d'être insolent : tais-toi.

LA FLÈCHE.

Je ne nomme personne.

HARPAGON.

Je te rosserai, si tu parles.

LA FLÈCHE.

Qui se sent morveux, qu'il se mouche.

HARPAGON.

Te tairas-tu ?

LA FLÈCHE.

Oui, malgré moi.

HARPAGON.

Ah! ah!

LA FLÈCHE, *montrant à Harpagon une poche de son justaucorps.*

Tenez, voilà encore une poche. Êtes-vous satisfait ?

HARPAGON.
Allons, rends-le-moi sans te fouiller.
LA FLÈCHE.
Quoi ?
HARPAGON.
Ce que tu m'as pris.
LA FLÈCHE.
Je ne vous ai rien pris du tout.
HARPAGON.
Assurément ?
LA FLÈCHE.
Assurément.
HARPAGON.
Adieu. Va-t'en à tous les diables.
LA FLÈCHE, à part.
Me voilà fort bien congédié !
HARPAGON.
Je te le mets sur ta conscience au moins.

SCÈNE IV.
HARPAGON.

Voilà un pendard de valet qui m'incommode fort ; et je ne me plais point à voir ce chien de boiteux-là. Certes, ce n'est pas une petite peine que de garder chez soi une grande somme d'argent ; et bien heureux qui a tout son fait bien placé, et ne conserve seulement que ce qu'il faut pour sa dépense. On n'est pas peu embarrassé à inventer dans toute une maison une cache fidèle ; car, pour moi, les coffres-forts me sont suspects, et je ne veux jamais m'y fier; je les tiens justement une franche amorce à voleurs; et c'est toujours la première chose que l'on va attaquer.

SCÈNE V.

HARPAGON; ÉLISE ET CLÉANTE,
PARLANT ENSEMBLE, ET RESTANT DANS LE FOND DU THÉATRE.

HARPAGON, *se croyant seul.*

Cependant je ne sais si j'aurai bien fait d'avoir enterré dans mon jardin dix mille écus qu'on me rendit hier. Dix mille écus en or, chez soi, est une somme assez... (*A part, apercevant Élise et Cléante.*) O ciel! je me serai trahi moi-même; la chaleur m'aura emporté; et je crois que j'ai parlé haut en raisonnant tout seul. (*A Cléante et à Élise.*) Qu'est-ce ?

CLÉANTE.

Rien, mon père.

HARPAGON.

Y a-t-il long-temps que vous êtes là ?

ÉLISE.

Nous ne venons que d'arriver.

HARPAGON.

Vous avez entendu...

CLÉANTE.

Quoi, mon père ?

HARPAGON.

Là...

ÉLISE.

Quoi ?

HARPAGON.

Ce que je viens de dire.

CLÉANTE.

Non.

HARPAGON.

Si fait, si fait.

ÉLISE.

Pardonnez-moi.

HARPAGON.

Je vois bien que vous en avez ouï quelques mots. C'est que je m'entretenois en moi-même de la peine qu'il y a aujourd'hui à trouver de l'argent, et je disois qu'il est bien heureux qui peut avoir dix mille écus chez soi.

CLÉANTE.

Nous feignions à vous aborder, de peur de vous interrompre.

HARPAGON.

Je suis bien aise de vous dire cela, afin que vous n'alliez pas prendre les choses de travers, et vous imaginer que je dise que c'est moi qui ai dix mille écus.

CLÉANTE.

Nous n'entrons point dans vos affaires.

HARPAGON.

Plût à Dieu que je les eusse, les dix mille écus !

CLÉANTE.

Je ne crois pas...

ACTE I, SCÈNE V.

HARPAGON.

Ce seroit une bonne affaire pour moi.

ÉLISE.

Ce sont des choses...

HARPAGON.

J'en aurois bon besoin.

CLÉANTE.

Je pense que...

HARPAGON.

Cela m'accommoderoit fort.

ÉLISE.

Vous êtes...

HARPAGON.

Et je ne me plaindrois pas, comme je fais, que le temps est misérable.

CLÉANTE.

Mon Dieu ! mon père, vous n'avez pas lieu de vous plaindre, et l'on sait que vous avez assez de bien.

HARPAGON.

Comment ! j'ai assez de bien ! Ceux qui le disent en ont menti. Il n'y a rien de plus faux ; et ce sont des coquins qui font courir tous ces bruits-là.

ÉLISE.

Ne vous mettez point en colère.

HARPAGON.

Cela est étrange, que mes propres enfants me trahissent, et deviennent mes ennemis ?

CLÉANTE.

Est-ce être votre ennemi, que de dire que vous avez du bien ?

HARPAGON.

Oui. De pareils discours, et les dépenses que vous faites, seront cause qu'un de ces jours on me viendra chez moi couper la gorge, dans la pensée que je suis tout cousu de pistoles.

CLÉANTE.

Quelle grande dépense est-ce que je fais ?

HARPAGON.

Quelle ? Est-il rien de plus scandaleux que ce somptueux équipage que vous promenez par la ville ? Je querellois hier votre sœur ; mais c'est encore pis. Voilà qui crie vengeance au ciel ; et, à vous prendre depuis les pieds jusqu'à la tête, il y auroit là de quoi faire une bonne constitution. Je vous l'ai dit vingt fois, mon fils : toutes vos manières me déplaisent fort, vous donnez furieusement dans le marquis ; et, pour aller ainsi vêtu, il faut bien que vous me dérobiez.

CLÉANTE.

Hé ! comment vous dérober ?

HARPAGON.

Que sais-je, moi ? Où pouvez-vous donc prendre de quoi entretenir l'état que vous portez ?

CLÉANTE.

Moi, mon père ? c'est que je joue ; et, comme je suis fort heureux, je mets sur moi tout l'argent que je gagne.

HARPAGON.

C'est fort mal fait. Si vous êtes heureux au jeu, vous en devriez profiter, et mettre à honnête intérêt l'argent que vous gagnez, afin de le trouver un jour. Je voudrois bien savoir, sans parler du reste, à quoi servent tous ces rubans dont vous voilà lardé depuis les pieds jusqu'à la tête, et si une demi-douzaine d'aiguillettes ne suffit pas pour attacher un haut-de-chausses. Il est bien nécessaire d'employer de l'argent à des perruques, lorsque l'on peut porter des cheveux de son cru, qui ne coûtent rien ! Je vais gager qu'en perruques et rubans il y a du moins vingt pistoles ; et vingt pistoles rapportent par année dix-huit livres six sous huit deniers, à ne les placer qu'au denier douze.

CLÉANTE.

Vous avez raison.

HARPAGON.

Laissons cela, et parlons d'autres affaires. (Apercevant Cléante et Élise qui se font des signes.) Hé ! (Bas, à part.) Je crois qu'ils se font signe l'un à l'autre de me voler ma bourse. (Haut.) Que veulent dire ces gestes-là ?

ÉLISE.

Nous marchandons, mon frère et moi, à qui parlera le premier ; et nous avons tous deux quelque chose à vous dire.

HARPAGON.

Et moi, j'ai quelque chose aussi à vous dire à tous deux.

CLÉANTE.

C'est de mariage, mon père, que nous désirons vous parler.

HARPAGON.

Et c'est de mariage aussi que je veux vous entretenir.

ÉLISE.

Ah! mon père!

HARPAGON.

Pourquoi ce cri? Est-ce le mot, ma fille, ou la chose, qui vous fait peur?

CLÉANTE.

Le mariage peut nous faire peur à tous deux de la façon que vous pouvez l'entendre; et nous craignons que nos sentiments ne soient pas d'accord avec votre choix.

HARPAGON.

Un peu de patience. Ne vous alarmez point. Je sais ce qu'il faut à tous deux, et vous n'aurez ni l'un ni l'autre aucun lieu de vous plaindre de tout ce que je prétends faire; et pour commencer par un bout (à Cléante), avez-vous vu, dites-moi, une jeune personne appelée Mariane, qui ne loge pas loin d'ici?

CLÉANTE.

Oui, mon père.

HARPAGON.

Et vous?

ÉLISE.

J'en ai ouï parler.

ACTE I, SCÈNE V.

HARPAGON.

Comment, mon fils, trouvez-vous cette fille ?

CLÉANTE.

Une fort charmante personne.

HARPAGON.

Sa physionomie ?

CLÉANTE.

Tout honnête et pleine d'esprit.

HARPAGON.

Son air et sa manière ?

CLÉANTE.

Admirables, sans doute.

HARPAGON.

Ne croyez-vous pas qu'une fille comme cela mériteroit assez que l'on songeât à elle ?

CLÉANTE.

Oui, mon père.

HARPAGON.

Que ce seroit un parti souhaitable ?

CLÉANTE.

Très-souhaitable.

HARPAGON.

Qu'elle a toute la mine de faire un bon ménage ?

CLÉANTE.

Sans doute.

HARPAGON.

Et qu'un mari auroit satisfaction avec elle ?

CLÉANTE.

Assurément.

HARPAGON.

Il y a une petite difficulté ; c'est que j'ai peur qu'il n'y ait pas, avec elle, tout le bien qu'on pourroit prétendre.

CLÉANTE.

Ah! mon père, le bien n'est pas considérable (*), lorsqu'il est question d'épouser une honnête personne.

HARPAGON.

Pardonnez-moi, pardonnez-moi. Mais ce qu'il y a à dire, c'est que, si l'on n'y trouve pas tout le bien qu'on souhaite, on peut tâcher de regagner cela sur autre chose.

CLÉANTE.

Cela s'entend.

HARPAGON.

Enfin je suis bien aise de vous voir dans mes sentiments, car son maintien honnête et sa douceur m'ont gagné l'âme ; et je suis résolu de l'épouser, pourvu que j'y trouve quelque bien.

CLÉANTE.

Hé !

HARPAGON.

Comment ?

CLÉANTE.

Vous êtes résolu, dites-vous...?

HARPAGON.

D'épouser Mariane.

(*) N'est pas considérable, pour ne doit pas être pris en considération.

ACTE I, SCÈNE V.

CLÉANTE.
Qui ? vous ? vous ?

HARPAGON.
Oui, moi, moi, moi. Que veut dire cela ?

CLÉANTE.
Il m'a pris tout à coup un éblouissement, et je me retire d'ici.

HARPAGON.
Cela ne sera rien. Allez vite boire dans la cuisine un grand verre d'eau claire.

SCÈNE VI.

HARPAGON, ÉLISE.

HARPAGON.
VOILA de mes damoiseaux fluets qui n'ont non plus de vigueur que des poules. C'est là, ma fille, ce que j'ai résolu pour moi. Quant à ton frère, je lui destine une certaine veuve dont ce matin on m'est venu parler ; et, pour toi, je te donne au seigneur Anselme.

ÉLISE.
Au seigneur Anselme ?

HARPAGON.
Oui, un homme mûr, prudent et sage, qui n'a pas plus de cinquante ans, et dont on vante les grands biens.

ÉLISE, faisant la révérence.
Je ne veux point me marier, mon père, s'il vous plaît.

HARPAGON, *contrefaisant Élise.*

Et moi, ma petite fille, ma mie, je veux que vous vous mariez, s'il vous plaît.

ÉLISE, *faisant encore la révérence.*

Je vous demande pardon, mon père.

HARPAGON, *contrefaisant Élise.*

Je vous demande pardon, ma fille.

ÉLISE.

Je suis très-humble servante au seigneur Anselme, mais (*faisant encore la révérence*), avec votre permission, je ne l'épouserai point.

HARPAGON.

Je suis votre très-humble valet ; mais (*contrefaisant encore Élise*) avec votre permission, vous l'épouserez dès ce soir.

ÉLISE.

Dès ce soir ?

HARPAGON.

Dès ce soir.

ÉLISE, *faisant encore la révérence.*

Cela ne sera pas, mon père.

HARPAGON, *contrefaisant encore Élise.*

Cela sera, ma fille.

ÉLISE.

Non.

HARPAGON.

Si.

ÉLISE.

Non, vous dis-je.

HARPAGON.

Si, vous dis-je.

ÉLISE.

C'est une chose où vous ne me réduirez point.

HARPAGON.

C'est une chose où je te réduirai.

ÉLISE.

Je me tuerai plutôt que d'épouser un tel mari.

HARPAGON.

Tu ne te tueras point, et tu l'épouseras. Mais voyez quelle audace! a-t-on jamais vu une fille parler de la sorte à son père?

ÉLISE.

Mais a-t-on jamais vu un père marier sa fille de la sorte?

HARPAGON.

C'est un parti où il n'y a rien à redire; et je gage que tout le monde approuvera mon choix.

ÉLISE.

Et moi, je gage qu'il ne sauroit être approuvé d'aucune personne raisonnable.

HARPAGON, *apercevant Valère de loin.*

Voilà Valère. Veux-tu qu'entre nous deux nous le fassions juge de cette affaire?

ÉLISE.

J'y consens.

HARPAGON.

Te rendras-tu à son jugement?

ÉLISE.

Oui, j'en passerai par ce qu'il dira.

HARPAGON.

Voilà qui est fait.

SCÈNE VII.
VALÈRE, HARPAGON, ÉLISE.

HARPAGON.

Ici, Valère. Nous t'avons élu pour nous dire qui a raison de moi ou de ma fille.

VALÈRE.

C'est vous, monsieur, sans contredit.

HARPAGON.

Sais-tu bien de quoi nous parlons?

VALÈRE.

Non; mais vous ne sauriez avoir tort, et vous êtes toute raison.

HARPAGON.

Je veux ce soir lui donner pour époux un homme aussi riche que sage ; et la coquine me dit au nez qu'elle se moque de le prendre. Que dis-tu de cela?

VALÈRE.

Ce que j'en dis?

HARPAGON.

Oui.

VALÈRE.

Hé! hé!

HARPAGON.

Quoi?

VALÈRE.

Je dis que, dans le fond, je suis de votre sentiment; et vous ne pouvez pas que vous n'ayez raison : mais aussi n'a-t-elle pas tort tout-à-fait; et...

ACTE I, SCÈNE VII.

HARPAGON.

Comment! le seigneur Anselme est un parti considérable ; c'est un gentilhomme qui est noble, doux, posé, sage et fort accommodé, et auquel il ne reste aucun enfant de son premier mariage. Sauroit-elle mieux rencontrer ?

VALÈRE.

Cela est vrai ; mais elle pourroit vous dire que c'est un peu précipiter les choses, et qu'il faudroit au moins quelque temps pour voir si son inclination pourroit s'accorder avec...

HARPAGON.

C'est une occasion qu'il faut prendre vite aux cheveux. Je trouve ici un avantage qu'ailleurs je ne trouverois pas, et il s'engage à la prendre sans dot.

VALÈRE.

Sans dot ?

HARPAGON.

Oui.

VALÈRE.

Ah ! je ne dis plus rien. Voyez-vous ? voilà une raison tout-à-fait convaincante ; il se faut rendre à cela.

HARPAGON.

C'est pour moi une épargne considérable.

VALÈRE.

Assurément, cela ne reçoit point de contradiction. Il est vrai que votre fille vous peut représenter que le mariage est une plus grande affaire qu'on ne peut croire; qu'il y va d'être heureux ou malheureux toute sa vie; et qu'un engagement qui doit durer jusqu'à la mort ne se doit jamais faire qu'avec de grandes précautions.

HARPAGON.

Sans dot!

VALÈRE.

Vous avez raison. Voilà qui décide tout, cela s'entend. Il y a des gens qui pourroient vous dire qu'en de telles occasions l'inclination d'une fille est une chose, sans doute, où l'on doit avoir de l'égard, et que cette grande inégalité d'âge, d'humeur et de sentiments, rend un mariage sujet à des accidents très-fâcheux.

HARPAGON.

Sans dot!

VALÈRE.

Ah! il n'y a pas de réplique à cela, on le sait bien. Qui diantre peut aller là contre? Ce n'est pas qu'il n'y ait quantité de pères qui aimeroient mieux ménager la satisfaction de leurs filles que l'argent qu'ils pourroient donner; qui ne les voudroient point sacrifier à l'intérêt, et chercheroient, plus que toute autre chose, à mettre dans un mariage cette douce conformité qui sans cesse y maintient l'honneur, la tranquillité et la joie; et que...

HARPAGON.

Sans dot!

VALÈRE.

Il est vrai, cela ferme la bouche à tout. Sans

dot! Le moyen de résister à une raison comme celle-là!

HARPAGON, *à part, regardant du côté du jardin.*

Ouais! il me semble que j'entends un chien qui aboie. N'est-ce point qu'on en voudroit à mon argent? (A Valère.) Ne bougez, je reviens tout à l'heure.

SCÈNE VIII.
ÉLISE, VALÈRE.

ÉLISE.

Vous moquez-vous, Valère, de lui parler comme vous faites?

VALÈRE.

C'est pour ne point l'aigrir, et pour en venir mieux à bout. Heurter de front ses sentiments est le moyen de tout gâter; et il y a de certains esprits qu'il ne faut prendre qu'en biaisant, des tempéraments ennemis de toute résistance, des naturels rétifs que la vérité fait cabrer, qui toujours se roidissent contre le droit chemin de la raison, et qu'on ne mène qu'en tournant où l'on veut les conduire. Faites semblant de consentir à ce qu'il veut, vous en viendrez mieux à vos fins, et...

ÉLISE.

Mais ce mariage, Valère?

VALÈRE.

On cherchera des biais pour le rompre.

ÉLISE.

Mais quelle invention trouver, s'il se doit conclure ce soir?

VALÈRE.

Il faut demander un délai, et feindre quelque maladie.

ÉLISE.

Mais on découvrira la feinte, si on appelle les médecins.

VALÈRE.

Vous moquez-vous? Y connoissent-ils quelque chose? Allez, allez, vous pourrez avec eux avoir quel mal il vous plaira; ils vous trouveront des raisons pour vous dire d'où cela vient.

SCÈNE IX.
HARPAGON, ÉLISE, VALÈRE.

HARPAGON, *à part, dans le fond du théâtre.*

Ce n'est rien, Dieu merci.

VALÈRE, *sans voir Harpagon.*

Enfin notre dernier recours, c'est que la fuite nous peut mettre à couvert de tout; et si votre amour, belle Élise, est capable d'une fermeté... (*Apercevant Harpagon.*) Oui, il faut qu'une fille obéisse à son père. Il ne faut point qu'elle regarde comme un mari est fait; et lorsque la grande raison de *sans dot* s'y rencontre, elle doit être prête à prendre tout ce qu'on lui donne.

HARPAGON.

Bon! Voilà bien parler cela!

VALÈRE.

Monsieur, je vous demande pardon si je m'emporte un peu, et prends la hardiesse de lui parler comme je fais.

HARPAGON.

Comment ! j'en suis ravi, et je veux que tu prennes sur elle un pouvoir absolu. (A Élise.) Oui, tu as beau fuir, je lui donne l'autorité que le ciel me donne sur toi, et j'entends que tu fasses tout ce qu'il te dira.

VALÈRE, à Élise.

Après cela, résistez à mes remontrances.

SCÈNE X.
HARPAGON, VALÈRE.

VALÈRE.

Monsieur, je vais la suivre, pour lui continuer les leçons que je lui faisois.

HARPAGON.

Oui ; tu m'obligeras, certes.

VALÈRE.

Il est bon de lui tenir un peu la bride haute.

HARPAGON.

Cela est vrai. Il faut...

VALÈRE.

Ne vous mettez pas en peine. Je crois que j'en viendrai à bout.

HARPAGON.

Fais, fais. Je m'en vais faire un petit tour en ville, et reviens tout à l'heure.

VALÈRE, adressant la parole à Élise, en s'en allant du côté par où elle est sortie.

Oui, l'argent est plus précieux que toutes les choses du monde, et vous devez rendre grâce au ciel de l'honnête homme de père qu'il vous a donné. Il sait ce que c'est que de vivre. Lorsqu'on s'offre de prendre une fille sans dot, on ne doit point regarder plus avant. Tout est renfermé là-dedans ; et sans dot tient lieu de beauté, de jeunesse, de naissance, d'honneur, de sagesse et de probité.

HARPAGON, seul.

Ah ! le brave garçon ! voilà parler comme un oracle ! Heureux qui peut avoir un domestique de la sorte !

FIN DU PREMIER ACTE.

ACTE SECOND.

SCÈNE I.
CLÉANTE, LA FLÈCHE.

CLÉANTE.

Ah! traître que tu es, où t'es-tu donc allé fourrer? Ne t'avois-je pas donné ordre...?

LA FLÈCHE.

Oui, monsieur, je m'étois rendu ici pour vous attendre de pied ferme; mais monsieur votre père, le plus malgracieux des hommes, m'a chassé dehors malgré moi, et j'ai couru risque d'être battu.

CLÉANTE.

Comment va notre affaire? Les choses pressent plus que jamais. Depuis que je t'ai vu, j'ai découvert que mon père est mon rival.

LA FLÈCHE.

Votre père amoureux?

CLÉANTE.

Oui; et j'ai eu toutes les peines du monde à lui cacher le trouble où cette nouvelle m'a mis.

LA FLÈCHE.

Lui, se mêler d'aimer! De quoi diable s'avise-t-il? Se moque-t-il du monde? et l'amour a-t-il été fait pour des gens bâtis comme lui?

CLÉANTE.

Il a fallu pour mes péchés que cette passion lui soit venue en tête.

LA FLÈCHE.

Mais par quelle raison lui faire un mystère de votre amour?

CLÉANTE.

Pour lui donner moins de soupçon, et me conserver, au besoin, des ouvertures plus aisées pour détourner ce mariage. Quelle réponse t'a-t-on faite?

LA FLÈCHE.

Ma foi, monsieur, ceux qui empruntent sont bien malheureux; et il faut essuyer d'étranges choses lorsqu'on est réduit à passer, comme vous, par les mains des fesse-Matthieu (*).

CLÉANTE.

L'affaire ne se fera point?

LA FLÈCHE.

Pardonnez-moi. Notre maître Simon, le courtier qu'on nous a donné, homme agissant et plein de zèle, dit qu'il a fait rage pour vous, et il assure que votre seule physionomie lui a gagné le cœur.

CLÉANTE.

J'aurai les quinze mille francs que je demande?

LA FLÈCHE.

Oui, mais à quelques petites conditions qu'il

(*) *Fesse-Matthieu.* On prétend que l'expression de *fesse-Matthieu* vient par abréviation de cette phrase : « Il fait ce que faisoit Matthieu avant sa conversion. »

faudra que vous acceptiez, si vous avez dessein que les choses se fassent.

CLÉANTE.

T'a-t-il fait parler à celui qui doit prêter l'argent?

LA FLÈCHE.

Ah ! vraiment, cela ne va pas de la sorte. Il apporte encore plus de soin à se cacher que vous ; et ce sont des mystères bien plus grands que vous ne pensez. On ne veut point du tout dire son nom, et l'on doit aujourd'hui l'aboucher avec vous dans une maison empruntée, pour être instruit par votre bouche de votre bien et de votre famille ; et je ne doute point que le seul nom de votre père ne rende les choses faciles.

CLÉANTE.

Et principalement ma mère étant morte, dont on ne peut m'ôter le bien.

LA FLÈCHE.

Voici quelques articles qu'il a dictés lui-même à notre entremetteur, pour vous être montrés avant que de rien faire :

« Supposé que le prêteur voie toutes ses sû-
» retés, et que l'emprunteur soit majeur, et
» d'une famille où le bien soit ample, solide,
» assuré, clair, et net de tout embarras, on
» fera une bonne et exacte obligation par-devant
» un notaire, le plus honnête homme qu'il se
» pourra, et qui, pour cet effet, sera choisi
» par le prêteur, auquel il importe le plus que
» l'acte soit dûment dressé. »

CLÉANTE.

Il n'y a rien à dire à cela.

LA FLÈCHE.

« Le prêteur, pour ne charger sa conscience
» d'aucun scrupule, prétend ne donner son ar-
» gent qu'au denier dix-huit. »

CLÉANTE.

Au denier dix-huit ? Parbleu ! voilà qui est honnête. Il n'y a pas lieu de se plaindre.

LA FLÈCHE.

Cela est vrai.

« Mais comme ledit prêteur n'a pas chez lui
» la somme dont il est question, et que, pour
» faire plaisir à l'emprunteur, il est contraint
» lui-même de l'emprunter d'un autre sur le pied
» du denier cinq, il conviendra que ledit pre-
» mier emprunteur paie cet intérêt, sans pré-
» judice du reste, attendu que ce n'est que pour
» l'obliger que ledit prêteur s'engage à cet em-
» prunt. »

CLÉANTE.

Comment diable ! quel juif ! quel arabe est-ce là ! C'est plus qu'au denier quatre.

LA FLÈCHE.

Il est vrai, c'est ce que j'ai dit. Vous avez à voir là-dessus.

CLÉANTE.

Que veux-tu que je voie ? j'ai besoin d'argent, et il faut bien que je consente à tout.

LA FLÈCHE.

C'est la réponse que j'ai faite.

ACTE II, SCÈNE I.

CLÉANTE.

Il y a encore quelque chose?

LA FLÈCHE.

Ce n'est plus qu'un petit article.

« Des quinze mille francs qu'on demande, le
» prêteur ne pourra compter en argent que douze
» mille livres ; et, pour les mille écus restants,
» il faudra que l'emprunteur prenne les hardes,
» nipes et bijoux dont s'ensuit le mémoire, et
» que ledit prêteur a mis de bonne foi au plus
» modique prix qu'il lui a été possible. »

CLÉANTE.

Que veut dire cela ?

LA FLÈCHE.

Écoutez le mémoire.

« Premièrement, un lit de quatre pieds, à
» bandes de point de Hongrie, appliquées fort
» proprement sur un drap de couleur d'olive,
» avec six chaises et la courte-pointe de même ;
» le tout bien conditionné, et doublé d'un petit
» taffetas changeant rouge et bleu.

« Plus, un pavillon à queue, d'une bonne
» serge d'Aumale rose sèche, avec le mollet et
» les franges de soie. »

CLÉANTE.

Que veut-il que je fasse de cela ?

LA FLÈCHE.

Attendez.

« Plus, une tenture de tapisserie des amours
» de Gombaud et de Macé.

« Plus, une grande table de bois de noyer à
» douze colonnes ou piliers tournés, qui se tire
» par les deux bouts, et garnie par le dessous
» de ses six escabelles. »

CLÉANTE.

Qu'ai-je à faire, morbleu...!

LA FLÈCHE.

Donnez-vous patience.

« Plus, trois gros mousquets tout garnis de
» nacre de perle, avec les trois fourchettes as-
» sortissantes.

« Plus, un fourneau de brique avec deux cor-
» nues et trois récipients fort utiles à ceux qui
» sont curieux de distiller. »

CLÉANTE.

J'enrage!

LA FLÈCHE.

Doucement.

« Plus, un luth de Bologne, garni de toutes
» ses cordes, ou peu s'en faut.

« Plus, un trou-madame, et un damier, avec
» un jeu de l'oie renouvelé des Grecs, fort propre
» à passer le temps lorsqu'on n'a que faire.

« Plus, une peau de lézard de trois pieds et
» demi, remplie de foin ; curiosité agréable
» pour pendre au plancher d'une chambre.

« Le tout ci-dessus mentionné valant loyale-
» ment plus de quatre mille cinq cents livres,
» et rabaissé à la valeur de mille écus, par la
» discrétion du prêteur. »

ACTE II, SCÈNE I.

CLÉANTE.

Que la peste l'étouffe avec sa discrétion, le traître, le bourreau qu'il est! A-t-on jamais parlé d'une usure semblable? et n'est-il pas content du furieux intérêt qu'il exige, sans vouloir encore m'obliger à prendre pour trois mille livres les vieux rogatons qu'il ramasse? Je n'aurai pas deux cents écus de tout cela. Et cependant il faut bien me résoudre à consentir à ce qu'il veut; car il est en état de me faire tout accepter, et il me tient, le scélérat, le poignard sur la gorge.

LA FLÈCHE.

Je vous vois, monsieur, ne vous en déplaise, dans le grand chemin justement que tenoit Panurge pour se ruiner, prenant argent d'avance, achetant cher, vendant à bon marché, et mangeant son blé en herbe.

CLÉANTE.

Que veux-tu que j'y fasse? voilà où les jeunes gens sont réduits par la maudite avarice des pères: et on s'étonne après cela que les fils souhaitent qu'ils meurent!

LA FLÈCHE.

Il faut avouer que le vôtre animeroit contre sa vilenie le plus posé homme du monde. Je n'ai pas, Dieu merci, les inclinations fort patibulaires; et, parmi mes confrères que je vois se mêler de beaucoup de petits commerces, je sais tirer adroitement mon épingle du jeu, et me démêler prudemment de toutes les galanteries qui sentent tant soit peu l'échelle ; mais, à vous dire vrai, il me donneroit, par ses procédés, des tentations de le voler, et je croirois, en le volant, faire une action méritoire.

CLÉANTE.

Donne-moi un peu ce mémoire, que je le voie encore.

SCÈNE II.

HARPAGON, MAITRE SIMON; CLÉANTE et LA FLÈCHE, DANS LE FOND DU THÉATRE.

MAITRE SIMON.

Oui, monsieur, c'est un jeune homme qui a besoin d'argent : ses affaires le pressent d'en trouver, et il en passera par tout ce que vous prescrirez.

HARPAGON.

Mais, croyez-vous, maître Simon, qu'il n'y ait rien à péricliter? et savez-vous le nom, les biens et la famille de celui pour qui vous parlez?

MAITRE SIMON.

Non. Je ne puis pas bien vous en instruire à fond ; et ce n'est que par aventure que l'on m'a adressé à lui ; mais vous serez de toutes choses éclairci par lui-même, et son homme m'a assuré que vous serez content quand vous le connoîtrez. Tout ce que je saurois vous dire, c'est que sa famille est fort riche, qu'il n'a plus de mère déjà, et qu'il s'obligera, si vous voulez, que son père mourra avant qu'il soit huit mois.

HARPAGON.

C'est quelque chose que cela. La charité, maître Simon, nous oblige à faire plaisir aux personnes lorsque nous le pouvons.

MAITRE SIMON.

Cela s'entend.

LA FLÈCHE, bas, à Cléante, reconnoissant maître Simon.

Que veut dire ceci ? Notre maître Simon qui parle à votre père !

CLÉANTE, bas, à La Flèche.

Lui auroit-on appris qui je suis ? et serois-tu pour me trahir ?

MAITRE SIMON, à Cléante et à La Flèche.

Ah ! ah ! vous êtes bien pressés ! Qui vous a dit que c'étoit céans ? (A Harpagon.) Ce n'est pas moi, monsieur, au moins, qui leur ai découvert votre nom et votre logis. Mais, à mon avis, il n'y a pas grand mal à cela ; ce sont des personnes discrètes, et vous pouvez ici vous expliquer ensemble.

HARPAGON.

Comment !

MAITRE SIMON, montrant Cléante.

Monsieur est la personne qui veut vous emprunter les quinze mille livres dont je vous ai parlé.

HARPAGON.

Comment, pendard ! c'est toi qui t'abandonne à ces coupables extrémités ?

CLÉANTE.

Comment, mon père! c'est vous qui vous portez à ces honteuses actions?

(Maître Simon s'enfuit, et La Flèche va se cacher.)

SCÈNE III.
HARPAGON, CLÉANTE.

HARPAGON.

C'est toi qui te veux ruiner par des emprunts si condamnables?

CLÉANTE.

C'est vous qui cherchez à vous enrichir par des usures si criminelles?

HARPAGON.

Oses-tu bien, après cela, paroître devant moi?

CLÉANTE.

Osez-vous bien, après cela, vous présenter aux yeux du monde?

HARPAGON.

N'as-tu point de honte, dis-moi, d'en venir à ces débauches-là, de te précipiter dans des dépenses effroyables, et de faire une honteuse dissipation du bien que tes parents t'ont amassé avec tant de sueurs?

CLÉANTE.

Ne rougissez-vous point de déshonorer votre condition par les commerces que vous faites, de sacrifier gloire et réputation au désir insatiable d'entasser écu sur écu, et de renchérir, en fait d'intérêt, sur les plus infâmes subtilités qu'aient jamais inventées les plus célèbres usuriers?

ACTE II, SCÈNE III.

HARPAGON.

Ote-toi de mes yeux, coquin, ôte-toi de mes yeux !

CLÉANTE.

Qui est plus criminel, à votre avis, ou celui qui achète un argent dont il a besoin, ou bien celui qui vole un argent dont il n'a que faire ?

HARPAGON.

Retire-toi, te dis-je, et ne m'échauffe pas les oreilles. (Seul.) Je ne suis pas fâché de cette aventure ; et ce m'est un avis de tenir l'œil plus que jamais sur toutes ses actions.

SCÈNE IV.

FROSINE, HARPAGON.

FROSINE.

Monsieur.

HARPAGON.

Attendez un moment, je vais revenir vous parler. (A part.) Il est à propos que je fasse un petit tour à mon argent.

SCÈNE V.

LA FLÈCHE, FROSINE.

LA FLÈCHE, sans voir Frosine.

L'aventure est tout-à-fait drôle. Il faut bien qu'il ait quelque part un ample magasin de hardes ; car nous n'avons rien reconnu au mémoire que nous avons.

FROSINE.

Hé! c'est toi, mon pauvre La Flèche! D'où vient cette rencontre?

LA FLÈCHE.

Ah! ah! c'est toi, Frosine! Que viens-tu faire ici?

FROSINE.

Ce que je fais partout ailleurs; m'entremettre d'affaires; me rendre serviable aux gens, et profiter du mieux qu'il m'est possible des petits talents que je puis avoir. Tu sais que dans ce monde il faut vivre d'adresse, et qu'aux personnes comme moi le ciel n'a donné d'autres rentes que l'intrigue et que l'industrie.

LA FLÈCHE.

As-tu quelque négoce avec le patron du logis?

FROSINE.

Oui; je traite pour lui quelque petite affaire dont j'espère une récompense.

LA FLÈCHE.

De lui? Ah! ma foi, tu seras bien fine, si tu en tires quelque chose; et je te donne avis que l'argent céans est fort cher.

FROSINE.

Il y a de certains services qui touchent merveilleusement.

LA FLÈCHE.

Je suis votre valet, et tu ne connois pas encore le seigneur Harpagon. Le seigneur Harpagon est de tous les humains l'humain le moins humain, le mortel de tous les mortels le plus dur et le plus serré. Il n'est point de service qui pousse sa reconnoissance jusqu'à lui faire ouvrir les mains. De la louange, de l'estime, de la bienveillance en paroles, et de l'amitié, tant qu'il vous plaira ; mais de l'argent, point d'affaires. Il n'est rien de plus sec et de plus aride que ses bonnes grâces et ses caresses ; et *donner* est un mot pour qui il a tant d'aversion, qu'il ne dit jamais, *je vous donne*, mais, *je vous prête le bonjour.*

FROSINE.

Mon Dieu ! je sais l'art de traire les hommes ; j'ai le secret de m'ouvrir leur tendresse, de chatouiller leur cœurs, de trouver les endroits par où ils sont sensibles.

LA FLÈCHE.

Bagatelles ici. Je te défie d'attendrir, du côté de l'argent, l'homme dont il est question. Il est turc là-dessus, mais d'une turquerie à désespérer tout le monde ; et l'on pourroit crever, qu'il n'en branleroit pas. En un mot, il aime l'argent plus que réputation, qu'honneur et que vertu ; et la vue d'un demandeur lui donne des convulsions : c'est le frapper par son endroit mortel, c'est lui percer le cœur, c'est lui arracher les entrailles ; et si... Mais il revient, je me retire.

SCÈNE VI.
HARPAGON, FROSINE.

HARPAGON, bas.

Tout va comme il faut. (Haut.) Hé bien ? qu'est-ce, Frosine ?

FROSINE.

Ah ! mon Dieu ! que vous vous portez bien ! et que vous avez là un vrai visage de santé !

HARPAGON.

Qui ? moi ?

FROSINE.

Jamais je ne vous vis un teint si frais et si gaillard.

HARPAGON.

Tout de bon ?

FROSINE.

Comment ! vous n'avez de votre vie été si jeune que vous êtes, et je vois des gens de vingt-cinq ans qui sont plus vieux que vous.

HARPAGON.

Cependant, Frosine, j'en ai soixante bien comptés.

FROSINE.

Hé bien ! qu'est-ce que cela ? soixante ans ! voilà bien de quoi ! C'est la fleur de l'âge, cela ; et vous entrez maintenant dans la belle saison de l'homme.

HARPAGON.

Il est vrai ; mais vingt années de moins pourtant ne me feroient point de mal, que je crois.

FROSINE.

Vous moquez-vous ? Vous n'avez pas besoin de cela, et vous êtes d'une pâte à vivre jusqu'à cent ans.

HARPAGON.

Tu le crois ?

FROSINE.

Assurément ; vous en avez toutes les marques. Tenez-vous un peu. Oh ! que voilà bien, entre vos deux yeux, un signe de longue vie !

HARPAGON.

Tu te connois à cela ?

FROSINE.

Sans doute. Montrez-moi votre main. Ah ! mon Dieu ! quelle ligne de vie !

HARPAGON.

Comment ?

FROSINE.

Ne voyez-vous pas jusqu'où va cette ligne-là ?

HARPAGON.

Hé bien ? qu'est-ce que cela veut dire ?

FROSINE.

Par ma foi, je disois cent ans ; mais vous passerez les six-vingts.

HARPAGON.

Est-il possible ?

FROSINE.

Il faudra vous assommer, vous dis-je ; et vous mettrez en terre et vos enfants et les enfants de vos enfants.

HARPAGON.

Tant mieux. Comment va notre affaire?

FROSINE.

Faut-il le demander? et me voit-on mêler de rien dont je ne vienne à bout? J'ai, surtout pour les mariages, un talent merveilleux. Il n'est point de partis au monde que je ne trouve en peu de temps le moyen d'accoupler; et je crois, si je me l'étois mis en tête, que je marierois le grand Turc avec la république de Venise. Il n'y avoit pas, sans doute, de si grandes difficultés à cette affaire-ci. Comme j'ai commerce chez elles, je les ai à fond l'une et l'autre entretenues de vous; et j'ai dit à la mère le dessein que vous aviez conçu pour Mariane, à la voir passer dans la rue et prendre l'air à sa fenêtre.

HARPAGON.

Qui a fait réponse...?

FROSINE.

Elle a reçu la proposition avec joie; et, quand je lui ai témoigné que vous souhaitiez fort que sa fille assistât ce soir au contrat de mariage qui doit se faire de la vôtre, elle y a consenti sans peine, et me l'a confiée pour cela.

HARPAGON.

C'est que je suis obligé, Frosine, de donner à souper au seigneur Anselme; et je serai bien aise qu'elle soit du régal.

FROSINE.

Vous avez raison. Elle doit après dîner rendre visite à votre fille, d'où elle fait son compte d'aller faire un tour à la foire, pour venir ensuite au souper.

HARPAGON.

Hé bien! elles iront ensemble dans mon carrosse, que je leur prêterai.

FROSINE.

Voilà justement son affaire.

HARPAGON.

Mais, Frosine, as-tu entretenu la mère touchant le bien qu'elle peut donner à sa fille? Lui as-tu dit qu'il falloit qu'elle s'aidât un peu, qu'elle fît quelque effort, qu'elle se saignât pour une occasion comme celle-ci? car encore n'épouse-t-on point une fille sans qu'elle apporte quelque chose.

FROSINE.

Comment! c'est une fille qui vous apportera douze mille livres de rente.

HARPAGON.

Douze mille livres de rente?

FROSINE.

Oui. Premièrement, elle est nourrie et élevée dans une grande épargne de bouche : c'est une fille accoutumée à vivre de salade, de lait, de fromage et de pommes, et à laquelle, par conséquent, il ne faudra ni table bien servie, ni consommés exquis, ni orges mondés perpétuels, ni les autres délicatesses qu'il faudroit pour une autre femme; et cela ne va pas à si peu de chose, qu'il ne monte bien tous les ans à trois mille francs pour le moins. Outre cela, elle n'est curieuse que d'une propreté fort simple, et n'aime point les superbes habits, ni les riches bijoux, ni les meubles somptueux, où donnent ses pareilles avec tant de chaleur ; et cet article-là vaut plus de quatre mille livres par an. De plus, elle a une aversion horrible pour le jeu ; ce qui n'est pas commun aux femmes d'aujourd'hui ; et j'en sais une de nos quartiers qui a perdu, à trente et quarante, vingt mille francs cette année. Mais n'en prenons rien que le quart. Cinq mille francs au jeu par an, quatre mille francs en habits et bijoux, cela fait neuf mille livres ; et mille écus que nous mettons pour la nourriture : ne voilà-t-il pas par année vos douze mille francs bien comptés ?

HARPAGON.

Oui, cela n'est pas mal ; mais ce compte-là n'a rien de réel.

FROSINE.

Pardonnez-moi. N'est-ce pas quelque chose de réel que de vous apporter en mariage une grande sobriété, l'héritage d'un grand amour de simplicité de parure, et l'acquisition d'un grand fonds de haine pour le jeu ?

HARPAGON.

C'est une raillerie que de vouloir me constituer sa dot de toutes les dépenses qu'elle ne fera point. Je n'irai pas donner quittance de ce que je ne reçois pas ; et il faut bien que je touche quelque chose.

FROSINE.

Mon Dieu ! vous toucherez assez ; et elles m'ont parlé d'un certain pays où elles ont du bien dont vous serez le maître.

HARPAGON.

Il faudra voir cela. Mais, Frosine, il y a encore une chose qui m'inquiète. La fille est jeune, comme tu vois ; et les jeunes gens d'ordinaire n'aiment que leurs semblables, ne cherchent que leur compagnie. J'ai peur qu'un homme de mon âge ne soit pas de son goût, et que cela ne vienne à produire chez moi certains petits désordres qui ne m'accommoderoient pas.

FROSINE.

Ah ! que vous la connoissez mal ! C'est encore une particularité que j'avois à vous dire. Elle a une aversion épouvantable pour tous les jeunes gens, et n'a de l'amour que pour les vieillards.

HARPAGON.

Elle ?

FROSINE.

Oui, elle. Je voudrois que vous l'eussiez entendue parler là-dessus. Elle ne peut souffrir du tout la vue d'un jeune homme ; mais elle n'est point plus ravie, dit-elle, que lorsqu'elle peut voir un beau vieillard avec une barbe majestueuse. Les plus vieux sont pour elle les plus charmants ; et je vous avertis de n'aller pas vous faire plus jeune que vous êtes. Elle veut tout au moins qu'on soit sexagénaire ; et il n'y a pas quatre mois encore qu'étant près d'être mariée elle rompit tout net le mariage, sur ce que son amant fit voir qu'il n'avoit que cinquante-six ans, et qu'il ne prit point de lunettes pour signer le contrat.

HARPAGON.

Sur cela seulement ?

FROSINE.

Oui. Elle dit que ce n'est pas contentement pour elle que cinquante-six ans ; et surtout elle est pour les nez qui portent des lunettes.

HARPAGON.

Certes, tu me dis là une chose toute nouvelle.

FROSINE.

Cela va plus loin qu'on ne vous peut dire. On lui voit dans sa chambre quelques tableaux et quelques estampes. Mais que pensez-vous que ce soit ? des Adonis ? des Céphales ? des Pàris et des Apollons ? Non : de beaux portraits de Saturne, du roi Priam, du vieux Nestor, et du bon père Anchise sur les épaules de son fils.

HARPAGON.

Cela est admirable ! Voilà ce que je n'aurois jamais pensé ; et je suis bien aise d'apprendre qu'elle est de cette humeur. En effet, si j'avois été femme, je n'aurois point aimé les jeunes hommes.

FROSINE.

Je le crois bien. Voilà de belles drogues qu

des jeunes gens, pour les aimer! ce sont de beaux morveux, de beaux godelureaux, pour donner envie de leur peau! et je voudrois bien savoir quel ragoût il y a à eux!

HARPAGON.

Pour moi, je n'y en comprends point, et je ne sais pas comment il y a des femmes qui les aiment tant.

FROSINE.

Il faut être folle fieffée. Trouver la jeunesse aimable, est-ce avoir le sens commun? Sont-ce des hommes que de jeunes blondins? et peut-on s'attacher à ces animaux-là?

HARPAGON.

C'est ce que je dis tous les jours. Avec leur ton de poule laitée, leurs trois petits brins de barbe relevés en barbe de chat, leurs perruques d'étoupes, leurs hauts-de-chausses tout tombants, et leurs estomacs débraillés!

FROSINE.

Hé! cela est bien bâti auprès d'une personne comme vous! Voilà un homme cela. Il y a de quoi satisfaire à la vue! et c'est ainsi qu'il faut être fait et vêtu pour donner de l'amour.

HARPAGON.

Tu me trouves bien?

FROSINE.

Comment! vous êtes à ravir, et votre figure est à peindre. Tournez-vous un peu, s'il vous plaît. Il ne se peut pas mieux. Que je vous voie marcher. Voilà un corps taillé, libre et dégagé comme il faut, et qui ne marque aucune incommodité.

HARPAGON.

Je n'en ai pas de grandes, Dieu merci ; il n'y a que ma fluxion qui me prend de temps en temps.

FROSINE.

Cela n'est rien ; votre fluxion ne vous sied point mal, et vous avez grâce à tousser.

HARPAGON.

Dis-moi un peu : Mariane ne m'a-t-elle point encore vu? N'a-t-elle point pris garde à moi en passant?

FROSINE.

Non ; mais nous sommes fort entretenues de vous : je lui ai fait un portrait de votre personne ; et je n'ai pas manqué de lui vanter votre mérite, et l'avantage que ce lui seroit d'avoir un mari comme vous.

HARPAGON.

Tu as bien fait, et je t'en remercie.

FROSINE.

J'aurois, monsieur, une petite prière à vous faire. J'ai un procès que je suis sur le point de perdre, faute d'un peu d'argent ; (Harpagon prend un air sérieux) et vous pourriez facilement me procurer le gain de ce procès, si vous aviez quelques bontés pour moi... Vous ne sauriez croire le plaisir qu'elle aura de vous voir. (Harpagon reprend un air gai.) Ah! que vous lui plairez! et que votre fraise à l'antique fera sur son esprit un effet admirable!

Mais surtout elle sera charmée de votre haut-de-chausses attaché au pourpoint avec des aiguillettes : c'est pour la rendre folle de vous ; et un amant aiguilleté sera pour elle un ragoût merveilleux.

HARPAGON.

Certes, tu me ravis de me dire cela.

FROSINE.

En vérité, monsieur, ce procès m'est d'une conséquence tout-à-fait grande. (Harpagon reprend son air sérieux.) Je suis ruinée si je le perds ; et quelque petite assistance me rétabliroit mes affaires... Je voudrois que vous eussiez vu le ravissement où elle étoit à m'entendre parler de de vous. (Harpagon reprend un air gai.) La joie éclatoit dans ses yeux au récit de vos qualités ; et je l'ai mise enfin dans une impatience extrême de voir ce mariage entièrement conclu.

HARPAGON.

Tu m'as fait grand plaisir, Frosine ; et je t'en ai, je te l'avoue, toutes les obligations du monde.

FROSINE.

Je vous prie, monsieur, de me donner le petit secours que je vous demande. (Harpagon reprend encore son air sérieux.) Cela me remettra sur pied, et je vous en serai éternellement obligée.

HARPAGON.

Adieu. Je vais achever mes dépêches.

FROSINE.

Je vous assure, monsieur, que vous ne sauriez jamais me soulager dans un plus grand besoin.

HARPAGON.

Je mettrai ordre que mon carrosse soit tout prêt pour vous mener à la foire.

FROSINE.

Je ne vous importunerois pas si je ne m'y voyois forcée par la nécessité.

HARPAGON.

Et j'aurai soin qu'on soupe de bonne heure, pour ne vous point faire malades.

FROSINE.

Ne me refusez pas la grâce dont je vous sollicite. Vous ne sauriez croire, monsieur, le plaisir que...

HARPAGON.

Je m'en vais. Voilà qu'on m'appelle. Jusqu'à tantôt.

FROSINE, seule.

Que la fièvre te serre, chien de vilain, à tous les diables ! Le ladre a été ferme à toutes mes attaques. Mais il ne me faut pas pourtant quitter la négociation ; et j'ai l'autre côté, en tous cas, d'où je suis assurée de tirer bonne récompense.

FIN DU SECOND ACTE.

ACTE TROISIÈME.

SCÈNE I.

HARPAGON, CLÉANTE, ÉLISE, VALÈRE; DAME CLAUDE, TENANT UN BALAI; MAITRE JACQUES, LA MERLUCHE, BRINDAVOINE.

HARPAGON.

Allons, venez çà tous, que je vous distribue mes ordres pour tantôt, et règle à chacun son emploi. Approchez, dame Claude; commençons par vous. Bon, vous voilà les armes à la main. Je vous commets au soin de nettoyer partout; et surtout, prenez garde de frotter les meubles trop fort, de peur de les user. Outre cela, je vous constitue pendant le souper au gouvernement des bouteilles, et, s'il s'en écarte quelqu'une, et qu'il se casse quelque chose, je m'en prendrai à vous et le rabattrai sur vos gages.

MAITRE JACQUES, à part.
Châtiment politique!

HARPAGON, à dame Claude.
Allez.

SCÈNE II.

HARPAGON, CLÉANTE, ÉLISE, VALÈRE, MAITRE JACQUES, BRINDAVOINE, LA MERLUCHE.

HARPAGON.

Vous, Brindavoine, et vous, La Merluche, je vous établis dans la charge de rincer les verres, et de donner à boire, mais seulement lorsque l'on aura soif, et non pas selon la coutume de certains impertinents de laquais qui viennent provoquer les gens, et les faire aviser de boire lorsqu'on n'y songe pas. Attendez qu'on vous en demande plus d'une fois, et vous ressouvenez de porter toujours beaucoup d'eau.

MAITRE JACQUES, à part.

Oui, le vin pur monte à la tête.

LA MERLUCHE.

Quitterons-nous nos souquenilles, monsieur ?

HARPAGON.

Oui, quand vous verrez venir les personnes; et gardez bien de gâter vos habits.

BRINDAVOINE.

Vous savez bien, monsieur, qu'un des devants de mon pourpoint est couvert d'une grande tache de l'huile de la lampe.

LA MERLUCHE.

Et moi, monsieur, que j'ai mon haut-de-chausses tout troué par derrière, et qu'on me voit, révérence parler...

ACTE III, SCÈNE II.

HARPAGON, à La Merluche.

Paix ; rangez cela adroitement du côté de la muraille, et présentez toujours le devant au monde.

(A Brindavoine, en lui montrant comme il doit mettre son chapeau au-devant de son pourpoint pour cacher la tache d'huile.)

Et vous, tenez toujours votre chapeau ainsi, lorsque vous servirez.

SCÈNE III.

HARPAGON, CLÉANTE, ÉLISE, VALÈRE, MAITRE JACQUES.

HARPAGON.

Pour vous, ma fille, vous aurez l'œil sur ce que l'on desservira, et prendrez garde qu'il ne s'en fasse aucun dégât. Cela sied bien aux filles. Mais cependant, préparez-vous à bien recevoir ma maîtresse, qui vous doit venir visiter, et vous mener avec elle à la foire. Entendez-vous ce que je vous dis ?

ÉLISE.

Oui, mon père.

SCÈNE IV.

HARPAGON, CLÉANTE, VALÈRE, MAITRE JACQUES.

HARPAGON.

Et vous, mon fils le damoiseau, à qui j'ai la bonté de pardonner l'histoire de tantôt, ne vous allez pas aviser non plus de lui faire mauvais visage.

CLÉANTE.

Moi, mon père? mauvais visage? Et par quelle raison?

HARPAGON.

Mon Dieu! nous savons le train des enfants dont les pères se remarient, et de quel œil ils ont coutume de regarder ce qu'on appelle belle-mère. Mais si vous souhaitez que je perde le souvenir de votre dernière fredaine, je vous recommande surtout de régaler d'un bon visage cette personne-là, et de lui faire en tout le meilleur accueil qu'il vous sera possible.

CLÉANTE.

A vous dire le vrai, mon père, je ne puis pas vous promettre d'être bien aise qu'elle devienne ma belle-mère; je mentirois si je vous le disois; mais pour ce qui est de la bien recevoir, et de lui faire bon visage, je vous promets de vous obéir ponctuellement sur ce chapitre.

HARPAGON.

Prenez-y garde, au moins.

CLÉANTE.

Vous verrez que vous n'aurez pas sujet de vous en plaindre.

HARPAGON.

Vous ferez sagement.

SCÈNE V.

HARPAGON, VALÈRE, MAITRE JACQUES.

HARPAGON.

Valère, aide-moi à ceci. Oh çà ? maître Jacques, approchez-vous ; je vous ai gardé pour le dernier.

MAITRE JACQUES.

Est-ce à votre cocher, monsieur, ou bien à votre cuisinier, que vous voulez parler ? car je suis l'un et l'autre.

HARPAGON.

C'est à tous les deux.

MAITRE JACQUES.

Mais à qui des deux le premier ?

HARPAGON.

Au cuisinier.

MAITRE JACQUES.

Attendez donc, s'il vous plaît.

(Maître Jacques ôte sa casaque de cocher, et paroît vêtu en cuisinier.)

HARPAGON.

Quelle diantre de cérémonie est-ce là ?

MAITRE JACQUES.

Vous n'avez qu'à parler.

HARPAGON.

Je me suis engagé, maître Jacques, à donner ce soir à souper.

MAITRE JACQUES, à part.

Grande merveille !

HARPAGON.

Dis-moi un peu, nous feras-tu bonne chère ?

MAITRE JACQUES.

Oui, si vous me donnez bien de l'argent.

HARPAGON.

Que diable ! toujours de l'argent ! Il semble qu'ils n'aient rien autre chose à dire ; de l'argent ! de l'argent ! de l'argent ! Ah ! ils n'ont que ce mot à la bouche, de l'argent ! Toujours parler d'argent ! Voilà leur épée de chevet (*), de l'argent !

VALÈRE.

Je n'ai jamais vu de réponse plus impertinente que celle-là : Voilà une belle merveille que de faire bonne chère avec bien de l'argent ! c'est une chose la plus aisée du monde, et il n'y a si pauvre esprit qui n'en fît bien autant. Mais pour agir en habile homme, il faut parler de faire bonne chère avec peu d'argent.

MAITRE JACQUES.

Bonne chère avec peu d'argent !

VALÈRE.

Oui.

MAITRE JACQUES, à Valère.

Par ma foi, monsieur l'intendant, vous nous obligerez de nous faire voir ce secret, et de

---

(*) L'épée de chevet est l'épée dont on se sert habituellement. Au figuré, c'est le mot ou le raisonnement que l'on emploie de préférence.

prendre mon office de cuisinier : aussi-bien vous mêlez-vous céans d'être le factotum.

HARPAGON.

Taisez-vous. Qu'est-ce qu'il nous faudra ?

MAITRE JACQUES.

Voilà monsieur votre intendant qui vous fera bonne chère pour peu d'argent.

HARPAGON.

Ah ! je veux que tu me répondes.

MAITRE JACQUES.

Combien serez-vous de gens à table ?

HARPAGON.

Nous serons huit ou dix ; mais il ne faut prendre que huit. Quand il y a à manger pour huit, il y en a bien pour dix.

VALÈRE.

Cela s'entend.

MAITRE JACQUES.

Hé bien ! il faudra quatre grands potages et cinq assiettes... Potages... Entrées...

HARPAGON.

Que diable ! voilà pour traiter une ville tout entière.

MAITRE JACQUES.

Rôt.

HARPAGON, *mettant la main sur la bouche de maître Jacques.*

Ah ! traître, tu manges tout mon bien.

MAITRE JACQUES.

Entremets...

HARPAGON, *mettant encore la main sur la bouche de maître Jacques.*

Encore !

VALÈRE, *à maître Jacques.*

Est-ce que vous avez envie de faire crever tout le monde ? et monsieur a-t-il invité des gens pour les assassiner à force de mangeaille ! Allez-vous-en lire un peu les préceptes de la santé, et demander aux médecins s'il y a rien de plus préjudiciable à l'homme que de manger avec excès.

HARPAGON.

Il a raison.

VALÈRE.

Apprenez, maître Jacques, vous et vos pareils, que c'est un coupe-gorge qu'une table remplie de trop de viandes ; que, pour se bien montrer ami de ceux que l'on invite, il faut que la frugalité règne dans les repas qu'on donne, et que, suivant le dire d'un ancien, *il faut manger pour vivre, et non pas vivre pour manger.*

HARPAGON.

Ah ! que cela est bien dit ! approche, que je t'embrasse pour ce mot. Voilà la plus belle sentence que j'aie entendue de ma vie : *il faut vivre pour manger, et non pas manger pour vi...* Non, ce n'est pas cela. Comment est-ce que tu dis ?

VALÈRE.

Qu'*il faut manger pour vivre, et non pas vivre pour manger.*

ACTE III, SCÈNE V.

HARPAGON.

(A maître Jacques.) Oui. Entends-tu? (A Valère.) Qui est le grand homme qui a dit cela?

VALÈRE.

Je ne me souviens pas maintenant de son nom.

HARPAGON.

Souviens-toi de m'écrire ces mots : je les veux faire graver en lettres d'or sur la cheminée de ma salle.

VALÈRE.

Je n'y manquerai pas : et pour votre souper, vous n'avez qu'à me laisser faire, je réglerai tout cela comme il faut.

HARPAGON.

Fais donc.

MAÎTRE JACQUES.

Tant mieux, j'en aurai moins de peine.

HARPAGON, à Valère.

Il faudra de ces choses dont on ne mange guère, et qui rassasient d'abord ; quelque bon haricot bien gras, avec quelque pâté en pot bien garni de marrons.

VALÈRE.

Reposez-vous sur moi.

HARPAGON.

Maintenant, maître Jacques, il faut nettoyer mon carrosse.

MAÎTRE JACQUES.

Attendez. Ceci s'adresse au cocher.

(Maître Jacques remet sa casaque.)

Vous dites...?

HARPAGON.

Qu'il faut nettoyer mon carrosse, et tenir mes chevaux tout prêts pour conduire à la foire...

MAITRE JACQUES.

Vos chevaux, monsieur! Ma foi, ils ne sont point du tout en état de marcher. Je ne vous dirai point qu'ils sont sur la litière, les pauvres bêtes n'en ont point; et ce seroit mal parler : mais vous leur faites observer des jeûnes si austères, que ce ne sont plus rien que des idées ou des fantômes, des façons de chevaux.

HARPAGON.

Les voilà bien malades! ils ne font rien.

MAITRE JACQUES.

Et pour ne faire rien, monsieur, est-ce qu'il ne faut rien manger? Il leur vaudroit bien mieux, les pauvres animaux, de travailler beaucoup, de manger de même. Cela me fend le cœur, de les voir ainsi exténués; car enfin j'ai une tendresse pour mes chevaux, qu'il me semble que c'est moi-même, quand je les vois pâtir; je m'ôte tous les jours pour eux les choses de la bouche; et c'est être, monsieur, d'un naturel trop dur, que de n'avoir nulle pitié de son prochain.

HARPAGON.

Le travail ne sera pas grand d'aller jusqu'à la foire.

MAITRE JACQUES.

Non, monsieur, je n'ai point le courage de les mener, et je ferois conscience de leur donner des coups de fouet en l'état où ils sont. Comment voudriez-vous qu'ils traînassent un carrosse ? ils ne peuvent pas se traîner eux-mêmes.

VALÈRE.

Monsieur, j'obligerai le voisin le Picard à se charger de les conduire ; aussi-bien nous fera-t-il ici besoin pour apprêter le souper.

MAITRE JACQUES.

Soit. J'aime mieux encore qu'ils meurent sous la main d'un autre que sous la mienne.

VALÈRE.

Maître Jacques fait bien le raisonnable.

MAITRE JACQUES.

Monsieur l'intendant fait bien le nécessaire.

HARPAGON.

Paix.

MAITRE JACQUES.

Monsieur, je ne saurois souffrir les flatteurs ; et je vois que ce qu'il en fait, que ses contrôles perpétuels sur le pain et le vin, le bois, le sel et la chandelle, ne sont rien que pour vous gratter, et vous faire sa cour. J'enrage de cela, et je suis fâché tous les jours d'entendre ce qu'on dit de vous : car enfin je me sens pour vous de la tendresse, en dépit que j'en aie ; et, après mes chevaux, vous êtes la personne que j'aime le plus.

HARPAGON.

Pourrois-je savoir de vous, maître Jacques, ce que l'on dit de moi ?

MAITRE JACQUES.

Oui, monsieur, si j'étois assuré que cela ne vous fâchât point.

HARPAGON.

Non, en aucune façon.

MAITRE JACQUES.

Pardonnez-moi ; je sais fort bien que je vous mettrois en colère.

HARPAGON.

Point du tout ; au contraire, c'est me faire plaisir, et je suis bien aise d'apprendre comme on parle de moi.

MAITRE JACQUES.

Monsieur, puisque vous le voulez, je vous dirai franchement qu'on se moque partout de vous, qu'on nous jette de tous côtés cents brocards à votre sujet, et que l'on n'est point plus ravi que de vous tenir au cul et aux chausses, et de faire sans cesse des contes de votre lésine. L'un dit que vous faites imprimer des almanachs particuliers, où vous faites doubler les quatre-temps et les vigiles, afin de profiter des jeûnes où vous obligez votre monde ; l'autre, que vous avez toujours une querelle toute prête à faire à vos valets dans le temps des étrennes, ou de leur sortie d'avec vous, pour vous trouver une raison de ne leur donner rien : celui-là conte qu'une fois vous fîtes assigner le chat d'un de vos voisins pour vous avoir mangé un reste de gigot du mouton ; celui-ci, que l'on vous surprit une nuit en venant dérober vous-même l'avoine de vos chevaux, et que votre cocher, qui étoit celui d'avant moi, vous donna dans l'obscurité je ne sais combien de coups de bâton, dont vous ne voulûtes rien dire. Enfin, voulez-vous que je vous dise? on ne sauroit aller nulle part où l'on ne vous entende accommoder de toutes pièces : vous êtes la fable et la risée de tout le monde ; et jamais on ne parle de vous que sous les noms d'avare, de ladre, de vilain, et de fesse-Matthieu.

HARPAGON, *en battant maître Jacques.*

Vous êtes un sot, un maraud, un coquin et un impudent.

MAITRE JACQUES.

Hé bien! ne l'avois-je pas deviné? Vous ne m'avez pas voulu croire. Je vous avois bien dit que je vous fâcherois de vous dire la vérité.

HARPAGON.

Apprenez à parler.

SCÈNE VI.
VALÈRE, MAITRE JACQUES.

VALÈRE, *rient.*

A ce que je puis voir, maître Jacques, on paie mal votre franchise.

MAITRE JACQUES.

Morbleu! monsieur le nouveau venu, qui faites l'homme d'importance, ce n'est pas votre affaire. Riez de vos coups de bâton quand on vous en donnera, et ne venez point rire des miens.

L'AVARE.

VALÈRE.

Ah ! monsieur maître Jacques, ne vous fâchez pas, je vous prie.

MAITRE JACQUES, à part.

Il file doux. Je veux faire le brave, et, s'il est assez sot pour me craindre, le frotter quelque peu. (Haut.) Savez-vous bien, monsieur le rieur, que je ne ris pas, moi, et que, si vous m'échauffez la tête, je vous ferai rire d'une autre sorte ?

(Maître Jacques pousse Valère jusqu'au bout du théâtre en le menaçant.)

VALÈRE.

Hé ! doucement.

MAITRE JACQUES.

Comment, doucement ! Il ne me plaît pas, moi.

VALÈRE.

De grâce.

MAITRE JACQUE.

Vous êtes un impertinent.

VALÈRE.

Monsieur maître Jacques.

MAITRE JACQUES.

Il n'y a point de monsieur maître Jacques pour un double. Si je prends un bâton, je vous rosserai d'importance.

VALÈRE.

Comment ! un bâton !

(Valère fait reculer maître Jacques à son tour.)

MAITRE JACQUES.

Hé ! je ne parle pas de cela.

VALÈRE.

Savez-vous bien, monsieur le fat, que je suis homme à vous rosser vous-même ?

MAITRE JACQUES.

Je n'en doute pas.

VALÈRE.

Que vous n'êtes, pour tout potage, qu'un faquin de cuisinier ?

MAITRE JACQUES.

Je le sais bien.

VALÈRE.

Et que vous ne me connoissez pas encore ?

MAITRE JACQUES.

Pardonnez-moi.

VALÈRE.

Vous me rosserez, dites-vous ?

MAITRE JACQUES.

Je le disois en raillant.

VALÈRE.

Et moi je ne prends point de goût à votre raillerie. *(Donnant des coups de bâton à maître Jacques.)* Apprenez que vous êtes un mauvais railleur.

MAITRE JACQUES, seul.

Peste soit la sincérité ! c'est un mauvais métier : désormais j'y renonce, et je ne veux plus dire vrai. Passe encore pour mon maître, il a quelque droit de me battre ; mais pour ce monsieur l'intendant, je m'en vengerai si je puis.

SCÈNE VII.

MARIANE, FROSINE, MAITRE JACQUES.

FROSINE.

Savez-vous, maître Jacques, si votre maître est au logis?

MAITRE JACQUES.

Oui vraiment, il y est; je ne le sais que trop.

FROSINE.

Dites-lui, je vous prie, que nous sommes ici.

SCÈNE VIII.

MARIANE, FROSINE.

MARIANE.

Ah! que je suis, Frosine, dans un étrange état! et, s'il faut dire ce que je sens, que j'appréhende cette vue!

FROSINE.

Mais pourquoi? et quelle est votre inquiétude?

MARIANE.

Hélas! me le demandez-vous? et ne vous figurez-vous point les alarmes d'une personne toute prête à voir le supplice où l'on veut l'attacher?

FROSINE.

Je vois bien que, pour mourir agréablement, Harpagon n'est pas le supplice que vous voudriez embrasser; et je connois, à votre mine, que le jeune blondin dont vous m'avez parlé vous revient un peu dans l'esprit.

ACTE III, SCÈNE VIII.

MARIANE.

Oui : c'est une chose, Frosine, dont je ne veux pas me défendre ; et les visites respectueuses qu'il a rendues chez nous ont fait, je vous l'avoue, quelque effet dans mon âme.

FROSINE.

Mais avez-vous su quel il est ?

MARIANE.

Non : je ne sais point quel il est : mais je sais qu'il est fait d'un air à se faire aimer ; que, si l'on pouvoit mettre les choses à mon choix, je le prendrois plutôt qu'un autre, et qu'il ne contribue pas peu à me faire trouver un tourment effroyable dans l'époux qu'on veut me donner.

FROSINE.

Mon Dieu ! tous ces blondins sont agréables, et débitent fort bien leur fait : mais la plupart sont gueux comme des rats ; et il vaut mieux pour vous de prendre un vieux mari qui vous donne beaucoup de bien. Je vous avoue que les sens ne trouvent pas si bien leur compte du côté que je dis, et qu'il y a quelques petits dégoûts à essuyer avec un tel époux : mais cela n'est pas pour durer ; et sa mort, croyez-moi, vous mettra bientôt en état d'en prendre un plus aimable, qui réparera toutes choses.

MARIANE.

Mon Dieu ! Frosine, c'est une étrange affaire, lorsque, pour être heureuse, il faut souhaiter ou attendre le trépas de quelqu'un ! et la mort ne suit pas tous les projets que nous faisons.

FROSINE.

Vous moquez-vous ? Vous ne l'épousez qu'aux conditions de vous laisser veuve bientôt ; et ce doit être là un des articles du contrat. Il seroit bien impertinent de ne pas mourir dans trois mois. Le voici en propre personne.

MARIANE.

Ah ! Frosine, quelle figure !

SCÈNE IX.

HARPAGON, MARIANE, FROSINE.

HARPAGON, à Mariane.

NE vous offensez pas, ma belle, si je viens à vous avec des lunettes. Je sais que vos appas frappent assez les yeux, sont assez visibles d'eux-mêmes, et qu'il n'est pas besoin de lunettes pour les apercevoir : mais enfin c'est avec des lunettes qu'on observe les astres ; et je maintiens et garantis que vous êtes un astre, mais un astre, le plus bel astre qui soit dans le pays des astres... Frosine, elle ne répond mot, et ne témoigne, ce me semble, aucune joie de me voir.

FROSINE.

C'est qu'elle est encore toute surprise : et puis les filles ont toujours honte à témoigner d'abord ce qu'elles ont dans l'âme.

HARPAGON, à Frosine.

Tu as raison. (A Mariane.) Voilà, belle mignonne, ma fille qui vient vous saluer.

SCÈNE X.

HARPAGON, ÉLISE, MARIANE, FROSINE.

MARIANE.

Je m'acquitte bien tard, madame, d'une telle visite.

ÉLISE.

Vous avez fait, madame, ce que je devois faire, et c'étoit à moi de vous prévenir.

HARPAGON.

Vous voyez qu'elle est grande ; mais mauvaise herbe croît toujours.

MARIANE, bas, à Frosine.

O l'homme déplaisant !

HARPAGON, à Frosine.

Que dit la belle ?

FROSINE.

Qu'elle vous trouve admirable.

HARPAGON.

C'est trop d'honneur que vous me faites, adorable mignonne.

MARIANE, à part.

Quel animal !

HARPAGON.

Je vous suis trop obligé de ces sentiments.

MARIANE, à part.

Je n'y puis plus tenir.

L'AVARE.

SCÈNE XI.

HARPAGON, MARIANE, ÉLISE, CLÉANTE, VALÈRE, FROSINE, BRINDAVOINE.

HARPAGON.

Voici mon fils aussi qui vous vient faire la révérence.

MARIANE, bas, à Frosine.

Ah ! Frosine, quelle rencontre ! C'est justement celui dont je t'ai parlé.

FROSINE, à Mariane.

L'aventure est merveilleuse.

HARPAGON.

Je vois que vous vous étonnez de me voir de si grands enfants ; mais je serai bientôt défait et de l'un et de l'autre.

CLÉANTE, à Mariane.

Madame, à vous dire le vrai, c'est ici une aventure où, sans doute, je ne m'attendois pas ; et mon père ne m'a pas peu surpris, lorsqu'il m'a dit tantôt le dessein qu'il avoit formé.

MARIANE.

Je puis dire la même chose : c'est une rencontre imprévue qui m'a surprise autant que vous ; et je n'étois point préparée à une telle aventure.

CLÉANTE.

Il est vrai que mon père, madame, ne peut pas faire un plus beau choix, et que ce m'est une sensible joie que l'honneur de vous voir ; mais, avec tout cela, je ne vous assurerai point que je me réjouis du dessein où vous pourriez être de devenir ma belle-mère. Le compliment, je vous l'avoue, est trop difficile pour moi ; et c'est un titre, s'il vous plaît, que je ne vous souhaite point. Ce discours paroîtra brutal aux yeux de quelques-uns : mais je suis assuré que vous serez personne à le prendre comme il faudra ; que c'est un mariage, madame, où vous vous imaginez bien que je dois avoir de la répugnance ; que vous n'ignorez pas, sachant ce que je suis, comme il choque mes intérêts, et que vous voulez bien enfin que je vous dise, avec la permission de mon père, que, si les choses dépendoient de moi, cet hymen ne se feroit point.

HARPAGON.

Voilà un compliment bien impertinent ! Quelle belle confession à lui faire !

MARIANE.

Et moi, pour vous répondre, j'ai à vous dire que les choses sont fort égales ; et que, si vous auriez de la répugnance à me voir votre belle-mère, je n'en aurois pas moins, sans doute, à vous voir mon beau-fils. Ne croyez pas, je vous prie, que ce soit moi qui cherche à vous donner cette inquiétude. Je serois fort fâchée de vous causer du déplaisir ; et, si je ne m'y vois forcée par une puissance absolue, je vous donne ma parole que je ne consentirai point au mariage qui vous chagrine.

HARPAGON.

Elle a raison : à sot compliment il faut une réponse de même. Je vous demande pardon, ma belle, de l'impertinence de mon fils ; c'est un jeune sot qui ne sait pas encore la conséquence des paroles qu'il dit.

MARIANE.

Je vous promets que ce qu'il m'a dit ne m'a point du tout offensée ; au contraire, il m'a fait plaisir de m'expliquer ainsi ses véritables sentiments. J'aime de lui un aveu de la sorte ; et s'il avoit parlé d'autre façon, je l'en estimerois bien moins.

HARPAGON.

C'est beaucoup de bonté à vous de vouloir ainsi excuser ses fautes. Le temps le rendra plus sage, et vous verrez qu'il changera de sentiments.

CLÉANTE.

Non, mon père, je ne suis point capable d'en changer, et je prie instamment madame de le croire.

HARPAGON.

Mais voyez quelle extravagance ! il continue encore plus fort.

CLÉANTE.

Voulez-vous que je trahisse mon cœur ?

HARPAGON.

Encore ! Avez-vous envie de changer de discours ?

CLÉANTE.

Hé bien ! puisque vous voulez que je parle

ACTE III, SCÈNE XI.

d'autre façon : Souffrez, madame, que je me mette ici à la place de mon père, et que je vous avoue que je n'ai rien vu dans le monde de si charmant que vous ; que je ne conçois rien d'égal au bonheur de vous plaire, et que le titre de votre époux est une gloire, une félicité que je préférerois aux destinées des plus grands princes de la terre. Oui, madame, le bonheur de vous posséder est, à mes regards, la plus belle de toutes les fortunes ; c'est où j'attache toute mon ambition. Il n'y a rien que je ne sois capable de faire pour une conquête si précieuse, et les obstacles les plus puissants...

HARPAGON.

Doucement, mon fils, s'il vous plaît.

CLÉANTE.

C'est un compliment que je fais pour vous à madame.

HARPAGON.

Mon Dieu ! j'ai une langue pour m'expliquer moi-même, et je n'ai pas besoin d'un interprète comme vous. Allons, donnez des siéges.

FROSINE.

Non, il vaut mieux que de ce pas nous allions à la foire, afin d'en revenir plus tôt, et d'avoir tout le temps ensuite de nous entretenir.

HARPAGON, à Brindavoine.

Qu'on mette donc les chevaux au carrosse.

SCÈNE XII.

HARPAGON, MARIANE, ÉLISE, CLÉANTE, VALÈRE, FROSINE.

HARPAGON, à Mariane.

Je vous prie de m'excuser, ma belle, si je n'ai pas songé à vous donner un peu de collation avant que de partir.

CLÉANTE.

J'y ai pourvu, mon père; et j'ai fait apporter ici quelques bassins d'oranges de la Chine, de citrons doux, et de confitures, que j'ai envoyé quérir de votre part.

HARPAGON, bas, à Valère.

Valère.

VALÈRE, à Harpagon.

Il a perdu le sens.

CLÉANTE.

Est-ce que vous trouvez, mon père, que ce ne soit pas assez? Madame aura la bonté d'excuser cela, s'il lui plaît.

MARIANE.

C'est une chose qui n'étoit pas nécessaire.

CLÉANTE.

Avez-vous jamais vu, madame, un diamant plus vif que celui que vous voyez que mon père a au doigt?

MARIANE.

Il est vrai qu'il brille beaucoup.

ACTE III, SCÈNE XII.

CLÉANTE, ôtant du doigt de son père le diamant, et le donnant à Mariane.

Il faut que vous le voyiez de près.

MARIANE.

1 est fort beau, sans doute, et jette quantité de feux.

CLÉANTE, se mettant au-devant de Mariane, qui veut rendre le diamant.

Non, madame, il est en de trop belles mains; c'est un présent que mon père vous fait.

HARPAGON.

Moi?

CLÉANTE.

N'est-il pas vrai, mon père, que vous voulez que madame le garde pour l'amour de vous?

HARPAGON, bas, à son fils.

Comment!

CLÉANTE, à Mariane.

Belle demande! il me fait signe de vous le faire accepter.

MARIANE.

Je ne veux point...

CLÉANTE, à Mariane.

Vous moquez-vous? il n'a garde de le reprendre.

HARPAGON, à part.

J'enrage.

MARIANE.

Ce seroit...

CLÉANTE, empêchant toujours Mariane de rendre le diamant.

Non, vous dis-je; c'est l'offenser.

MARIANE.

De grâce...

CLÉANTE.

Point du tout.

HARPAGON, à part.

Peste soit...!

CLÉANTE.

Le voilà qui se scandalise de votre refus.

HARPAGON, bas, à son fils.

Ah! traître!

CLÉANTE, à Mariane.

Vous voyez qu'il se désespère.

HARPAGON, bas, à son fils en le menaçant.

Bourreau que tu es!

CLÉANTE.

Mon père, ce n'est pas ma faute; je fais ce que je puis pour l'obliger à le garder; mais elle est obstinée.

HARPAGON, bas, à son fils avec emportement.

Pendard!

CLÉANTE.

Vous êtes cause, madame, que mon père me querelle.

HARPAGON, bas, à son fils, avec les mêmes gestes.

Le coquin!

CLÉANTE, à Mariane.

Vous le ferez tomber malade. De grâce, madame, ne résistez pas davantage.

FROSINE, à Mariane.

Mon Dieu! que de façons! Gardez la bague, puisque monsieur le veut.

MARIANE, à Harpagon.

Pour ne vous point mettre en colère, je la garde maintenant; et je prendrai un autre temps pour vous la rendre.

SCÈNE XIII.

HARPAGON, MARIANE, ÉLISE, CLÉANTE, VALÈRE, FROSINE, BRINDAVOINE.

BRINDAVOINE.

Monsieur, il y a là un homme qui veut vous parler.

HARPAGON.

Dis-lui que je suis empêché (*), et qu'il revienne une autre fois.

BRINDAVOINE.

Il dit qu'il vous apporte de l'argent.

HARPAGON, à Mariane.

Je vous demande pardon, je reviens tout à l'heure.

SCÈNE XIV.

HARPAGON, MARIANE, ÉLISE, CLÉANTE, VALÈRE, FROSINE, LA MERLUCHE.

LA MERLUCHE, courant, et faisant tomber Harpagon.

Monsieur.

(*) *Empêché*, pour retenu par des affaires.

HARPAGON.

Ah ! je suis mort.

CLÉANTE.

Qu'est-ce, mon père ? Vous êtes-vous fait mal ?

HARPAGON.

Le traître assurément a reçu de l'argent de mes débiteurs pour me faire rompre le cou.

VALÈRE, à Harpagon.

Cela ne sera rien.

LA MERLUCHE, à Harpagon.

Monsieur, je vous demande pardon ; je croyois bien faire d'accourir vite.

HARPAGON.

Que viens-tu faire ici, bourreau ?

LA MERLUCHE.

Vous dire que vos deux chevaux sont déferrés.

HARPAGON.

Qu'on les mène promptement chez le maréchal.

CLÉANTE.

En attendant qu'ils soient ferrés, je vais faire pour vous, mon père, les honneurs de votre logis, et conduire madame dans le jardin, où je ferai porter la collation.

SCÈNE XV.

HARPAGON, VALÈRE.

HARPAGON.

Valère, aie un peu l'œil à tout cela ; et prends

ACTE III, SCÈNE XV.

soin, je te prie, de m'en sauver le plus que tu pourras pour le renvoyer au marchand.

VALÈRE.

C'est assez.

HARPAGON, seul.

O fils impertinent! as-tu envie de me ruiner?

FIN DU TROISIÈME ACTE.

ACTE QUATRIÈME.

SCÈNE I.
CLÉANTE, MARIANE, ÉLISE, FROSINE.

CLÉANTE.

Rentrons ici, nous serons beaucoup mieux; il n'y a plus autour de nous personne de suspect, et nous pouvons parler librement.

ÉLISE.

Oui, madame, mon frère m'a fait confidence de la passion qu'il a pour vous. Je sais les chagrins et les déplaisirs que sont capables de causer de pareilles traverses; et c'est, je vous assure, avec une tendresse extrême que je m'intéresse à votre aventure.

MARIANE.

C'est une douce consolation que de voir dans ses intérêts une personne comme vous; et je vous conjure, madame, de me garder toujours cette généreuse amitié, si capable de m'adoucir les cruautés de la fortune.

FROSINE.

Vous êtes, par ma foi, de malheureuses gens, l'un et l'autre, de ne m'avoir point, avant tout ceci, avertie de votre affaire. Je vous aurois sans doute détourné cette inquiétude, et n'aurois point amené les choses où l'on voit qu'elles sont.

CLÉANTE.

Que veux-tu ? c'est ma mauvaise destinée qui l'a voulu ainsi. Mais, belle Mariane, quelles résolutions sont les vôtres ?

MARIANE.

Hélas ! suis-je en pouvoir de faire des résolutions ? et, dans la dépendance où je me vois, puis-je former que des souhaits ?

CLÉANTE.

Point d'autre appui pour moi dans votre cœur que de simples souhaits ? point de pitié officieuse ? point de secourable bonté ? point d'affection agissante ?

MARIANE.

Que saurois-je vous dire ? mettez-vous en ma place, et voyez ce que je puis faire. Avisez, ordonnez vous-même, je m'en remets à vous ; et je vous crois trop raisonnable pour vouloir exiger de moi que ce qui peut m'être permis par l'honneur et la bienséance.

CLÉANTE.

Hélas ! où me réduisez-vous, que de me renvoyer à ce que voudront me permettre les fâcheux sentiments d'un rigoureux honneur et d'une scrupuleuse bienséance !

MARIANE.

Mais que voulez-vous que je fasse ? Quand je

pourrois passer sur quantité d'égards où notre sexe est obligé, j'ai de la considération pour ma mère : elle m'a toujours élevée avec une tendresse extrême ; et je ne saurois me résoudre à lui donner du déplaisir. Faites, agissez auprès d'elle ; employez tous vos soins à gagner son esprit ; vous pouvez faire et dire tout ce que vous en voudrez, je vous donne la licence ; et, s'il ne tient qu'à me déclarer en votre faveur, je veux bien consentir à lui faire un aveu moi-même de tout ce que je sens pour vous.

CLÉANTE.

Frosine, ma pauvre Frosine, voudrois-tu nous servir ?

FROSINE.

Par ma foi, faut-il le demander ? je le voudrois de tout mon cœur. Vous savez que de mon naturel je suis assez humaine. Le ciel ne m'a point fait l'âme de bronze ; et je n'ai que trop de tendresse à rendre de petits services, quand je vois des gens qui s'entr'aiment en tout bien et en tout honneur. Que pourrions-nous faire à ceci ?

CLÉANTE.

Songe un peu, je te prie.

MARIANE.

Ouvre-nous des lumières.

ÉLISE.

Trouve quelque invention pour rompre ce que tu as fait.

FROSINE.

Ceci est assez difficile. (A Mariane.) Pour votre

ACTE IV, SCÈNE I.

mère, elle n'est pas tout-à-fait déraisonnable; et peut-être pourroit-on la gagner et la résoudre à transporter au fils le don qu'elle veut faire au père. (A Cléante.) Mais le mal que j'y trouve, c'est que votre père est votre père.

CLÉANTE.

Cela s'entend.

FROSINE.

Je veux dire qu'il conservera du dépit si l'on montre qu'on le refuse, et qu'il ne sera point d'humeur ensuite à donner son consentement à à votre mariage. Il faudroit, pour bien faire, que le refus vînt de lui-même, et tâcher par quelque moyen de le dégoûter de votre personne.

CLÉANTE.

Tu as raison.

FROSINE.

Oui, j'ai raison, je le sais bien. C'est là ce qu'il faudroit; mais le diantre (*) est d'en pouvoir trouver les moyens... Attendez. Si nous avions quelque femme un peu sur l'âge, qui fût de mon talent, et jouât assez bien pour contrefaire une dame de qualité, par le moyen d'un train fait à la hâte, et d'un bizarre nom de marquise ou de vicomtesse, que nous supposerions de la basse Bretagne, j'aurois assez d'adresse pour faire accroire à votre père que ce seroit une personne ri-

---

(*) *Diantre* s'employoit assez souvent pour *diable*. On prétend que ce mot vient de *Dinant*, ou plutôt de certains coureurs attachés à cette ville, et qui, d'après leur costume, pouvoient être pris pour des diables par le peuple.

che, outre ses maisons, de cent mille écus en argent comptant, qu'elle seroit éperdument amoureuse de lui, et souhaiteroit de se voir sa femme, jusqu'à lui donner tout son bien par contrat de mariage : et je ne doute point qu'il ne prêtât l'oreille à la proposition. Car enfin il vous aime fort, je le sais ; mais il aime un peu plus l'argent : et quand, ébloui de ce leurre, il auroit une fois consenti à ce qui vous touche, il importeroit peu ensuite qu'il se désabusât, en venant à vouloir voir clair aux affaires de notre marquise.

CLÉANTE.

Tout cela est fort bien pensé.

FROSINE.

Laissez-moi faire. Je viens de me ressouvenir d'une de me amies qui sera notre fait.

CLÉANTE.

Sois assurée, Frosine, de ma reconnoissance, si tu viens à bout de la chose. Mais, charmante Mariane, commençons, je vous prie, par gagner votre mère ; c'est toujours beaucoup faire que de rompre ce mariage. Faites-y de votre part, je vous conjure, tous les efforts qu'il vous sera possible. Servez-vous de tout le pouvoir que vous donne sur elle cette amitié qu'elle a pour vous : déployez sans réserve les grâces éloquentes, les charmes tout-puissants que le ciel a placés dans vos yeux et dans votre bouche ; et n'oubliez rien, s'il vous plaît, de ces tendres paroles, de ces douces prières, et de ces caresses touchantes à qui je suis persuadé qu'on ne sauroit rien refuser.

MARIANE.

J'y ferai tout ce que je puis, et n'oublierai aucune chose.

SCÈNE II.

HARPAGON, CLÉANTE, MARIANE, ÉLISE, FROSINE.

HARPAGON, à part, sans être aperçu.

Ouais! mon fils baise la main de sa prétendue belle-mère, et sa prétendue belle-mère ne s'en défend pas fort. Y auroit-il quelque mystère là-dessous !

ÉLISE.

Voilà mon père.

HARPAGON.

Le carrosse est tout prêt, vous pouvez partir quand il vous plaira.

CLÉANTE.

Puisque vous n'y allez pas, mon père, je m'en vais les conduire.

HARPAGON.

Non, demeurez ; elles iront bien toutes seules, et j'ai besoin de vous.

SCÈNE III.

HARPAGON, CLÉANTE.

HARPAGON.

Or çà, intérêt de belle-mère à part, que te semble, à toi, de cette personne ?

CLÉANTE.

Ce qu'il m'en semble ?

HARPAGON.

Oui, de son air, de sa taille, de sa beauté, de son esprit ?

CLÉANTE.

Là, là.

HARPAGON.

Mais encore ?

CLÉANTE.

A vous en parler franchement, je ne l'ai pas trouvée ici ce que je l'avois crue. Son air est de franche coquette, sa taille est assez gauche, sa beauté très-médiocre, et son esprit des plus communs. Ne croyez pas que ce soit, mon père, pour vous en dégoûter ; car, belle-mère pour belle-mère, j'aime autant celle-là qu'une autre.

HARPAGON.

Tu lui disois tantôt pourtant...

CLÉANTE.

Je lui ai dit quelques douceurs en votre nom ; mais c'étoit pour vous plaire.

HARPAGON.

Si bien donc que tu n'aurois pas d'inclination pour elle ?

CLÉANTE.

Moi ? point du tout.

HARPAGON.

J'en suis fâché, car cela rompt une pensée qui m'étoit venue dans l'esprit. J'ai fait, en la voyant ici, réflexion sur mon âge ; et j'ai songé qu'on

ACTE IV, SCÈNE III.

pourra trouver à redire de me voir marier à une si jeune personne. Cette considération m'en faisoit quitter le dessein; et comme je l'ai fait demander, et que je suis pour elle engagé de parole, je te l'aurois donnée, sans l'aversion que tu témoignes.

CLÉANTE.

A moi?

HARPAGON.

A toi.

CLÉANTE.

En mariage?

HARPAGON.

En mariage.

CLÉANTE.

Écoutez. Il est vrai qu'elle n'est pas fort à mon goût : mais, pour vous faire plaisir, mon père, je me résoudrai à l'épouser, si vous voulez.

HARPAGON.

Moi? Je suis plus raisonnable que tu ne penses; je ne veux point forcer ton inclination.

CLÉANTE.

Pardonnez-moi, je me ferai cet effort pour l'amour de vous.

HARPAGON.

Non, non; un mariage ne sauroit être heureux où l'inclination n'est pas.

CLÉANTE.

C'est une chose, mon père, qui peut-être viendra ensuite; et l'on dit que l'amour est souvent un fruit du mariage.

HARPAGON.

Non : du côté de l'homme on ne doit point risquer l'affaire ; et ce sont des suites fâcheuses où je n'ai garde de me commettre. Si tu avois senti quelque inclination pour elle, à la bonne heure ; je te l'aurois fait épouser, au lieu de moi : mais, cela n'étant pas, je suivrai mon premier dessein, et je l'épouserai moi-même.

CLÉANTE.

Hé bien, mon père, puisque les choses sont ainsi, il faut vous découvrir mon cœur, il faut vous révéler notre secret. La vérité est que je l'aime, depuis un jour que je la vis dans une promenade ; que mon dessein étoit tantôt de vous la demander pour femme ; et que rien ne m'a retenu que la déclaration de vos sentiments, et la crainte de vous déplaire.

HARPAGON.

Lui avez-vous rendu visite ?

CLÉANTE.

Oui, mon père.

HARPAGON.

Beaucoup de fois ?

CLÉANTE.

Assez, pour le temps qu'il y a.

HARPAGON.

Vous a-t-on bien reçu ?

CLÉANTE.

Fort bien, mais sans savoir qui j'étois ; et c'est ce qui a fait tantôt la surprise de Mariane.

ACTE IV, SCÈNE III.

HARPAGON.

Lui avez-vous déclaré votre passion, et le dessein où vous étiez de l'épouser ?

CLÉANTE.

Sans doute ; et même j'en avois fait à sa mère quelque peu d'ouverture.

HARPAGON.

A-t-elle écouté pour sa fille votre proposition ?

CLÉANTE.

Oui, fort civilement.

HARPAGON.

Et la fille correspond-elle fort à votre amour ?

CLÉANTE.

Si j'en dois croire les apparences, je me persuade, mon père, qu'elle a quelque bonté pour moi.

HARPAGON, bas, à part.

Je suis bien aise d'avoir appris un tel secret ; et voilà justement ce que je demandois. (Haut.) Or sus, mon fils, savez-vous ce qu'il y a? C'est qu'il faut songer, s'il vous plaît, à vous défaire de votre amour, à cesser toutes vos poursuites auprès d'une personne que je prétends pour moi, et à vous marier dans peu avec celle qu'on vous destine.

CLÉANTE.

Oui, mon père, c'est ainsi que vous me jouez ! Hé bien ! puisque les choses en sont venues là, je vous déclare, moi, que je ne quitterai point la passion que j'ai pour Mariane ; qu'il n'y a point d'extrémité où je ne m'abandonne pour vous disputer sa conquête ; et que, si vous avez pour vous le consentement d'une mère, j'aurai d'autres secours peut-être qui combattront pour moi.

HARPAGON.

Comment, pendard! tu as l'audace d'aller sur mes brisées!

CLÉANTE.

C'est vous qui allez sur les miennes, et je suis le premier en date.

HARPAGON.

Ne suis-je pas ton père? et ne me dois-tu pas respect?

CLÉANTE.

Ce ne sont point ici des choses où les enfants soient obligés de déférer aux pères, et l'amour ne connoît personne.

HARPAGON.

Je te ferai bien me connoître avec de bons coups de bâton.

CLÉANTE.

Toutes vos menaces ne feront rien.

HARPAGON.

Tu renonceras à Mariane.

CLÉANTE.

Point du tout.

HARPAGON.

Donnez-moi un bâton tout à l'heure.

SCÈNE IV.

HARPAGON, CLÉANTE, MAITRE JACQUES.

MAITRE JACQUES.

Hé! hé! hé! messieurs, qu'est-ce ci? à quoi songez-vous?

CLÉANTE.

Je me moque de cela.

MAITRE JACQUES, à Cléante.

Ah! monsieur, doucement.

HARPAGON.

Me parler avec cette impudence!

MAITRE JACQUES, à Harpagon.

Ah! monsieur, de grâce.

CLÉANTE.

Je n'en démordrai point.

MAITRE JACQUES, à Cléante.

Hé quoi! à votre père!

HARPAGON.

Laisse-moi faire.

MAITRE JACQUES, à Harpagon.

Hé quoi! à votre fils! Encore passe pour moi.

HARPAGON.

Je te veux faire toi-même, maître Jacques, juge de cette affaire, pour montrer comme j'ai raison.

MAITRE JACQUES.

J'y consens. (A Cléante.) Éloignez-vous un peu.

HARPAGON.

J'aime une fille que je veux épouser, et le pendard a l'insolence de l'aimer avec moi, et d'y prétendre malgré mes ordres.

MAITRE JACQUES.

Ah ! il a tort.

HARPAGON.

N'est-ce pas une chose épouvantable, qu'un fils qui veut entrer en concurrence avec son père ? et ne doit-il pas, par respect, s'abstenir de toucher à mes inclinations ?

MAITRE JACQUES.

Vous avez raison. Laissez-moi lui parler, et demeurez là.

CLÉANTE, à maître Jacques, qui s'approche de lui.

Hé bien, oui, puisqu'il veut te choisir pour juge, je n'y recule point ; il ne m'importe qui que ce soit : et je veux bien aussi me rapporter à toi, maître Jacques, de notre différent.

MAITRE JACQUES.

C'est beaucoup d'honneur que vous me faites.

CLÉANTE.

Je suis épris d'une jeune personne qui répond à mes vœux, et reçoit tendrement les offres de ma foi ; et mon père s'avise de venir troubler notre amour par la demande qu'il en fait faire.

MAITRE JACQUES.

Il a tort assurément.

CLÉANTE.

N'a-t-il point de honte à son âge de songer à se

ACTE IV, SCÈNE IV.

marier? Lui sied-il bien d'être encore amoureux ? et ne devroit-il pas laisser cette occupation aux jeunes gens ?

MAITRE JACQUES.

Vous avez raison, il se moque ; laissez-moi lui dire deux mots (A Harpagon.) Hé bien ! votre fils n'est pas si étrange que vous le dites, et il se met à la raison : il dit qu'il sait le respect qu'il vous doit, qu'il ne s'est emporté que dans la première chaleur, et qu'il ne fera point refus de se soumettre à ce qu'il vous plaira, pourvu que vous vouliez le traiter mieux que vous ne faites, et lui donner quelque personne en mariage dont il ait lieu d'être content.

HARPAGON.

Ah ! dis-lui, maître Jacques, que, moyennant cela, il pourra espérer toutes choses de moi, et que, hors Mariane, je lui laisse la liberté de choisir celle qu'il voudra.

MAITRE JACQUES.

Laissez-moi faire. (A Cléante.) Hé bien ! votre père n'est pas si déraisonnable que vous le faites ; et il m'a témoigné que ce sont vos emportements qui l'ont mis en colère, et qu'il n'en veut seulement qu'à votre manière d'agir ; et qu'il sera fort disposé à vous accorder ce que vous souhaitez, pourvu que vous vouliez vous y prendre par la douceur, et lui rendre les déférences, les respects et les soumissions qu'un fils doit à son père.

CLÉANTE.

Ah! maître Jacques, tu lui peux assurer que, s'il m'accorde Mariane, il me verra toujours le plus soumis de tous les hommes, et que jamais je ne ferai aucune chose que par ses volontés.

MAITRE JACQUES, à Harpagon.

Cela est fait, il consent à ce que vous dites.

HARPAGON.

Voilà qui va le mieux du monde.

MAITRE JACQUES, à Cléante.

Tout est conclu ; il est content de vos promesses.

CLÉANTE.

Le ciel en soit loué.

MAITRE JACQUES.

Messieurs, vous n'avez qu'à parler ensemble, vous voilà d'accord maintenant ; et vous alliez vous quereller, faute de vous entendre.

CLÉANTE.

Mon pauvre maître Jacques, je te serai obligé toute ma vie.

MAITRE JACQUES.

Il n'y a pas de quoi, monsieur.

HARPAGON.

Tu m'as fait plaisir, maître Jacques, et cel mérite une récompense.

(Harpagon fouille dans sa poche, maître Jacques tend la main ; ma Harpagon ne tire que son mouchoir en disant :)

Va, je m'en souviendrai, je t'assure.

MAITRE JACQUES.

Je vous baise les mains.

SCÈNE V.

HARPAGON, CLÉANTE.

CLÉANTE.

Je vous demande pardon, mon père, de l'emportement que j'ai fait paroître.

HARPAGON.

Cela n'est rien.

CLÉANTE.

Je vous assure que j'en ai tous les regrets du monde.

HARPAGON.

Et moi j'ai toutes les joies du monde de te voir raisonnable.

CLÉANTE.

Quelle bonté à vous d'oublier si vite ma faute !

HARPAGON.

On oublie aisément les fautes des enfants lorsqu'ils rentrent dans leur devoir.

CLÉANTE.

Quoi ! ne garder aucun ressentiment de toutes mes extravagances !

HARPAGON.

C'est une chose où tu m'obliges par la soumission et le respect où tu te ranges.

CLÉANTE.

Je vous promets, mon père, que, jusqu'au tombeau, je conserverai dans mon cœur le souvenir de vos bontés.

HARPAGON.

Et moi je te promets qu'il n'y aura aucune chose que tu n'obtiennes de moi.

CLÉANTE.

Ah ! mon père, je ne vous demande plus rien, et c'est m'avoir assez donné que de me donner Mariane.

HARPAGON.

Comment ?

CLÉANTE.

Je dis, mon père, que je suis trop content de vous, et que je trouve toutes choses dans la bonté que vous avez de m'accorder Mariane.

HARPAGON.

Qui est-ce qui parle de t'accorder Mariane ?

CLÉANTE.

Vous, mon père.

HARPAGON.

Moi ?

CLÉANTE.

Sans doute.

HARPAGON.

Comment ! c'est toi qui a promis d'y renoncer.

CLÉANTE.

Moi, y renoncer ?

HARPAGON.

Oui.

CLÉANTE.

Point du tout.

HARPAGON.

Tu ne t'es pas départi d'y prétendre ?

CLÉANTE.

Au contraire, j'y suis porté plus que jamais.

HARPAGON.

Quoi, pendard ! derechef ?

CLÉANTE.

Rien ne me peut changer.

HARPAGON.

Laisse-moi faire, traître !

CLÉANTE.

Faites tout ce qu'il vous plaira.

HARPAGON.

Je te défends de me jamais voir.

CLÉANTE.

A la bonne heure.

HARPAGON.

Je t'abandonne.

CLÉANTE.

Abandonnez.

HARPAGON.

Je te renonce pour mon fils.

CLÉANTE.

Soit.

HARPAGON.

Je te déshérite.

CLÉANTE.

Tout ce que vous voudrez.

HARPAGON.

Et je te donne ma malédiction.

CLÉANTE.

Je n'ai que faire de vos dons.

SCÈNE VI.

CLÉANTE, LA FLÈCHE.

LA FLÈCHE, *sortant du jardin avec une cassette.*

Ah ! monsieur, que je vous trouve à propos ! Suivez-moi vite.

CLÉANTE.

Qu'y a-t-il ?

LA FLÈCHE.

Suivez-moi, vous dis-je ; nous sommes bien.

CLÉANTE.

Comment ?

LA FLÈCHE.

Voici votre affaire.

CLÉANTE.

Quoi ?

LA FLÈCHE.

J'ai guigné (*) ceci tout le jour.

CLÉANTE.

Qu'est-ce que c'est ?

LA FLÈCHE.

Le trésor de votre père, que j'ai attrapé.

CLÉANTE.

Comment as-tu fait ?

LA FLÈCHE.

Vous saurez tout. Sauvons-nous, je l'entends crier.

(*) *Guigné*, de l'espagnol *guimar*, regarder une chose avec envie, la guetter.

SCÈNE VII.

HARPAGON, criant au voleur dès le jardin.

Au voleur ! au voleur ! à l'assassin ! au meurtrier ! Justice, juste ciel ! Je suis perdu, je suis assassiné ; on m'a coupé la gorge, on m'a dérobé mon argent. Qui peut-ce être ? Qu'est-il devenu ? Où est-il ? Où se cache-t-il ? Que ferai-je pour le trouver ? Où courir ? Où ne pas courir ? N'est-il point là ? N'est-il point ici ? Qui est-ce ? Arrête. (A lui-même, se prenant par le bras.) Rends-moi mon argent, coquin... Ah ! c'est moi... Mon esprit est troublé, et j'ignore où je suis, qui je suis, et ce que je fais. Hélas ! mon pauvre argent, mon pauvre argent, mon cher ami, on m'a privé de toi ! et, puisque tu m'es enlevé, j'ai perdu mon support, ma consolation, ma joie ; tout est fini pour moi, et je n'ai plus que faire au monde ! Sans toi il m'est impossible de vivre. C'en est fait ; je n'en puis plus, je me meurs, je suis mort, je suis enterré. N'y a-t-il personne qui veuille me ressusciter, en me rendant mon cher argent, ou en m'apprenant qui l'a pris ? Hé ! que dites-vous ? Ce n'est personne. Il faut, qui que ce soit qui ait fait le coup, qu'avec beaucoup de soin on ait épié l'heure ; et l'on a choisi justement le temps que je parlois à mon traître de fils. Sortons. Je veux aller quérir la justice, et faire donner la question à toute ma maison, à servantes, à valets, à fils, à fille, et à moi aussi. Que de gens assemblés ! Je ne jette mes regards sur personne qui ne me donne des soupçons, et tout me semble mon voleur. Hé ! de quoi est-ce qu'on parle là ? de celui qui m'a dérobé ? Quel bruit fait-on là-haut ? est-ce mon voleur qui y est ? De grâce, si l'on sait des nouvelles de mon voleur, je supplie que l'on m'en dise. N'est-il point caché là parmi vous ? Ils me regardent tous, et se mettent à rire. Vous verrez qu'ils ont part, sans doute, au vol que l'on m'a fait. Allons vite, des commissaires, des archers, des prévôts, des juges, des gênes, des potences et des bourreaux. Je veux faire pendre tout le monde ; et si je ne retrouve mon argent, je me pendrai moi-même après.

FIN DU QUATRIÈME ACTE.

ACTE CINQUIÈME.

SCÈNE I.
HARPAGON, UN COMMISSAIRE.

LE COMISSAIRE.

Laissez-moi faire, je sais mon métier, Dieu merci. Ce n'est pas d'aujourd'hui que je me mêle de découvrir des vols, et je voudrois avoir autant de sacs de mille francs que j'ai fait pendre de personnes.

HARPAGON.

Tous les magistrats sont intéressés à prendre cette affaire en main ; et si l'on ne me fait retrouver mon argent, je demanderai justice de la justice.

LE COMMISSAIRE.

Il faut faire toutes les poursuites requises. Vous dites qu'il y avoit dans cette cassette...

HARPAGON.

Dix mille écus bien comptés.

LE COMMISSAIRE.

Dix mille écus !

HARPAGON.

Dix mille écus.

LE COMMISSAIRE.

Le vol est considérable.

HARPAGON.

Il n'y a point de supplice assez grand pour l'énormité de ce crime; et, s'il demeure impuni, les choses les plus sacrées ne sont plus en sûreté.

LE COMMISSAIRE.

En quelles espèces étoit cette somme?

HARPAGON.

En bons louis d'or et pistoles bien trébuchantes.

LE COMMISSAIRE.

Qui soupçonnez-vous de ce vol.

HARPAGON.

Tout le monde; et je veux que vous arrêtiez prisonniers la ville et les faubourgs.

LE COMMISSAIRE.

Il faut, si vous m'en croyez, n'effaroucher personne, et tâcher doucement d'attraper quelques preuves, afin de procéder après, par la rigueur, au recouvrement des deniers qui vous ont été pris.

SCÈNE II.

HARPAGON, LE COMMISSAIRE, MAITRE JACQUES.

MAITRE JACQUES, *dans le fond du théâtre, en se retournant du côté par lequel il est entré.*

Je m'en vais revenir: qu'on me l'égorge tout à l'heure; qu'on me lui fasse griller les pieds;

qu'on me le mette dans l'eau bouillante ; et qu'on me le pende au plancher.

HARPAGON, à maître Jacques.

Qui ? celui qui m'a dérobé ?

MAITRE JACQUES.

Je parle d'un cochon de lait que votre intendant me vient d'envoyer, et je veux vous l'accommoder à ma fantaisie.

HARPAGON.

Il n'est pas question de cela, et voilà monsieur à qui il faut parler d'autre chose.

LE COMMISSAIRE, à maître Jacques.

Ne vous épouvantez point ; je suis homme à ne vous point scandaliser, et les choses iront dans la douceur.

MAITRE JACQUES.

Monsieur est de votre souper ?

LE COMMISSAIRE.

Il faut ici, mon cher ami, ne rien cacher à votre maître.

MAITRE JACQUES.

Ma foi, monsieur, je montrerai tout ce que je sais faire, et je vous traiterai du mieux qu'il me sera possible.

HARPAGON.

Ce n'est pas là l'affaire.

MAITRE JACQUES.

Si je ne vous fais pas aussi bonne chère que je voudrois, c'est la faute de monsieur notre intendant, qui m'a rogné les ailes avec les ciseaux de son économie.

HARPAGON.

Traître ! il s'agit d'autre chose que de souper ; et je veux que tu me dises des nouvelles de l'argent qu'on m'a pris.

MAITRE JACQUES.

On vous a pris de l'argent ?

HARPAGON.

Oui, coquin ; et je m'en vais te faire pendre si tu ne me le rends.

LE COMMISSAIRE, à Harpagon.

Mon Dieu ! ne le maltraitez point. Je vois à sa mine qu'il est honnête homme, et que, sans se faire mettre en prison, il vous découvrira ce que vous voulez savoir. Oui, mon ami, si vous nous confessez la chose, il ne vous sera fait aucun mal, et vous serez récompensé comme il faut par votre maître. On lui a pris aujourd'hui son argent, et il n'est pas que vous ne sachiez quelque nouvelle de cette affaire.

MAITRE JACQUES, bas, à part.

Voici justement ce qu'il me faut pour me venger de notre intendant ; depuis qu'il est entré céans, il est le favori ; on n'écoute que ses conseils ; et j'ai aussi sur le cœur les coups de bâton de tantôt.

HARPAGON.

Qu'as-tu à ruminer ?

ACTE V, SCÈNE II.

LE COMMISSAIRE, à Harpagon.

Laissez-le faire, il se prépare à vous contenter ; et je vous ai bien dit qu'il étoit honnête homme.

MAITRE JACQUES.

Monsieur, si vous voulez que je vous dise les choses, je crois que c'est monsieur votre cher intendant qui a fait le coup.

HARPAGON.

Valère ?

MAITRE JACQUES.

Oui.

HARPAGON.

Lui, qui me paroît si fidèle ?

MAITRE JACQUES.

Lui-même. Je crois que c'est lui qui vous a dérobé.

HARPAGON.

Et sur quoi le crois-tu ?

MAITRE JACQUES.

Sur quoi ?

HARPAGON.

Oui.

MAITRE JACQUES.

Je le crois... sur ce que je le crois.

LE COMMISSAIRE.

Mais il est nécessaire de dire les indices que vous avez.

HARPAGON.

L'as-tu vu rôder autour du lieu où j'avois mis mon argent ?

MAITRE JACQUES.

Oui, vraiment. Où étoit-il, votre argent?

HARPAGON.

Dans le jardin.

MAITRE JACQUES.

Justement. Je l'ai vu rôder dans le jardin. Et dans quoi est-ce que cet argent étoit?

HARPAGON.

Dans une cassette.

MAITRE JACQUES.

Voilà l'affaire. Je lui ai vu une cassette.

HARPAGON.

Et cette cassette, comment est-elle faite? Je verrai bien si c'est la mienne.

MAITRE JACQUES.

Comment elle est faite?

HARPAGON.

Oui.

MAITRE JACQUES.

Elle est faite... Elle est faite comme une cassette.

LE COMMISSAIRE.

Cela s'entend. Mais dépeignez-la un peu, pour voir.

MAITRE JACQUES.

C'est une grande cassette...

HARPAGON.

Celle qu'on m'a volée est petite.

MAITRE JACQUES.

Hé oui, elle est petite, si on le veut prendre par-là; mais je l'appelle grande pour ce qu'elle contient.

ACTE V, SCÈNE II.

LE COMMISSAIRE.

Et de quelle couleur est-elle ?

MAITRE JACQUES.

De quelle couleur ?

LE COMMISSAIRE.

Oui.

MAITRE JACQUES.

Elle est de couleur... là, d'une couleur... Ne sauriez-vous m'aider à dire ?

HARPAGON.

Hé ?

MAITRE JACQUES.

N'est-elle pas rouge ?

HARPAGON.

Non, grise.

MAITRE JACQUES.

Hé, oui, gris-rouge, c'est ce que je voulois dire.

HARPAGON.

Il n'y a point de doute, c'est elle assurément. Écrivez, monsieur, écrivez sa déposition. Ciel ! à qui désormais se fier ? il ne faut plus jurer de rien ; et je crois, après cela, que je suis homme à me voler moi-même.

MAITRE JACQUES, à Harpagon.

Monsieur, le voici qui revient. Ne lui allez pas dire au moins que c'est moi qui vous ai découvert cela.

SCÈNE III.

HARPAGON, LE COMMISSAIRE, VALÈRE, MAITRE JACQUES.

HARPAGON.

Approche, viens confesser l'action la plus noire, l'attentat le plus horrible qui jamais ait été commis.

VALÈRE.

Que voulez-vous, monsieur ?

HARPAGON.

Comment, traître ! tu ne rougis pas de ton crime !

VALÈRE.

De quel crime voulez-vous donc parler ?

HARPAGON.

De quel crime je veux parler, infâme ! comme si tu ne savois pas ce que je veux dire ! C'est en vain que tu prétendrois de le déguiser : l'affaire est découverte, et l'on vient de m'apprendre tout. Comment ! abuser ainsi de ma bonté, et s'introduire exprès chez moi pour me trahir, pour me jouer un tour de cette nature !

VALÈRE.

Monsieur, puisqu'on vous a découvert tout, je ne veux point chercher de détours, et vous nier la chose.

MAITRE JACQUES, *à part.*

Oh ! oh ! aurois-je deviné sans y penser ?

VALÈRE.

C'étoit mon dessein de vous en parler, et je voulois attendre pour cela des conjonctures favo-

ACTE V, SCÈNE III.

rables ; mais puisqu'il est ainsi, je vous conjure de ne vous point fâcher, et de vouloir entendre mes raisons.

HARPAGON.

Et quelles belles raisons peux-tu me donner, voleur, infâme ?

VALÈRE.

Ah ! monsieur, je n'ai pas mérité ces noms. Il est vrai que j'ai commis une offense envers vous ; mais, après tout, ma faute est pardonnable.

HARPAGON.

Comment, pardonnable ! un guet-apens, un assassinat de la sorte !

VALÈRE.

De grâce, ne vous mettez point en colère: Quand vous m'aurez ouï, vous verrez que le mal n'est pas si grand que vous le faites.

HARPAGON.

Le mal n'est pas si grand que je le fais ! Quoi ! mon sang, mes entrailles, pendard !

VALÈRE.

Votre sang, monsieur, n'est pas tombé dans de mauvaises mains. Je suis d'une condition à ne lui point faire de tort ; et il n'y a rien en tout ceci que je ne puisse bien réparer.

HARPAGON.

C'est bien mon intention, et que tu me restitues ce que tu m'as ravi.

VALÈRE.

Votre honneur, monsieur, sera pleinement satisfait.

HARPAGON.

Il n'est pas question d'honneur là-dedans. Mais, dis-moi, qui t'a porté à cette action ?

VALÈRE.

Hélas ! me le demandez-vous ?

HARPAGON.

Oui, vraiment, je te le demande.

VALÈRE.

Un dieu qui porte les excuses de tout ce qu'il fait faire : l'Amour.

HARPAGON.

L'Amour !

VALÈRE.

Oui.

HARPAGON.

Bel amour ! bel amour, ma foi ! l'amour de mes louis d'or !

VALÈRE.

Non, monsieur, ce ne sont point vos richesses qui m'ont tenté, ce n'est pas cela qui m'a ébloui ; et je proteste de ne prétendre rien à tous vos biens, pourvu que vous me laissiez celui que j'ai.

HARPAGON.

Non ferai, de par tous les diables ; je ne te le laisserai pas. Mais voyez quelle insolence, de vouloir retenir le vol qu'il m'a fait !

VALÈRE.

Appelez-vous cela un vol ?

ACTE V, SCÈNE III.

HARPAGON.

Si je l'appelle un vol ! un trésor comme celui-là !

VALÈRE.

C'est un trésor, il est vrai, et le plus précieux que vous ayez sans doute ; mais ce ne sera pas le perdre que de me le laisser. Je vous le demande à genoux, ce trésor plein de charmes ; et pour bien faire il faut que vous me l'accordiez.

HARPAGON.

Je n'en ferai rien. Qu'est-ce à dire, cela ?

VALÈRE.

Nous nous sommes promis une foi mutuelle, et avons fait serment de ne nous point abandonner.

HARPAGON.

Le serment est admirable ! et la promesse plaisante !

VALÈRE.

Oui, nous nous sommes engagés d'être l'un à l'autre à jamais.

HARPAGON.

Je vous en empêcherai bien, je vous assure.

VALÈRE.

Rien que la mort ne nous peut séparer.

HARPAGON.

C'est être bien endiablé après mon argent !

VALÈRE.

Je vous ai déjà dit, monsieur, que ce n'étoit point l'intérêt qui m'avoit poussé à faire ce que j'ai fait. Mon cœur n'a point agi par les ressorts que vous pensez, et un motif plus noble m'a inspiré cette résolution.

HARPAGON.

Vous verrez que c'est par charité chrétienne qu'il veut avoir mon bien. Mais j'y donnerai bon ordre; et la justice, pendard effronté, me va faire raison de tout.

VALÈRE.

Vous en userez comme vous voudrez, et me voilà prêt à souffrir toutes les violences qu'il vous plaira : mais je vous prie de croire au moins que, s'il y a du mal, ce n'est que moi qu'il en faut accuser, et que votre fille, en tout ceci, n'est aucunement coupable.

HARPAGON.

Je le crois bien, vraiment : il seroit fort étrange que ma fille eût trempé dans ce crime. Mais je veux ravoir mon affaire, et que tu me confesses en quel endroit tu me l'as enlevée.

VALÈRE.

Moi? je ne l'ai point enlevée; et elle est encore chez vous.

HARPAGON, à part.

O ma chère cassette! (Haut.) Elle n'est point sortie de ma maison?

VALÈRE.

Non, monsieur.

HARPAGON.

Hé! dis-moi un peu; tu n'y as point touché?

VALÈRE.

Moi, y toucher! Ah! vous lui faites tort, aussi-bien qu'à moi; et c'est d'une ardeur toute pure et respectueuse que j'ai brûlé pour elle.

HARPAGON, à part.

Brûlé pour ma cassette!

VALÈRE.

J'aimerois mieux mourir que de lui avoir fait paroître aucune pensée offensante; elle est trop sage et trop honnête pour cela.

HARPAGON, à part.

Ma cassette trop honnête!

VALÈRE.

Tous mes désirs se sont bornés à jouir de sa vue; et rien de criminel n'a profané la passion que ses beaux yeux m'ont inspirée.

HARPAGON, à part.

Les beaux yeux de ma cassette! il parle d'elle comme un amant d'une maîtresse.

VALÈRE.

Dame Claude, monsieur, sait la vérité de cette aventure; et elle vous peut rendre témoignage...

HARPAGON.

Quoi! ma servante est complice de l'affaire?

VALÈRE.

Oui, monsieur, elle a été témoin de notre engagement; et c'est après avoir connu l'honnêteté de ma flamme qu'elle m'a aidé à persuader votre fille de me donner sa foi, et de recevoir la mienne.

HARPAGON.

Hé! (A part.) Est-ce que la peur de la justice le fait extravaguer? (A Valère.) Que nous brouilles-tu ici de ma fille?

VALÈRE.

Je dis, monsieur, que j'ai eu toutes les peines du monde à faire consentir sa pudeur à ce que vouloit mon amour.

HARPAGON.

La pudeur de qui?

VALÈRE.

De votre fille; et c'est seulement depuis hier qu'elle a pu se résoudre à nous signer mutuellement une promesse de mariage.

HARPAGON.

Ma fille t'a signé une promesse de mariage?

VALÈRE.

Oui, monsieur, comme de ma part je lui en ai signé une.

HARPAGON.

O ciel! autre disgrâce!

MAITRE JACQUES, au commissaire.

Écrivez, monsieur, écrivez.

HARPAGON.

Rengrègement (*) de mal! surcroît de désespoir! (Au commissaire.) Allons, monsieur, faites le dû de votre charge, et dressez-lui-moi son procès comme larron et comme suborneur.

(*) Rengrègement, augmentation, surcroît.

MAITRE JACQUES.

Comme larron et comme suborneur.

VALÈRE.

Ce sont des noms qui ne me sont point dus ; et quand on saura qui je suis....

SCÈNE IV.

HARPAGON, ÉLISE, MARIANE, VALÈRE, FROSINE, MAITRE JACQUES, LE COMMISSAIRE.

HARPAGON.

Ah ! fille scélérate ! fille indigne d'un père comme moi ! c'est ainsi que tu pratiques les leçons que je t'ai données ! tu te laisses prendre d'amour pour un voleur infâme, et tu lui engages ta foi sans mon consentement ! Mais vous serez trompés l'un et l'autre. (A Élise.) Quatre bonnes murailles me répondront de ta conduite ; (à Valère.) et une bonne potence, pendard effronté, me fera raison de ton audace.

VALÈRE.

Ce ne sera point votre passion qui jugera l'affaire ; et l'on m'écoutera au moins avant que de de me condamner.

HARPAGON.

Je me suis abusé de dire une potence ; et tu seras roué tout vif.

ÉLISE, aux genoux d'Harpagon.

Ah ! mon père, prenez des sentiments un peu plus humains, je vous prie ; et n'allez point pousser les choses dans les dernières violences du pouvoir paternel. Ne vous laissez point entraîner aux premiers mouvements de votre passion, et donnez-vous le temps de considérer ce que vous voulez faire. Prenez la peine de mieux voir celui dont vous vous offensez. Il est tout autre que vos yeux ne le jugent; et vous trouverez moins étrange que je me sois donnée à lui, lorsque vous saurez que sans lui vous ne m'auriez plus il y a long-temps. Oui, mon père, c'est lui qui me sauva de ce grand péril que vous savez que je courus dans l'eau, et à qui vous devez la vie de cette même fille dont...

HARPAGON.

Tout cela n'est rien; et il valoit bien mieux pour moi qu'il te laissât noyer, que de faire ce qu'il a fait.

ÉLISE.

Mon père, je vous conjure par l'amour paternel de me...

HARPAGON.

Non, non, je ne veux rien entendre; et il faut que la justice fasse son devoir.

MAITRE JACQUES, à part.

Tu me paieras mes coups de bâton.

FROSINE, à part.

Voici un étrange embarras.

SCÈNE V.

ANSELME, HARPAGON, ÉLISE, MARIANE, FROSINE, VALÈRE, LE COMMISSAIRE, MAITRE JACQUES.

ANSELME.

Qu'est-ce, seigneur Harpagon ? je vous vois tout ému.

HARPAGON.

Ah ! seigneur Anselme, vous me voyez le plus infortuné de tous les hommes, et voici bien du trouble et du désordre au contrat que vous venez faire. On m'assassine dans le bien, on m'assassine dans l'honneur ; et voilà un traître, un scélérat qui a violé tous les droits les plus saints, qui s'est coulé chez moi, sous le titre de domestique, pour me dérober mon argent, et pour me suborner ma fille.

VALÈRE.

Qui songe à votre argent, dont vous me faites un galimatias ?

HARPAGON.

Oui, ils se sont donné l'un à l'autre une promesse de mariage. Cet affront vous regarde, seigneur Anselme ; et c'est vous qui devez vous rendre partie contre lui, et faire à vos dépens toutes les poursuites de la justice, pour vous venger de son insolence.

ANSELME.

Ce n'est pas mon dessein de me faire épouser par force, et de rien prétendre à un cœur qui se seroit donné ; mais pour vos intérêts, je suis prêt à les embrasser ainsi que les miens propres.

HARPAGON.

Voilà monsieur, qui est un honnête commissaire, qui n'oubliera rien, à ce qu'il m'a dit, de la fonction de son office. (Au commissaire, montrant Valère.) Chargez-le comme il faut, monsieur, et rendez les choses bien criminelles.

VALÈRE.

Je ne vois pas quel crime on me peut faire de la passion que j'ai pour votre fille, et le supplice où vous croyez que je puisse être condamné pour notre engagement, lorsqu'on saura ce que je suis.

HARPAGON.

Je me moque de tous ces contes, et le monde aujourd'hui n'est plein que de ces larrons de noblesse, que de ces imposteurs qui tirent avantage de leur obscurité, et s'habillent insolemment du premier nom illustre qu'ils s'avisent de prendre.

VALÈRE.

Sachez que j'ai le cœur trop bon pour me parer de quelque chose qui ne soit point à moi, et que tout Naples peut rendre témoignage de ma naissance.

ANSELME.

Tout beau ! prenez garde à ce que vous allez dire. Vous risquez ici plus que vous ne pensez ;

ACTE V, SCÈNE V.

et vous parlez devant un homme à qui tout Naples est connu, et qui peut aisément voir clair dans l'histoire que vous ferez.

VALÈRE.

Je ne suis point homme à rien craindre; et si Naples vous est connu, vous savez qui étoit don Thomas d'Alburci.

ANSELME.

Sans doute, je le sais, et peu de gens l'ont connu mieux que moi.

HARPAGON.

Je ne me soucie ni de don Thomas, ni de don Martin.

(Harpagon voyant deux chandelles allumées en souffle une.)

ANSELME.

De grâce; laissez-le parler; nous verrons ce qu'il en veut dire.

VALÈRE.

Je veux dire que c'est lui qui m'a donné le jour.

ANSELME.

Lui ?

VALÈRE.

Oui.

ANSELME.

Allez, vous vous moquez. Cherchez quelque autre histoire qui vous puisse mieux réussir; et ne prétendez pas vous sauver sous cette imposture.

VALÈRE.

Songez à mieux parler. Ce n'est point une

imposture, et je n'avance rien qu'il ne me soit aisé de justifier.

ANSELME.

Quoi ! vous osez vous dire fils de don Thomas d'Alburci ?

VALÈRE.

Oui, je l'ose, et je suis prêt à soutenir cette vérité contre qui que ce soit.

ANSELME.

L'audace est merveilleuse! Apprenez, pour vous confondre, qu'il y a seize ans, pour le moins, que l'homme dont vous parlez périt sur mer avec ses enfants et sa femme, en voulant dérober leur vie aux cruelles persécutions qui ont accompagné les désordres de Naples, et qui en firent exiler plusieurs nobles familles.

VALÈRE.

Oui. Mais apprenez, pour vous confondre, vous, que son fils, âgé de sept ans, avec un domestique, fut sauvé de ce naufrage par un vaisseau espagnol, et que ce fils sauvé est celui qui vous parle. Apprenez que le capitaine de ce vaisseau, touché de ma fortune, prit amitié pour moi, qu'il me fit élever comme son propre fils, et que les armes furent mon emploi dès que je m'en trouvai capable; que j'ai su depuis peu que mon père n'étoit point mort comme je l'avois toujours cru; que passant ici pour l'aller chercher, une aventure par le ciel concertée me fit voir la charmante Élise, que cette vue me rendit esclave de ses beautés, et

ACTE V, SCÈNE V.

que la violence de mon amour et les sévérités de son père me firent prendre la résolution de m'introduire dans son logis, et d'envoyer un autre à la quête de mes parents.

ANSELME.

Mais quels témoignages encore, autres que vos paroles, nous peuvent assurer que ce ne soit point une fable que vous ayez bâtie sur une vérité?

VALÈRE.

Le capitaine espagnol, un cachet de rubis qui étoit à mon père, un bracelet d'agate que ma mère m'avoit mis au bras, le vieux Pédro, ce domestique qui se sauva avec moi du naufrage.

MARIANE.

Hélas! à vos paroles je puis ici répondre, moi, que vous n'imposez point; et tout ce que vous dites me fait connoître clairement que vous êtes mon frère.

VALÈRE.

Vous ma sœur!

MARIANE.

Oui: mon cœur s'est ému dès le moment que vous avez ouvert la bouche; et notre mère, que vous allez ravir, m'a mille fois entretenue des disgrâces de notre famille. Le ciel ne nous fit point aussi périr dans ce triste naufrage : mais il ne nous sauva la vie que par la perte de notre liberté; et ce furent des corsaires qui nous recueillirent, ma mère et moi, sur un débris de notre vaisseau. Après dix ans d'esclavage, une heureuse fortune nous rendit notre liberté, et nous retournâmes dans Naples, où nous trouvâmes tout notre bien vendu, sans y pouvoir trouver des nouvelles de notre père. Nous passâmes à Gênes, où ma mère alla ramasser quelques malheureux restes d'une succession qu'on avoit déchirée ; et de là, fuyant la barbare injustice de ses parents, elle vint en ces lieux, où elle n'a presque vécu que d'une vie languissante.

ANSELME.

O ciel, quels sont les traits de ta puissance ! et que tu fais bien voir qu'il n'appartient qu'à toi de faire des miracles ! Embrassez-moi, mes enfants, et mêlez tous deux vos transports a ceux de votre père.

VALÈRE.

Vous êtes notre père ?

MARIANE.

C'est vous que ma mère a tant pleuré ?

ANSELME.

Oui, ma fille, oui, mon fils, je suis don Thomas d'Alburci, que le ciel garantit des ondes avec tout l'argent qu'il portoit, et qui, vous ayant tous crus morts durant plus de seize ans, se préparoit, après de longs voyages, à chercher dans l'hymen d'une douce et sage personne la consolation de quelque nouvelle famille. Le peu de sûreté que j'ai vu pour ma vie de retourner à Naples m'a fait y renoncer pour toujours ; et ayant su trouver moyen d'y faire vendre ce que j'avois, je me suis habitué ici, où, sous le nom

ACTE V, SCÈNE V.

d'Anselme, j'ai voulu m'éloigner les chagrins de cet autre nom qui m'a causé tant de traverses.

HARPAGON, à Anselme.

C'est là votre fils ?

ANSELME.

Oui.

HARPAGON.

Je vous prends à partie pour me payer dix mille écus qu'il m'a volés.

ANSELME.

Lui, vous avoir volé !

HARPAGON.

Lui-même.

VALÈRE.

Qui vous dit cela ?

HARPAGON.

Maître Jacques.

VALÈRE, à maître Jacques.

C'est toi qui le dis ?

MAITRE JACQUES.

Vous voyez que je ne dis rien.

HARPAGON.

Oui, voilà monsieur le commissaire qui a reçu sa déposition.

VALÈRE.

Pouvez-vous me croire capable d'une action si lâche ?

HARPAGON.

Capable ou non capable, je veux ravoir mon argent.

SCÈNE VI.

HARPAGON, ANSELME, ÉLISE, MARIANE, CLÉANTE, VALÈRE, FROSINE, LE COMMISSAIRE, MAITRE JACQUES, LA FLÈCHE.

CLÉANTE.

Ne vous tourmentez point, mon père, et n'accusez personne. J'ai découvert des nouvelles de votre affaire ; et je viens ici pour vous dire que, si vous voulez vous résoudre à me laisser épouser Mariane, votre argent vous sera rendu.

HARPAGON.

Où est-il ?

CLÉANTE.

Ne vous en mettez point en peine, il est en lieu dont je réponds, et tout ne dépend que de moi : c'est à vous de me dire à quoi vous vous déterminez ; et vous pouvez choisir, ou de me donner Mariane, ou de perdre votre cassette.

HARPAGON.

N'en a-t-on rien ôté ?

CLÉANTE.

Rien du tout. Voyez si c'est votre dessein de souscrire à ce mariage, et de joindre votre consentement à celui de sa mère, qui lui laisse la liberté de faire un choix entre nous deux.

MARIANE, à Cléante.

Mais vous ne savez pas que ce n'est pas assez que ce consentement, et que le ciel (*montrant Valère*) avec un frère que vous voyez, vient de me rendre un père (montrant Anselme) dont vous avez à m'obtenir.

ANSELME.

Le ciel, mes enfants, ne me redonne point à vous pour être contraire à vos vœux. Seigneur Harpagon, vous jugez bien que le choix d'une jeune personne tombera sur le fils plutôt que sur le père. Allons, ne vous faites point dire ce qu'il n'est pas nécessaire d'entendre ; et consentez, ainsi que moi, à ce double hyménée.

HARPAGON.

Il faut pour me donner conseil que je voie ma cassette.

CLÉANTE.

Vous la verrez saine et entière.

HARPAGON.

Je n'ai point d'argent à donner en mariage à mes enfants.

ANSELME.

Hé bien, j'en ai pour eux ; que cela ne vous inquiète point.

HARPAGON.

Vous obligerez-vous à faire tous les frais de ces deux mariages ?

ANSELME.

Oui, je m'y oblige. Êtes-vous satisfait ?

HARPAGON.

Oui, pourvu que pour les noces vous me fassiez faire un habit.

ANSELME.

D'accord. Allons jouir de l'allégresse que cet heureux jour nous présente.

LE COMMISSAIRE.

Holà, messieurs, holà. Tout doucement, s'il vous plaît. Qui me paiera mes écritures.

HARPAGON.

Nous n'avons que faire de vos écritures.

LE COMMISSAIRE.

Oui ; mais je ne prétends pas, moi, les avoir faites pour rien.

HARPAGON, montrant maître Jacques.

Pour votre paiement, voilà un homme que je vous donne à pendre.

MAITRE JACQUES.

Hélas ! comment faut-il donc faire ? On me donne des coups de bâton pour dire vrai, et on me veut pendre pour mentir.

ANSELME.

Seigneur Harpagon, il faut lui pardonner cette imposture.

HARPAGON.

Vous paierez donc le commissaire ?

ANSELME.

Soit. Allons vite faire part de notre joie à votre mère.

HARPAGON.

Et moi, voir ma chère cassette.

FIN DE L'AVARE.

RÉFLEXIONS

SUR

L'AVARE.

L'avarice étoit plus commune dans le dix-septième siècle que de nos jours. A cette époque, la bourgeoisie, ayant beaucoup moins de luxe et d'activité qu'aujourd'hui, devoit se livrer naturellement de préférence au soin de ses biens. Ce travail n'exigeoit d'elle aucun effort pénible; l'économie, le placement avantageux des fonds, se concilioient fort bien avec la vie oisive et retirée qu'elle aimoit. Quelques-uns, portant la parcimonie et l'avidité à l'excès, mais conservant le goût de l'inaction, se privoient des choses les plus nécessaires, quelle que fût leur fortune; faisoient, par leur avarice, le tourment de tous ceux dont ils étoient entourés, et ne rougissoient pas d'employer, pour augmenter leurs trésors, l'usure la plus honteuse et la plus révoltante. Ils ne cherchoient pas, comme aujourd'hui, à cacher ce vice : leur extérieur annonçoit ce qu'ils étoient; leurs discours ne rouloient que sur de viles spéculations : ils n'avoient qu'une idée, celle d'accumuler; aucun respect humain ne modifioit aux yeux du monde cette passion, qui prenoit sans cesse de nouvelles forces dans l'isolement et dans la haine de la société. Tels furent les modèles de l'Avare de Molière.

Il auroit pu, comme Plaute, prendre ce caractère dans la classe pauvre : mais son génie, éclairé sur les véritables sources du comique, l'éloigna de cette conception commune. Harpagon est supposé jouir d'une grande fortune, puisqu'à une époque où le train de la bourgeoisie étoit très-modeste, il a des chevaux, une voiture et un nombreux domestique. Molière ne se borne pas à cette combinaison qui rend son Avare moins excusable et plus ridicule ; il le peint au moment où il va se marier, et où il veut régaler sa future : tout chez lui doit prendre un air de fête ; il doit moins que jamais regarder à la dépense ; et c'est alors que l'auteur met pour ainsi dire Harpagon aux prises avec sa situation, qu'il fait éclater de toutes les manières la honteuse passion qui le domine, et que chaque incident, chaque scène fournit un trait profond de caractère. Ce contraste, si bien entendu entre la position d'un homme et son penchant irrésistible, est une conception digne de Molière. Plaute n'en a eu aucune idée.

Un père avare ne peut guère manquer d'avoir un fils prodigue : cette situation, l'un des fondements principaux de la pièce française, n'a pas même été entrevue par le poëte latin. Cléante, sans cesse en opposition avec son père, n'a pas pour lui les égards qu'il lui doit, et lui manque même d'une manière odieuse en méprisant sa malédiction. Ce caractère a été présenté par J.-J. Rousseau, dans sa Lettre sur les Spectacles, comme une peinture très-dangereuse : à une époque où l'on ne rougissoit pas d'offrir, soit au théâtre, soit dans les romans, les situations les plus cyniques, les opinions les plus révoltantes, on accusoit Molière d'avoir blessé la morale, parce qu'il avoit peint les suites nécessaires et inévitables de l'avarice d'un père de famille. Sans doute le respect des enfants pour leurs pères est un devoir qui ne souffre aucune exception ; mais un devoir aussi sacré est prescrit aux pères, c'est celui de se rendre respectables : or Harpagon, se livrant à l'usure la plus vile et la plus criminelle, démasqué devant son fils par une circonstance très-vraisemblable, ne mérite-t-il pas un châtiment exemplaire ? Et quel châtiment plus terrible le poëte pouvoit-il lui infliger que le mépris de son fils ? Molière n'excuse nullement ce jeune homme ; il peint son insolence sans ménagement : et ceux qui peuvent applaudir au trait par lequel il répond à la malédiction paternelle, ne doivent s'en prendre qu'à eux-mêmes s'ils n'ont pas saisi la véritable intention de l'auteur, qui n'est point, comme le dit faussement Rousseau, d'inspirer de l'intérêt pour Cléante, mais de montrer à quel excès un fils peut se porter lorsqu'il est poussé à bout par un père tel qu'Harpagon. Cléante, fils sousmis et respectueux, n'auroit pas rempli l'objet que Molière s'étoit proposé : cette patience à toute épreuve auroit paru contraire à l'âge et aux passions du personnage ; elle n'auroit eu aucun imitateur ; et c'eût été une leçon de morale absolument perdue.

L'Avare ne présente point, comme les autres pièces de caractère de l'auteur, un homme raisonnable et modéré qui donne des conseils au principal personnage. La raison en est naturelle; un avare n'a point d'amis : son cœur est entièrement fermé à ce sentiment ; il ne peut être entouré que de gens qui le trompent : telle est la situation d'Harpagon au milieu de sa famille.

Son fils et sa fille ont chacun une inclination qu'ils lui cachent, et font des projets pour fuir la maison paternelle : l'homme en qui il a placé sa confiance, dont il est sans cesse flatté, ne s'est introduit chez lui que pour le tromper, et pour lui ravir sa fille. Une femme d'intrigue est chargée de ses affaires, se moque de lui, et s'unit avec ses enfants pour le trahir. Enfin ses domestiques, manquant de tout, détestant leur maître, sont tous des fripons qui cherchent l'occasion de le voler. Il étoit impossible de mieux entourer un avare pour offrir tous les développements de son caractère, et pour montrer les dangers auxquels cette indigne passion expose.

L'Avare de Plaute est loin de présenter ces combinaisons profondes et cette foule de situations comiques : on va en juger par une analyse abrégée de cette pièce, où les traits imités par Molière seront indiqués.

Un prologue, comme dans toutes les comédies anciennes, explique le sujet au spectateur. Le dieu domestique d'Euclion raconte que le grand-père de ce personnage a caché un trésor derrière son foyer. Cet homme étoit si avare, qu'en mourant il n'a pu se décider à confier ce secret à son fils : celui-ci, du même caractère, n'a jamais fait d'offrande au dieu domestique ; et le dieu s'est bien gardé de lui découvrir le trésor. Enfin Euclion n'a pas eu plus de générosité ; mais sa fille Phœdria, pieuse et libérale, s'est conciliée le dieu qui a fait connoître le trésor à Euclion, afin qu'il pût la marier. Cette fille a été violée aux fêtes de Cérès par Lyconide, neveu de Mégadore, voisin de l'Avare ; elle est grosse et sur le point d'accoucher. Le dieu veut que Lyconide l'épouse; et, pour qu'il se déclare, il annonce qu'il va la faire demander par l'oncle de ce jeune homme.

Euclion paroît devant sa maison avec Straphila, sa gouvernante : il s'emporte contre elle, exprime des soupçons qu'elle ne comprend pas, et la traite si mal, qu'elle veut se pendre. Après avoir visité sa maison, il est plus tranquille. Sa gouvernante lui fait observer que ses inquiétudes sont mal fondées, car il n'y a rien dans la maison. Euclion, craignant que quelqu'un ne s'introduise chez lui, recommande à Straphila de ne rien prêter aux voisins. Si l'on demande du feu, il faut l'éteindre; si l'on veut de l'eau, il faut dire qu'il n'y en a point : ainsi du reste. Il tremble qu'on ne le soupçonne d'avoir de l'or chez lui.

Quand on le salue, il imagine que son secret est découvert. Il sort enfin pour aller toucher l'argent que la république distribue aux citoyens malheureux.

Ce premier acte de Plaute n'a, comme on le voit, rien fourni à Molière : à peu de chose près, le second ne lui a pas été plus utile. Mégadore, oncle de l'amant de Phœdria, n'étant pas instruit de la liaison que ce jeune homme a eue avec elle, annonce à Eunomie, sa sœur, qu'il a l'intention d'épouser cette fille, quoiqu'elle soit pauvre. Il aborde Euclion qui revient de très-mauvaise humeur parce qu'il n'a pas touché d'argent : il lui fait des compliments ; et cette politesse donne les plus vives inquiétudes à l'avare, qui croit que le secret de son trésor est découvert. Ne pouvant y résister, Euclion rentre brusquement chez lui, voit si son argent y est toujours, revient, sort encore pour le même motif, et reparoît enfin plus calme. Molière a donné les mêmes craintes à Harpagon. Mégadore fait ses propositions de mariage : Euclion y consent, mais à une condition. « Je veux bien, dit-il, que cet hymen s'accom- » plisse ; mais n'oubliez pas que vous vous êtes » engagé à prendre ma fille sans dot (*). » Il est possible que ce trait ait fait naître à Molière l'idée de la scène où Harpagon répond constamment à toutes les objections que lui fait adroitement Va-

---

(*) Faxint ; illud facito ut memineris
Convenisse ut ne quid dotis mea ad te afferre

lère sur le mariage d'Élise avec Anselme, par ces seuls mots : *Sans dot!* Mais quelle différence entre ces deux scènes ! Celle du poëte latin est froide et commune ; celle de Molière est du comique le plus fort.

Euclion, après que Mégadore est parti, annonce à sa gouvernante qu'il va marier sa fille, et lui ordonne de nettoyer sa vaisselle ; elle répond que cela sera bientôt fait. Restée seule, elle s'inquiète, parce que Phœdria sent déjà les douleurs de l'enfantement. Cependant les cuisiniers de Mégadore arrivent pour préparer le festin de noces dont Euclion aura la moitié; ils s'entretiennent de cet Avare : voici quelques traits qui ont pu fournir à Molière l'idée du portrait de l'Avare que maître Jacques fait en présence d'Harpagon lui-même :

(*) « Une pierre n'est pas plus dure que ce maudit vieillard. Il jette les hauts cris, s'imagine qu'il a tout perdu, et croit qu'on lui a arraché les entrailles s'il voit la fumée sortir de la cheminée. Dernièrement, un milan s'empara

---

(*) Pumex non æquè est aridus atque hic est senex.
.... Clamat continuò
Suam rem periisse, seque eradicarier,
De suo tigillo fumus si quà exit foras.
....
Ei pulmentum pridem eripuit milvus ;
Homo ad prætorem deplorabundus venit :
Infit ibi postulare, plorans, ejulans,
Ut sibi liceret milvum vadarier.
Sexcenta sunt quæ memorem, si sit otium.

» d'un morceau de viande destiné à son dîner :
» mon homme court aussitôt tout en pleurs au
» tribunal du préteur ; et, la voix entrecoupée
» par ses sanglots, il supplie le magistrat de lui
» permettre d'ajourner cet oiseau. Je rappellerois
» cent traits pareils, si j'en avois le temps. » Les
autres détails sur le caractère d'Euclion sont
grossiers et de mauvais goût : Molière ne les a
pas imités.

Strobile, valet du neveu de Mégadore, ordonne
à l'un des cuisiniers d'aller s'installer chez Euclion pour préparer le festin : ensuite il appelle
la gouvernante ; et comme il ne trouve point de
bois, il parle de brûler les meubles. Euclion,
qui a voulu se mettre en dépense le jour du
mariage de sa fille, revient du marché où il n'a
rien acheté, parce que tout lui a paru trop cher.
Il voit sa maison en proie aux cuisiniers ; et ce
spectacle le met au désespoir. Il rentre, et c'est
la fin du second acte.

Le troisième acte s'ouvre par un cuisinier qui
se sauve de la maison d'Euclion où il vient d'être
battu : l'Avare le poursuit, et lui dit qu'il a
voulu le voler. Resté seul, il réfléchit au mariage de sa fille, et se repent d'y avoir consenti.
Mégadore entre, et croyant être seul, il fait
aussi des réflexions ; mais elles sont moins tristes.
Il se félicite d'épouser une fille pauvre, et fait
à cette occasion un tableau de la vie des femmes
et de leurs dépenses : la sienne sera économe ;
et ce qu'elle ne dissipera pas tiendra lieu de la

SUR L'AVARE.

dot qui lui manque. Molière a tiré le plus grand parti de cette idée, en mettant ce calcul dans la bouche de Frosine, où il est bien mieux placé. Mégadore propose à l'Avare de venir boire avec lui du bon vin vieux. Euclion soupçonne que c'est un piége, et qu'on veut l'enivrer pour voler son trésor. Il rompt l'entretien; et cette brusquerie termine le troisième acte.

Le quatrième a été plus utile à Molière que les précédents : on va voir qu'il y a puisé trois scènes importantes. Euclion, toujours inquiet sur son trésor, vient le placer dans le temple de la *Bonne Foi*. Strobile, valet du jeune Lyconide, entend son monologue, et forme le projet de le voler. Euclion revient bientôt, tourmenté par ses soupçons : il arrête Strobile, qui n'a encore pu faire son coup, et l'interroge avec vivacité.

STROBILE.

Que vous ai je enlevé (*) ?

EUCLION.

Rends-le-moi.

STROBILE.

Que faut-il vous rendre ?

EUCLION.

Tu le demandes. Montre-moi tes mains.

STROBILE.

Voyez.

(*) STROB. Quid tibi surripui ? EUCL. Redde huc sis. STROB. Quid tibi vis reddam ? EUCL. Rogas ?
.... Ostende huc manus.
STROB. Hem tibi. EUCL. Ostende. STROB. Eccas. EUCL. Vide, age.
Ostende etiam tertiam. Jam scrutari mitto. Redde huc.

EUCLION.

Montre-les-moi.

STROBILE.

Les voilà.

EUCLION.

Cela ne suffit pas. Montre-moi aussi la troisième... Je ne veux point te fouiller, mais rends-le-moi.

Molière a imité cette scène; mais il y a fait un changement important. « Lorsque Euclion, » dit M. de La Harpe, après avoir examiné les » deux mains d'un esclave, dit, *Voyons la troi-* » *sième*, il blesse la vraisemblance. Euclion, qui » n'est pas fou, sait bien qu'on n'a que deux » mains. Molière a pourtant profité de ce trait; » mais comment? Harpagon, après avoir vu une » main, dit *l'autre*; et, après avoir vu la se-» conde, il dit encore *l'autre*. Il n'y a rien de » trop, parce que la passion peut lui faire oublier » qu'il en a vu deux; mais elle ne peut lui per-» suader qu'il y en a trois. Le mot de Plaute » est d'un farceur, celui de Molière est d'un co-» mique. »

Strobile, irrité, forme de nouveau le projet de voler l'Avare. Euclion revient; et, toujours inquiet sur son trésor, il se propose de le porter hors de la ville, dans un bois consacré à Sylvain. Strobile, qui l'a entendu, sort précipitamment en disant qu'il y sera plus tôt que lui.

Lyconide, qui, comme on sait, a autrefois violé la fille de l'Avare, paroît pour la première fois avec sa mère Eunomie, sœur de Mégadore; il désire d'épouser Phœdria : au milieu de la scène, où entend les cris de cette fille qui accouche. La mère et le fils sortent pour aller prier Mégadore de consentir à ce mariage. Strobile reparoît transporté de joie ; il a volé le trésor, et se sauve pour le mettre en sûreté. Euclion au désespoir le remplace aussitôt :

(*) « Je suis perdu, s'écrie-t-il, je suis mort, je
» suis assassiné ! Où irai-je ? Où n'irai-je pas ? Ar-
» rêtez ! Le voici ! le voilà ! Je ne sais rien, je ne
» vois rien, je marche en aveugle. Je vous en prie,
» je vous en conjure, montrez-moi l'homme qui
» m'a volé... Qu'y a-t-il ? Pourquoi vois-je rire
» de tous côtés ? Je sais qu'il y a ici beaucoup
» de fripons. Personne n'a-t-il trouvé mon vo-
» leur ? Vous m'assassinez avec vos ris ! Dites-
» moi donc celui qui m'a pris mon argent ? ne
» le savez-vous pas ? Malheureux que je suis ? Je
» suis mort, j'ai tout perdu ! je suis le plus infor-
» tuné des mortels. A quoi me sert la vie, après
» qu'on m'a enlevé mon argent ? »

Molière a imité ce monologue, où la passion de l'Avare est exprimée avec beaucoup d'énergie. Il a même hasardé, d'après le poëte latin,

---

(*) Perii, interii, occidi! Quò curram ? Quò non curram ?
Tene, tene quem! Quis! Nescio, nihil video, cæcus eo; atque.
....
Oro, obtestor, sitis, et hominem demonstretis qui eam abstulerit.
....
Quid est? Quid ridetis? Novi omnes, scio fures esse hic complures.
Hem, nemo habet horum! Occidisti! Dic igitur quis habet, nescis?
Heu! me miserum, miserum! Perii malè perditus........
.... Perditissimus ego sum omnium in terrâ.
Nam quid mihi opus est vitâ, qui tantùm auri perdidi?

une invraisemblance qui seroit inexcusable, si l'on en abusoit ; c'est de mettre l'Avare aux prises avec le parterre. Mais la situation d'Harpagon est plus forte et plus comique : il n'a perdu qu'une très-petite partie de sa fortune, tandis qu'on a enlevé tout à Euclion. Il est naturel que les plaintes de celui-ci, qui sont très-fondées, fassent moins rire que celles d'Harpagon, qui peut facilement réparer la perte qu'il a faite.

Lyconide, qui entend les plaintes d'Euclion, fait la même méprise que Valère dans la pièce française : il s'imagine que le malheureux père se plaint de ce qu'on a outragé sa fille.

(*) C'est moi qui suis le coupable, dit-il, je l'avoue.

EUCLION.

O Ciel ! que m'apprends-tu ?

LYCONIDE.

Ce qui est vrai. J'ai été poussé par l'ascendant d'un dieu qui m'a entraîné vers elle.

EUCLION.

Et comment ?

LYCONIDE.

J'avoue que je suis coupable, et que je mérite d'être puni de ma faute. Je viens donc vous prier d'avoir de l'indulgence pour mon égarement, et de me le pardonner.

(*) Lyc. Id ego feci et fateor. Eucl. Quid ego ex te audio ?
Lyc. Id quod verum est..............................
Deus mihi impulsor fuit, is me ad illam illexit. Eucl. Quomodo ?
Lyc. Fateor me peccavisse, et me hanc culpam commeritum scio.
Id adeò te oratum advenio, ut animo æquo ignoscas mihi.
Eucl. Cur id ausus facere ut id, quod non tuum esset, tangeres ?
Lyc. Quid vis fieri ? Factum est illud. Fieri infectum non potest.
Deos credo voluisse. Nam ni vellent, non fieret, scio.
Eucl....................................Homo audacissime,
Cum isthâc me oratione huc ad me adire ausus ?

EUCLION.

Comment as tu osé porter es mains sur ce qui ne t'appartenoit pas?

LYCONIDE.

Que voulez-vous? il n'y a point de remède. Ce qui est fait est fait. Je crois que les dieux m'ont fait perdre la raison, S'ils ne m'avoient poussé, je ne me serois pas égaré.

EUCLION.

Téméraire! comment oses-tu venir auprès de moi? Espères-tu m'apaiser par des excuses? etc.

Le reste de cette scène est sur le ton sérieux : celle de Molière est bien plus comique ; la méprise dure plus long-temps ; et l'excellente plaisanterie *des beaux yeux de la cassette* n'est pas même indiquée dans le poëte latin.

Nous n'avons que la première scène du cinquième acte de Plaute. C'est Strobile qui vient annoncer à Lyconide qu'il s'est emparé du trésor : le jeune homme veut qu'on le rende.

On voit, par cette analyse, que Molière n'a fait à Plaute que de légers emprunts ; qu'il a embelli tout ce qu'il a imité, et que la belle conception d'un avare riche lui appartient entièrement.

Suivant sa coutume de s'approprier toutes les bonnes idées qu'il trouvoit, il a fondu dans la fable de L'AVARE quelques traits comiques puisés dans une comédie de l'Arioste intitulée : I SUPPOSITI ; dans une pièce de Boisrobert, intitulée, LA BELLE PLAIDEUSE ; et dans un canevas italien aujourd'hui oublié.

Frosine cherche à flatter l'Avare ; elle veut lui persuader qu'il est jeune, et très-propre à plaire à une jeune femme. Le commencement de cette scène est imité DES SUPPOSITI. Pasifile, ayant les mêmes projets sur le vieux Cléandre, lui parle ainsi.

(*) N'êtes-vous pas jeune ?

CLÉANDRE.

Je suis dans ma cinquantième année.

PASIFILE, à part.

Il en dit plus de douze de moins.

CLÉANDRE.

Que dis-tu ? douze de moins.

PASIFILE.

Que je vous croyois plus de douze ans de moins ; vous n'avez pas l'air d'en avoir plus de trente-sept.

CLÉANDRE.

Je suis cependant à l'âge que je l'ai dit.

PASIFILE.

A votre tournure, je vois que vous passerez cent ans. Montrez-moi votre main.

CLÉANDRE.

Es-tu bon magicien ?

PASIFILE.

J'ai autrefois un peu pratiqué cet art ; mais laissez-moi votre main.

(*) PASIFILO........ Non sete voi giovane ?
CLEANDRO. Sono nè cinquant'anni. PAS. (Più di dodici
Dici di manco.) CL. Che di manco dodici
Di tu ? PAS. Che vi estimavo più di dodici
Anni di manco. Non mostrate all'aria
Passar trenta sette anni. CL. Sono al termine
Pur ch'io ti dico. PAS. La vostra abitudine
È tal, che voi passerete il centesimo.
Mostrate mi la man. CL. Sei tu, Pasifilo,
Buon chiromante ? PAS. Io ci ho pur qualche pratica.
Deh ! lasciatemi un pò vederla. CL. Eccola.
PAS. O che bella, che lunga, e netta linea!
Non vidi mai la miglior.

CLÉANDRE.

La voici.

PASIFILE.

O que cette ligne est droite, longue et belle! Jamais je n'en ai vu de plus heureuse.

La scène de Molière est plus développée et plus comique (*). Le mouvement de franchise de maître Jacques, lorsqu'il raconte à l'Avare tous les bruits qui courent sur lui, est aussi une imitation DES SUPPOSITI. Cléandre demande à Dalippo ce qu'on pense de lui (**). « Imaginez-vous, » répond Dalippo, tout ce qu'on peut dire de » pis. On soutient qu'il n'y a pas d'homme plus » ladre et plus vilain que vous. » Il est aisé de voir quel parti Molière a tiré de cette idée comique.

Parmi les excellentes scènes de L'AVARE, on distingue celle où La Flèche montre à Léandre à quel prix on lui prêtera de l'argent, et celle où Cléante reconnoît son père dans l'usurier. L'idée de ces deux scènes se trouve dans LA BELLE PLAIDEUSE de Boisrobert, jouée en 1654, treize ans avant L'AVARE. Ces scènes sont dans un ordre différent : on sera probablement curieux de les connoître. Ergate, jeune dissipateur, fils d'un père avare, nommé Armidor, veut secourir la

---

(*) On a critiqué l'emphase de Frosine lorsqu'elle dit qu'elle pourroit marier le grand Turc avec la république de Venise. Cette plaisanterie est de Rabelais. (Livre III, chap. XXXIX.) « Et te dis, Dandin, mon » fils joly, que, par cette méthode, je pourrois paix mettre et trèves » entre le grand roy et les Vénitiens. »

(**)   Immaginate vi
  Quel che si può di peggio : che il più misero
  E più stretto nomo non è di voi.

mère de sa maîtresse qui a un procès ruineux :
il s'adresse au notaire Barquet pour avoir de
l'argent ; et ce notaire, qui ne le connoît pas,
le mène à son père.

BARQUET.

Parlez-lui.

ERGASTE.

Quoi ! c'est là celui qui fait le prêt ?

BARQUET.

Oui, monsieur.

ARMIDOR.

Quoi ! c'est là ce payeur d'intérêt ?
Quoi ! c'est donc toi, filou, méchant, traîne-potence !
C'est en vain que ton œil évite ma présence.
Je t'ai vu.

ERGASTE.

Qui doit être enfin le plus honteux,
Mon père ? et qui paroît le plus sot de nous deux ?

Ergaste, obligé de renoncer à ce moyen de
se procurer de l'argent, trouve un autre usurier
qui veut bien lui prêter quinze mille francs. Son
valet lui en parle :

FILIPIN.

A votre père il feroit des leçons.
Têtebleu ! qu'il en sait, et qu'il fait de façons !
C'est le fesse-Matthieu le plus franc que je sache ;
J'ai pensé lui donner deux fois sur la moustache.
Il veut bien vous donner les quinze mille francs :
Mais, monsieur, les deniers ne sont pas tous comptants.
Admirez le caprice injuste de cet homme !
Encor qu'au denier douze il prête cette somme,
Sur bonne caution, il n'a que mille écus
Qu'il donne argent comptant.

ERGASTE.

Où donc est le surplus ?

FLIPIN.

Je ne sais si je puis vous le conter sans rire.
Il dit que du Cap Verd il lui vient un navire,

> Et fournit le surplus de la somme en guenons,
> En fort beaux perroquets, en douze gros canons,
> Moitié fer, moitié fonte, et qu'on vend à la livre.
> Si vous voulez ainsi la somme, il vous la livre.

Molière a donné beaucoup plus de force à ces détails vraiment comiques : il a perfectionné l'idée de Boisrobert, en faisant figurer son Avare dans les deux scènes.

Riccoboni prétend que plusieurs scènes de L'Avare sont puisées dans des canevas italiens. Nous croyons qu'il se trompe : il suffira de citer quelques-unes de ces prétendues imitations. Lelio, dans un canevas italien, s'introduit chez Pantalon, banquier, dont il aime la fille, et se vante d'être très-habile dans le commerce. Cela ressemble-t-il au stratagème de Valère, qui se fait intendant d'Harpagon ? Scapin persuade à Pantalon que sa maîtresse est amoureuse de lui, qu'elle aime les vieillards ; et Pantalon ouvre sa bourse à chaque louange. C'est tout le contraire chez Molière, car Harpagon ne donne rien. Cette idée a été plutôt employée dans LE BOURGEOIS GENTILHOMME, où M. Jourdain récompense magnifiquement tous les titres dont on l'accable. Il n'y a dans L'AVARE que deux scènes véritablement imitées de ce canevas : celle où deux rivaux étant prêts à en venir aux mains, Scapin les prend à part, et leur fait croire que chacun cède sa maîtresse (on reconnoît la situation de maître Jacques) ; et la scène du diamant que Scapin enlève du doigt de Pantalon pour le donner à Flaminia, ce que le vieillard n'ose empêcher. Dans cette scène, il y a encore une différence essentielle, c'est que Pantalon est généreux.

On a peine à se figurer que Molière, ayant recueilli de tous côtés tant de matériaux différents, soit parvenu à en composer un ensemble parfait. C'est un effort aussi admirable que s'il eût entièrement imaginé le sujet. En effet, lorsque l'ouvrage d'un homme ordinaire se forme de diverses conceptions qui ne lui appartiennent pas, on reconnoît toujours des parties qui ne vont pas ensemble, qui ne peuvent s'accorder, et qui produisent des disparates choquantes; au lieu que l'homme de génie se rend maître de tout ce qu'il daigne emprunter, se l'approprie en quelque sorte; et les beautés différentes qu'il emploie semblent couler de la même source. Aucun auteur n'a porté plus loin que Molière cette force de conception qui soumet tout aux idées de celui qui la possède. Il est aussi grand lorsqu'il imite que lorsqu'il invente.

Le mérite de l'Avare ne fut pas senti aux premières représentations; mais Boileau, qui se déclara ouvertement l'admirateur de cette pièce, ramena les esprits éclairés; et le public partagea bientôt leur opinion.

GEORGE DANDIN,

ou

LE MARI CONFONDU,

COMÉDIE

EN TROIS ACTES ET EN PROSE,

Représentée à Versailles, le 18 juillet 1668, et à Paris, sur le théâtre du Palais-Royal, le 9 novembre de la même année.

PERSONNAGES.

GEORGE DANDIN, riche paysan, mari d'Angélique.
ANGÉLIQUE, femme de George Dandin, et fille de M. de Sotenville.
Monsieur DE SOTENVILLE, gentilhomme campagnard, père d'Angélique.
Madame DE SOTENVILLE.
CLITANDRE, amant d'Angélique.
CLAUDINE, suivante d'Angélique.
LUBIN, paysan servant Clitandre.
COLIN, valet de George Dandin.

La scène est devant la maison de George Dandin, à la campagne.

GEORGE DANDIN,

ou

LE MARI CONFONDU.

ACTE PREMIER.

SCÈNE I.

GEORGE DANDIN.

Ah ! qu'une femme demoiselle est une étrange affaire ! et que mon mariage est une leçon bien parlante à tous les paysans qui veulent s'élever au-dessus de leur condition, et s'allier, comme j'ai fait, à la maison d'un gentilhomme ? La noblesse de soi est bonne, c'est une chose considérable assurément ; mais elle est accompagnée de tant de mauvaises circonstances, qu'il est très-bon de ne s'y point frotter. Je suis devenu là-dessus savant à mes dépens, et connois le style des nobles lorsqu'il nous font, nous autres, entrer dans leur famille. L'alliance qu'ils font est petite avec nos personnes, c'est notre bien seul qu'ils épousent : et j'aurois bien mieux fait, tout riche que je suis, de m'allier en bonne et franche paysannerie, que de prendre une femme qui se tient au-dessus de moi, s'offense de porter mon nom, et pense qu'avec tout mon bien je n'ai pas assez acheté la qualité de son mari. George Dandin ! George Dandin ! vous avez fait une sottise la plus grande du monde. Ma maison m'est effroyable maintenant, et je n'y rentre point sans y trouver quelque chagrin.

SCÈNE II.
GEORGE DANDIN, LUBIN.

GEORGE DANDIN, à part, voyant sortir Lubin de chez lui.

Que diantre ce drôle-là vient-il faire chez moi ?

LUBIN, à part, apercevant George Dandin.

Voilà un homme qui me regarde !

GEORGE DANDIN, à part.

Il ne me connoît pas.

LUBIN, à part.

Il se doute de quelque chose.

GEORGE DANDIN, à part.

Ouais ! il a grand'-peine à saluer.

LUBIN, à part.

J'ai peur qu'il n'aille dire qu'il m'a vu sortir de là-dedans.

GEORGE DANDIN.

Bonjour.

LUBIN.

Serviteur.

GEORGE DANDIN.

Vous n'êtes pas d'ici, que je crois ?

LUBIN.

Non ; je n'y suis venu que pour voir la fête de demain.

GEORGE DANDIN.

Hé! dites-moi donc un peu, s'il vous plaît, vous venez de là-dedans?

LUBIN.

Chut!

GEORGE DANDIN.

Comment?

LUBIN.

Paix!

GEORGE DANDIN.

Quoi donc?

LUBIN.

Motus! il ne faut pas dire que vous m'ayez vu sortir de là.

GEORGE DANDIN.

Pourquoi?

LUBIN.

Mon Dieu! parce...

GEORGE DANDIN.

Mais encore?

LUBIN.

Doucement; j'ai peur qu'on ne nous écoute.

GEORGE DANDIN.

Point, point.

LUBIN.

C'est que je viens de parler à la maîtresse du logis, de la part d'un certain monsieur qui lui fait les doux yeux; et il ne faut pas qu'on sache cela, entendez-vous?

GEORGE DANDIN.

Oui.

LUBIN.

Voilà la raison. On m'a chargé de prendre garde que personne ne me vît ; et je vous prie au moins de ne pas dire que vous m'ayez vu.

GEORGE DANDIN.

Je n'ai garde.

LUBIN.

Je suis bien aise de faire les choses secrètement, comme on m'a recommandé.

GEORGE DANDIN.

C'est bien fait.

LUBIN.

Le mari, à ce qu'ils disent, est un jaloux qui ne veut pas qu'on fasse l'amour à sa femme ; et il feroit le diable à quatre si cela venoit à ses oreilles. Vous comprenez bien ?

GEORGE DANDIN.

Fort bien.

LUBIN.

Il ne faut pas qu'il sache rien de tout ceci.

GEORGE DANDIN.

Sans doute.

LUBIN.

On le veut tromper tout doucement. Vous entendez bien ?

GEORGE DANDIN.

Le mieux du monde.

LUBIN.

Si vous alliez dire que vous m'avez vu sortir de chez lui, vous gâteriez toute l'affaire. Vous comprenez bien ?

GEORGE DANDIN.

Assurément. Hé ! comment nommez-vous celui qui vous a envoyé là-dedans ?

LUBIN.

C'est le seigneur de notre pays, monsieur le vicomte de chose... Foin ! je ne me souviens jamais comment diantre ils baragouinent ce nom-là ; monsieur Cli... Clitandre.

GEORGE DANDIN.

Est-ce ce jeune courtisan qui demeure...?

LUBIN.

Oui, auprès de ces arbres.

GEORGE DANDIN, à part.

C'est pour cela que depuis peu ce damoiseau poli s'est venu loger contre moi ; j'avois bon nez, sans doute, et son voisinage déjà m'avoit donné quelque soupçon.

LUBIN.

Tétigué ! c'est le plus honnête homme que vous ayez jamais vu. Il m'a donné trois pièces d'or pour aller dire seulement à la femme qu'il est amoureux d'elle, et qu'il souhaite fort l'honneur de pouvoir lui parler. Voyez s'il y a là une grande fatigue pour me payer si bien ; et ce qu'est, au prix de cela, une journée de travail où je ne gagne que dix sous.

GEORGE DANDIN.

Hé bien ! avez-vous fait votre message ?

LUBIN.

Oui : j'ai trouvé là-dedans une certaine Claudine qui, tout du premier coup, a compris ce que je voulois, et qui m'a fait parler à sa maîtresse.

GEORGE DANDIN, à part.

Ah ! coquine de servante !

LUBIN.

Morguienne ! cette Claudine-là est tout-à-fait jolie ; elle a gagné mon amitié, et il ne tiendra qu'à elle que nous soyons mariés ensemble.

GEORGE DANDIN.

Mais quelle réponse a faite la maîtresse à ce monsieur le courtisan ?

LUBIN.

Elle m'a dit de lui dire... Attendez, je ne sais si je me souviendrai bien de tout cela : qu'elle lui est tout-à-fait obligée de l'affection qu'il a pour elle ; et qu'à cause de son mari, qui est fantasque, il garde d'en rien faire paroître ; et qu'il faudra songer à chercher quelque invention pour s'entretenir tous deux.

GEORGE DANDIN, à part.

Ah ! pendarde de femme !

LUBIN.

Tétiguienne ! cela sera drôle, car le mari ne se doutera point de la manigance, voilà ce qui est de bon ; et il aura un pied de nez avec sa jalousie, est-ce pas ?

GEORGE DANDIN.

Cela est vrai.

LUBIN.

Adieu. Bouche cousue, au moins. Gardez bien le secret, afin que le mari ne le sache pas.

GEORGE DANDIN.
Oui, oui.

LUBIN.
Pour moi, je vais faire semblant de rien. Je suis un fin matois, et l'on ne diroit pas que j'y touche.

SCÈNE III.
GEORGE DANDIN.

Hé bien ! George Dandin, vous voyez de quel air votre femme vous traite ! Voilà ce que c'est d'avoir voulu épouser une demoiselle ! L'on vous accommode de toutes pièces sans que vous puissiez vous venger, et la gentilhommerie vous tient les bras liés. L'égalité de condition laisse du moins à l'honneur d'un mari la liberté du ressentiment ; et, si c'étoit une paysanne, vous auriez maintenant toutes vos coudées franches à vous en faire la justice à bons coups de bâton. Mais vous avez voulu tâter de la noblesse, et il vous ennuyoit d'être maître chez vous. Ah ! j'enrage de tout mon cœur, et je me donnerois volontiers des soufflets. Quoi ! écouter impudemment l'amour d'un damoiseau, et y promettre en même temps de la correspondance ! Morbleu ! je ne veux point laisser passer une occasion de la sorte. Il me faut de ce pas aller faire mes plaintes au père et à la mère, et les rendre témoins, à telle fin que de raison, des sujets de chagrin et de ressentiment que leur fille me donne. Mais les voici l'un et l'autre fort à propos.

SCÈNE IV.

M. DE SOTENVILLE, MADAME DE SOTENVILLE, GEORGE DANDIN.

M. DE SOTENVILLE.

Qu'est-ce, mon gendre? vous me paroissez tout troublé.

GEORGE DANDIN.

Aussi en ai-je du sujet, et...

MADAME DE SOTENVILLE.

Mon Dieu! notre gendre, que vous avez peu de civilité de ne pas saluer les gens quand vous les approchez!

GEORGE DANDIN.

Ma foi, ma belle-mère, c'est que j'ai d'autres choses en tête; et...

MADAME DE SOTENVILLE.

Encore! Est-il possible, notre gendre, que vous sachiez si peu votre monde, et qu'il n'y ait pas moyen de vous instruire de la manière qu'il faut vivre parmi les personnes de qualité?

GEORGE DANDIN.

Comment?

MADAME DE SOTENVILLE.

Ne vous déferez-vous jamais avec moi de la familiarité de ce mot de ma belle-mère? et ne sauriez-vous vous accoutumer à me dire madame?

GEORGE DANDIN.

Parbleu! si vous m'appelez votre gendre, il me semble que je puis vous appeler ma belle-mère.

MADAME DE SOTENVILLE.

Il y a fort à dire, et les choses ne sont pas égales. Apprenez, s'il vous plaît, que ce n'est pas à vous à vous servir de ce mot-là avec une personne de ma condition ; que tout notre gendre que vous soyez, il y a grande différence de vous à nous, et que vous devez vous connoître.

M. DE SOTENVILLE.

C'en est assez, m'amour ; laissons cela.

MADAME DE SOTENVILLE.

Mon Dieu ! monsieur de Sotenville, vous avez des indulgences qui n'appartiennent qu'à vous, et vous ne savez pas vous faire rendre par les gens ce qui vous est dû.

M. DE SOTENVILLE.

Corbleu ! pardonnez-moi, on ne peut point me faire de leçons là-dessus ; et j'ai su montrer en ma vie, par vingt actions de vigueur, que je ne suis point homme à démordre jamais d'un pouce de mes prétentions : mais il suffit de lui avoir donné un petit avertissement. Sachons un peu, mon gendre, ce que vous avez dans l'esprit.

GEORGE DANDIN.

Puisqu'il faut donc parler catégoriquement, je vous dirai, monsieur de Sotenville, que j'ai lieu de...

M. DE SOTENVILLE.

Doucement, mon gendre ; apprenez qu'il n'est pas respectueux d'appeler les gens par leur nom, et qu'à ceux qui sont au-dessus de nous il faut dire monsieur tout court.

GEORGE DANDIN.

Hé bien! monsieur tout court, et non plus monsieur de Sotenville, j'ai à vous dire que ma femme me donne...

M. DE SOTENVILLE.

Tout beau! apprenez aussi que vous ne devez pas dire ma femme quand vous parlez de notre fille.

GEORGE DANDIN.

J'enrage! Comment! ma femme n'est pas ma femme?

MADAME DE SOTENVILLE.

Oui, notre gendre, elle est votre femme; mais il ne vous est pas permis de l'appeler ainsi, et c'est tout ce que vous pourriez faire si vous aviez épousé une de vos pareilles.

GEORGE DANDIN, à part.

Ah! George Dandin, où t'es-tu fourré! (Haut.) Hé! de grâce, mettez pour un moment votre gentilhommerie à côté, et souffrez que je vous parle maintenant comme je pourrai. (A part.) Au diantre soit la tyrannie de toutes ces histoires-là! (A M. de Sotenville.) Je vous dis donc que je suis mal satisfait de mon mariage.

M. DE SOTENVILLE.

Et la raison, mon gendre?

MADAME DE SOTENVILLE.

Quoi! parler ainsi d'une chose dont vous avez tiré de si grands avantages!

GEORGE DANDIN.

Et quels avantages, madame? puisque madame

y a. L'aventure n'a pas été mauvaise pour vous ; car sans moi vos affaires, avec votre permission, étoient fort délabrées, et mon argent a servi à reboucher d'assez bons trous : mais moi, de quoi y ai-je profité, je vous prie, que d'un allongement de nom, et, au lieu de George Dandin, d'avoir reçu par vous le titre de M. de la Dandinière ?

M. DE SOTENVILLE.

Ne comptez-vous pour rien, mon gendre, l'avantage d'être allié à la maison de Sotenville ?

MADAME DE SOTENVILLE.

Et à celle de la Prudoterie, dont j'ai l'honneur d'être issue ; maison où le ventre anoblit, et qui, par ce beau privilége, rendra vos enfants gentilshommes ?

GEORGE DANDIN.

Oui, voilà qui est bien, mes enfants seront gentilshommes ; mais je serai cocu, moi, si l'on n'y met ordre.

M. DE SOTENVILLE.

Que veut dire cela, mon gendre ?

GEORGE DANDIN.

Cela veut dire que votre fille ne vit pas comme il faut qu'une femme vive, et qu'elle fait des choses qui sont contre l'honneur.

MADAME DE SOTENVILLE.

Tout beau ! prenez garde à ce que vous dites. Ma fille est d'une race trop pleine de vertu pour se porter jamais à faire aucune chose dont l'honnêteté soit blessée ; et, de la maison de la Prudoterie, il y a plus de trois cents ans qu'on n'a point remarqué qu'il y ait eu une femme, Dieu merci, qui ai fait parler d'elle.

M. DE SOTENVILLE.

Corbleu, dans la maison de Sotenville on n'a jamais vu de coquette ; et la bravoure n'y est pas plus héréditaire aux mâles que la chasteté aux femelles.

MADAME DE SOTENVILLE.

Nous avons eu une Jacqueline de la Prudoterie qui ne voulut jamais être la maîtresse d'un duc et pair, gouverneur de notre province.

M. DE SOTENVILLE.

Il y a eu une Mathurine de Sotenville qui refusa vingt mille écus d'un favori du roi, qui ne demandoit seulement que la faveur de lui parler.

GEORGE DANDIN.

Oh bien ! votre fille n'est pas si difficile que cela, et elle s'est apprivoisée depuis qu'elle est chez moi.

M. DE SOTENVILLE.

Expliquez-vous, mon gendre. Nous ne sommes point gens à la supporter dans de mauvaises actions ; et nous serons les premiers, sa mère et moi, à vous en faire la justice.

MADAME DE SOTENVILLE.

Nous n'entendons point raillerie sur les matières de l'honneur, et nous l'avons élevée dans oute la sévérité possible.

ACTE I, SCÈNE IV.

GEORGE DANDIN.

Tout ce que je vous puis dire, c'est qu'il y a ici un certain courtisan que vous avez vu, qui est amoureux d'elle à ma barbe, et qui lui a fait faire des protestations d'amour, qu'elle a très-humainement écoutées.

MADAME DE SOTENVILLE.

Jour de Dieu ! je l'étranglerois de mes propres mains, s'il falloit qu'elle forlignât de l'honnêteté de sa mère.

M. DE SOTENVILLE.

Corbleu ! je lui passerois mon épée au travers du corps, à elle et au galant, si elle avoit forfait à son honneur.

GEORGE DANDIN.

Je vous ai dit ce qui se passe, pour vous faire mes plaintes ; et je vous demande raison de cette affaire-là.

M. DE SOTENVILLE.

Ne vous tourmentez point, je vous la ferai de tous deux ; et je suis homme pour serrer le bouton à qui que ce puisse être. Mais êtes-vous bien sûr aussi de ce que vous nous dites ?

GEORGE DANDIN.

Très-sûr.

M. DE SOTENVILLE.

Prenez bien garde, au moins ; car, entre gentilshommes, ce sont des choses chatouilleuses, et il n'est pas question d'aller faire ici un pas de clerc.

GEORGE DANDIN.

Je ne vous ai rien dit, vous dis-je, qui ne soit véritable.

M. DE SOTENVILLE.

M'amour, allez-vous-en parler à votre fille, tandis qu'avec mon gendre j'irai parler à l'homme.

MADAME DE SOTENVILLE.

Se pourroit-il, mon fils, qu'elle s'oubliât de la sorte, après le sage exemple que vous savez vous-même que je lui ai donné !

M. DE SOTENVILLE.

Nous allons éclaircir l'affaire. Suivez-moi, mon gendre, et ne vous mettez pas en peine. Vous verrez de quel bois nous nous chauffons lorsqu'on s'attaque à ceux qui nous peuvent appartenir.

GEORGE DANDIN.

Le voici qui vient vers nous.

SCÈNE V.

M. DE SOTENVILLE, CLITANDRE, GEORGE DANDIN.

M. DE SOTENVILLE.

Monsieur, suis-je connu de vous ?

CLITANDRE.

Non pas, que je sache, monsieur.

M. DE SOTENVILLE.

Je m'appelle le baron de Sotenville.

CLITANDRE.

Je m'en réjouis fort.

M. DE SOTENVILLE.

Mon nom est connu à la cour, et j'eus l'honneur, dans ma jeunesse, de me signaler des premiers à l'arrière-ban de Nancy.

CLITANDRE.

A la bonne heure.

M. DE SOTENVILLE.

Monsieur mon père, Jean-Gilles de Sotenville, eut la bonté d'assister en personne au grand siége de Montauban.

CLITANDRE.

J'en suis ravi.

M. DE SOTENVILLE.

Et j'ai un aïeul, Bertrand de Sotenville, qui fut si considéré en son temps, que d'avoir permission de vendre tout son bien pour le voyage d'outre-mer.

CLITANDRE.

Je le veux croire.

M. DE SOTENVILLE.

Il m'a été rapporté, monsieur, que vous aimez et poursuivez une jeune personne, qui est ma fille, pour laquelle je m'intéresse (montrant George Dandin), et pour l'homme que vous voyez, qui a l'honneur d'être mon gendre.

CLITANDRE.

Qui ? moi ?

M. DE SOTENVILLE.

Oui ; et je suis bien aise de vous parler ! pour tirer de vous, s'il vous plaît, un éclaircissement de cette affaire.

CLITANDRE.

Voilà une étrange médisance ! Qui vous a dit cela, monsieur ?

M. DE SOTENVILLE.

Quelqu'un qui croit le bien savoir.

CLITANDRE.

Ce quelqu'un-là en a menti. Je suis honnête homme. Me croyez-vous capable, monsieur, d'une action aussi lâche que celle-là ? Moi, aimer une jeune et belle personne qui a l'honneur d'être la fille de monsieur le baron de Sotenville ! je vous révère trop pour cela, et suis trop votre serviteur. Quiconque vous l'a dit est un sot.

M. DE SOTENVILLE.

Allons, mon gendre.

GEORGE DANDIN.

Quoi ?

CLITANDRE.

C'est un coquin et un maraud.

M. DE SOTENVILLE, à George Dandin.

Répondez.

GEORGE DANDIN.

Répondez vous-même.

CLITANDRE.

Si je savois qui ce peut être, je lui donnerois, en votre présence, de l'épée dans le ventre.

M. DE SOTENVILLE, à George Dandin.

Soutenez donc la chose.

GEORGE DANDIN.

Elle est toute soutenue. Cela est vrai.

CLITANDRE.

Est-ce votre gendre, monsieur, qui...?

M. DE SOTENVILLE.

Oui, c'est lui-même qui s'en est plaint à moi.

CLITANDRE.

Certes, il peut remercier l'avantage qu'il a de vous appartenir; et sans cela je lui apprendrois bien à tenir de pareils discours d'une personne comme moi.

SCÈNE VI.

M. DE SOTENVILLE, MADAME DE SOTENVILLE, ANGÉLIQUE, CLITANDRE, GEORGE DANDIN, CLAUDINE.

MADAME DE SOTENVILLE.

Pour ce qui est de cela, la jalousie est une étrange chose! J'amène ici ma fille pour éclaircir l'affaire en présence de tout le monde.

CLITANDRE, à Angélique.

Est-ce donc vous, madame, qui avez dit à votre mari que je suis amoureux de vous?

ANGÉLIQUE.

Moi? Hé! comment lui aurois-je dit? Est-ce que cela est? Je voudrois bien le voir, vraiment, que vous fussiez amoureux de moi! Jouez-vous-y, je vous en prie; vous trouverez à qui parler; c'est une chose que je vous conseille de faire. Ayez recours, pour voir, à tous les détours des amants: essayez un peu, par plaisir, à m'envoyer des ambassades, à m'écrire secrètement de petits billets doux, à épier les moments que mon mari n'y sera pas, ou le temps que je sortirai, pour me parler de votre amour : vous n'avez qu'à y venir, je vous promets que vous serez reçu comme il faut.

CLITANDRE.

Hé ! là, là, madame, tout doucement. Il n'est pas nécessaire de me faire tant de leçons, et de vous tant scandaliser. Qui vous dit que je songe à vous aimer ?

ANGÉLIQUE.

Que sais-je, moi, ce qu'on me vient conter ici ?

CLITANDRE.

On dira ce que l'on voudra; mais vous savez si je vous ai parlé d'amour lorsque je vous ai rencontrée.

ANGÉLIQUE.

Vous n'aviez qu'à le faire, vous auriez été bien venu.

CLITANDRE.

Je vous assure qu'avec moi vous n'avez rien à craindre ; que je ne suis point homme à donner du chagrin aux belles ; et que je vous respecte trop, et vous, et messieurs vos parents, pour avoir la pensée d'être amoureux de vous.

MADAME DE SOTENVILLE, *à George Dandin.*

Hé bien ! vous le voyez.

M. DE SOTENVILLE.

Vous voilà satisfait, mon gendre. Que dites-vous à cela ?

GEORGE DANDIN.

Je dis que ce sont là des contes à dormir debout ; que je sais bien ce que je sais ; et que tantôt, puisqu'il faut parler net, elle a reçu une ambassade de sa part.

ANGÉLIQUE.

Moi ? j'ai reçu une ambassade ?

CLITANDRE.

J'ai envoyé une ambassade ?

ANGÉLIQUE.

Claudine ?

CLITANDRE, à Claudine.

Est-il vrai ?

CLAUDINE.

Par ma foi, voilà une étrange fausseté !

GEORGE DANDIN.

Taisez-vous, carogne que vous êtes. Je sais de vos nouvelles ; et c'est vous qui tantôt avez introduit le courrier.

CLAUDINE.

Qui ? moi ?

GEORGE DANDIN.

Oui, vous. Ne faites point tant la sucrée.

CLAUDINE.

Hélas ! que le monde aujourd'hui est rempli de méchanceté, de m'aller soupçonner ainsi, moi qui suis l'innocence même !

GEORGE DANDIN.

Taisez-vous, bonne pièce. Vous faites la sournoise, mais je vous connois il y a long-temps ; et vous êtes une dessalée.

CLAUDINE, à Angélique.

Madame, est-ce que...?

GEORGE DANDIN.

Taisez-vous, vous dis-je ; vous pourriez bien porter la folle enchère de tous les autres, et vous n'avez point de père gentilhomme.

ANGÉLIQUE.

C'est une imposture si grande, et qui me touche si fort au cœur, que je ne puis pas même avoir la force d'y répondre. Cela est bien horrible d'être accusée par un mari, lorsqu'on ne lui fait rien qui ne soit à faire ! Hélas ! si je suis blâmable de quelque chose, c'est d'en user trop bien avec lui.

CLAUDINE.

Assurément.

ANGÉLIQUE.

Tout mon malheur est de le trop considérer ; et plût au ciel que je fusse capable de souffrir, comme il dit, les galanteries de quelqu'un ! je ne serois point tant à plaindre. Adieu, je me retire ; je ne puis plus endurer qu'on m'outrage de cette sorte.

SCÈNE VII.

M. DE SOTENVILLE, MADAME DE SOTENVILLE, CLITANDRE, GEORGE DANDIN, CLAUDINE.

MADAME DE SOTENVILLE, à George Dandin.

Allez, vous ne méritez pas l'honnête femme qu'on vous a donnée.

ACTE I, SCÈNE VII.

CLAUDINE.

Par ma foi, il mériteroit qu'elle lui fît dire vrai : et si j'étois en sa place, je n'y marchanderois pas. (A Clitandre.) Oui, monsieur, vous devez, pour le punir, faire l'amour à ma maîtresse. Poussez, c'est moi qui vous le dis, ce sera fort bien employé ; et je m'offre à vous y servir, puisqu'il m'en a déjà taxée.

(Claudine sort.)

M. DE SOTENVILLE.

Vous méritez, mon gendre, qu'on vous dise ces choses-là ; et votre procédé met tout le monde contre vous.

MADAME DE SOTENVILLE.

Allez, songez à mieux traiter une demoiselle bien née ; et prenez garde désormais à ne plus faire de pareilles bévues.

GEORGE DANDIN, à part.

J'enrage de bon cœur d'avoir tort lorsque j'ai raison.

SCÈNE VIII.

M. DE SOTENVILLE, CLITANDRE, GEORGE DANDIN.

CLITANDRE, à M. de Sotenville.

Monsieur, vous voyez comme j'ai été faussement accusé : vous êtes homme qui savez les maximes du point d'honneur ; et je vous demande raison de l'affront qui m'a été fait.

M. DE SOTENVILLE.

Cela est juste, et c'est l'ordre des procédés. Allons, mon gendre, faites satisfaction à monsieur.

GEORGE DANDIN.

Comment! satisfaction?

M. DE SOTENVILLE.

Oui, cela se doit dans les règles, pour l'avoir à tort accusé.

GEORGE DANDIN.

C'est une chose, moi, dont je ne demeure pas d'accord, de l'avoir à tort accusé; et je sais bien ce que j'en pense.

M. DE SOTENVILLE.

Il n'importe. Quelque pensée qui vous puisse rester, il a nié, c'est satisfaire les personnes; et l'on n'a nul droit de se plaindre de tout homme qui se dédit.

GEORGE DANDIN.

Si bien donc que, si je le trouvois couché avec ma femme, il en seroit quitte pour se dédire?

M. DE SOTENVILLE.

Point de raisonnement. Faites-lui les excuses que je vous dis.

GEORGE DANDIN.

Moi! je lui ferai encore des excuses après...!

M. DE SOTENVILLE.

Allons, vous dis-je, il n'y a rien à balancer; et vous n'avez que faire d'avoir peur d'en trop faire, puisque c'est moi qui vous conduis.

ACTE I, SCÈNE VIII.

GEORGE DANDIN.

Je ne saurois...

M. DE SOTENVILLE.

Corbleu ! mon gendre, ne m'échauffez pas la bile. Je me mettrois avec lui contre vous. Allons, laissez-vous gouverner par moi.

GEORGE DANDIN, *à part.*

Ah ! George Dandin !

M. DE SOTENVILLE.

Votre bonnet à la main le premier ; monsieur est gentilhomme, et vous ne l'êtes pas.

GEORGE DANDIN, *à part, le bonnet à la main.*

J'enrage !

M. DE SOTENVILLE.

Répétez après moi... Monsieur...

GEORGE DANDIN.

Monsieur...

M. DE SOTENVILLE.

Je vous demande pardon...

(Voyant que George Dandin fait difficulté de lui obéir.)

Ah !

GEORGE DANDIN.

Je vous demande pardon...

M. DE SOTENVILLE.

Des mauvaises pensées que j'ai eues de vous.

GEORGE DANDIN.

Des mauvaises pensées que j'ai eues de vous.

M. DE SOTENVILLE.

C'est que je n'avois pas l'honneur de vous connoître.

GEORGE DANDIN.
C'est que je n'avois pas l'honneur de vous connoître.

M. DE SOTENVILLE.
Et je vous prie de croire...

GEORGE DANDIN.
Et je vous prie de croire...

M. DE SOTENVILLE.
Que je suis votre serviteur.

GEORGE DANDIN.
Voulez-vous que je sois serviteur d'un homme qui me veut faire cocu ?

M. DE SOTENVILLE, le menaçant encore.
Ah !

CLITANDRE.
Il suffit, monsieur.

M. DE SOTENVILLE.
Non, je veux qu'il achève, et que tout aille dans les formes... Que je suis votre serviteur.

GEORGE DANDIN.
Que je suis votre serviteur.

CLITANDRE, à George Dandin.
Monsieur, je suis le vôtre de tout mon cœur, et je ne songe plus à ce qui s'est passé. (A M. de Sotenville.) Pour vous, monsieur, je vous donne le bonjour, et suis fâché du petit chagrin que vous avez eu.

M. DE SOTENVILLE.
Je vous baise les mains ; et, quand il vous plaira, je vous donnerai le divertissement de courre un lièvre.

CLITANDRE.

C'est trop de grâce que vous me faites.

(Clitandre sort.)

M. DE SOTENVILLE.

Voilà, mon gendre, comme il faut pousser les choses. Adieu. Sachez que vous êtes entré dans une famille qui vous donnera de l'appui, et ne souffrira point que l'on vous fasse aucun affront.

SCÈNE IX.

GEORGE DANDIN.

Ah ! que je... Vous l'avez voulu, vous l'avez voulu, George Dandin, vous l'avez voulu ; cela vous sied fort bien, et vous voilà ajusté comme il faut : vous avez justement ce que vous méritez. Allons, il s'agit seulement de désabuser le père et la mère ; et je pourrai trouver peut-être quelque moyen d'y réussir.

FIN DU PREMIER ACTE.

ACTE SECOND.

SCÈNE I.
CLAUDINE, LUBIN.

CLAUDINE.

Oui, j'ai bien deviné qu'il falloit que cela vînt de toi, et que tu l'eusses dit à quelqu'un qui l'ait rapporté à notre maître.

LUBIN.

Par ma foi, je n'en ai touché qu'un petit mot en passant à un homme, afin qu'il ne dît point qu'il m'avoit vu sortir; et il faut que les gens, en ce pays-ci, soient de grands babillards.

CLAUDINE.

Vraiment, ce monsieur le vicomte a bien choisi son monde, que de te prendre pour son ambassadeur; et il s'est allé servir là d'un homme bien chanceux.

LUBIN.

Va, une autre fois je serai plus fin, et je prendrai mieux garde à moi.

CLAUDINE.

Oui, oui, il sera temps.

LUBIN.

Ne parlons plus de cela. Écoute.

CLAUDINE.

Que veux-tu que j'écoute ?

LUBIN.

Tourne un peu ton visage devers moi.

CLAUDINE.

Hé bien ! qu'est-ce ?

LUBIN.

Claudine.

CLAUDINE.

Quoi ?

LUBIN.

Hé ! là ! ne sais-tu pas bien ce que je veux dire ?

CLAUDINE.

Non.

LUBIN.

Morgué ! je t'aime.

CLAUDINE.

Tout de bon ?

LUBIN.

Oui, le diable m'emporte ! tu me peux croire, puisque j'en jure.

CLAUDINE.

A la bonne heure.

LUBIN.

Je me sens tout tribouiller le cœur quand je te regarde.

CLAUDINE.

Je m'en réjouis.

LUBIN.

Comment est-ce que tu fais pour être si jolie ?

CLAUDINE.

Je fais comme font les autres.

LUBIN.

Vois-tu, il ne faut point tant de beurre pour faire un quarteron : si tu veux tu seras ma femme, je serai ton mari ; et nous serons tous deux mari et femme.

CLAUDINE.

Tu serois peut-être jaloux comme notre maître.

LUBIN.

Point.

CLAUDINE.

Pour moi, je hais les maris soupçonneux, et j'en veux un qui ne s'épouvante de rien, un si plein de confiance, et si sûr de ma chasteté, qu'il me vît sans inquiétude au milieu de trente hommes.

LUBIN.

Hé bien ! je serai tout comme cela.

CLAUDINE.

C'est la plus sotte chose du monde que de se défier d'une femme, et de la tourmenter. La vérité de l'affaire est qu'on n'y gagne rien de bon : cela nous fait songer à mal ; et ce sont souvent les maris qui, avec leurs vacarmes, se font eux-mêmes ce qu'ils sont.

LUBIN.

Hé bien, je te donnerai la liberté de faire tout ce qu'il te plaira.

CLAUDINE.

Voilà comme il faut faire pour n'être point

trompé. Lorsqu'un mari se met à notre discrétion, nous ne prenons de liberté que ce qu'il nous en faut ; et il en est comme avec ceux qui nous ouvrent leur bourse, et nous disent, Prenez : nous en usons honnêtement, et nous nous contentons de la raison. Mais ceux qui nous chicanent, nous nous efforçons de les tondre, et nous ne les épargnons point.

LUBIN.

Va, je serai de ceux qui ouvrent leur bourse, et tu n'as qu'à te marier avec moi.

CLAUDINE.

Hé bien, bien, nous verrons.

LUBIN.

Viens donc ici, Claudine.

CLAUDINE.

Que veux-tu ?

LUBIN.

Viens, te dis-je.

CLAUDINE.

Ah ! doucement je n'aime pas les patineurs.

LUBIN.

Hé ! un petit brin d'amitié.

CLAUDINE.

Laisse-moi là, te dis-je ; je n'entends pas raillerie.

LUBIN.

Claudine.

CLAUDINE, *repoussant Lubin.*

Hai !

LUBIN.

Ah! que tu es rude à pauvres gens! Fi! que cela est malhonnête de refuser les personnes! N'as-tu point de honte d'être belle, et de ne vouloir pas qu'on te caresse! Hé! là!

CLAUDINE.

Je te donnerai sur le nez.

LUBIN.

Oh! la farouche! la sauvage! Fi! pouah! la vilaine qui est cruelle?

CLAUDINE.

Tu t'émancipes trop.

LUBIN.

Qu'est-ce que cela te coûteroit de me laisser un peu faire?

CLAUDINE.

Il faut que tu te donnes patience.

LUBIN.

Un petit baiser seulement, en rabattant sur notre mariage.

CLAUDINE.

Je suis votre servante.

LUBIN.

Claudine, je t'en prie, sur l'et tant moins (*).

CLAUDINE.

Hé! que nenni. J'y ai déjà été attrapée. Adieu. Va-t'en, et dis à monsieur le vicomte que j'aurai soin de rendre son billet.

(*) *Et tant moins*, terme de réduction qui signifie *en déduction*.

LUBIN.

Adieu, beauté rudânière.

CLAUDINE.

Le mot est amoureux.

LUBIN.

Adieu, rocher, caillou, pierre de taille, et tout ce qu'il y a de plus dur au monde.

CLAUDINE, seule.

Je vais remettre aux mains de ma maîtresse... Mais la voici avec son mari : éloignons-nous, et attendons qu'elle soit seule.

SCÈNE II.

GEORGE DANDIN, ANGÉLIQUE.

GEORGE DANDIN.

Non, non ; on ne m'abuse pas avec tant de facilité ; et je ne suis que trop certain que le rapport que l'on m'a fait est véritable. J'ai de meilleurs yeux qu'on ne pense, et votre galimatias ne m'a point tantôt ébloui.

SCÈNE III.

CLITANDRE, ANGÉLIQUE, GEORGE DANDIN.

CLITANDRE, à part, dans le fond du théâtre.

Ah ! la voilà ; mais le mari est avec elle.

GEORGE DANDIN, sans voir Clitandre.

Au travers de toutes vos grimaces, j'ai vu la vérité de ce que l'on m'a dit, et le peu de respect que vous avez pour le nœud qui nous joint.

(Clitandre et Angélique se saluent.)

Mon Dieu ! laissez là votre révérence ; ce n'est pas de ces sortes de respects dont je vous parle ; et vous n'avez que faire de vous moquer.

ANGÉLIQUE.

Moi, me moquer ! en aucune façon.

GEORGE DANDIN.

Je sais votre pensée, et connois...

(Clitandre et Angélique se saluent encore.)

Encore ! Ah ! ne raillons point davantage. Je n'ignore pas qu'à cause de votre noblesse vous me tenez fort au-dessous de vous : et le respect que je veux dire ne regarde point ma personne ; j'entends parler de celui que vous devez à des nœuds aussi vénérables que le sont ceux du mariage.

(Angélique fait signe à Clitandre.)

Il ne faut point lever les épaules, et je ne dis point de sottises.

ANGÉLIQUE.

Qui songe à lever les épaules ?

GEORGE DANDIN.

Mon Dieu ! nous voyons clair. Je vous dis encore une fois que le mariage est une chaîne à laquelle on doit porter toutes sortes de respects, et que c'est fort mal fait à vous d'en user comme vous faites.

(Angélique fait signe de la tête à Clitandre.)

Oui, oui, mal fait à vous : et vous n'avez que faire de hocher la tête et de me faire la grimace.

ACTE II, SCÈNE III.

ANGÉLIQUE.

Moi ? je ne sais ce que vous voulez dire ?

GEORGE DANDIN.

Je le sais fort bien, moi, et vos mépris me sont connus. Si je ne suis pas né noble, au moins suis-je d'une race où il n'y a point de reproche ; et la famille des Dandins...

CLITANDRE, derrière Angélique, sans être aperçu de George Dandin.

Un moment d'entretien.

GEORGE DANDIN, sans voir Clitandre.

Hé !

ANGÉLIQUE.

Quoi ? je ne dis mot.

(George Dandin tourne autour de sa femme, et Clitandre se retire en faisant une grande révérence à George Dandin.)

SCÈNE IV.

GEORGE DANDIN, ANGÉLIQUE.

GEORGE DANDIN.

Le voilà qui vient rôder autour de vous.

ANGÉLIQUE.

Hé bien ! est-ce ma faute ? Que voulez-vous que j'y fasse ?

GEORGE DANDIN.

Je veux que vous y fassiez ce que fait une femme qui ne veut plaire qu'à son mari. Quoi qu'on en puisse dire, les galants n'obsèdent jamais que quand on le veut bien : il y a un certain air doucereux qui les attire, ainsi que le miel fait les mouches ; et les honnêtes femmes ont des manières qui les savent chasser d'abord.

ANGÉLIQUE.

Moi, les chasser! et par quelle raison? Je ne me scandalise point qu'on me trouve bien faite, et cela me fait du plaisir.

GEORGE DANDIN.

Oui! mais quel personnage voulez-vous que joue un mari pendant cette galanterie?

ANGÉLIQUE.

Le personnage d'un honnête homme, qui est bien aise de voir sa femme considérée.

GEORGE DANDIN.

Je suis votre valet. Ce n'est pas là mon compte, et les Dandins ne sont point accoutumés à cette mode-là.

ANGÉLIQUE.

Oh! les Dandins s'y accoutumeront s'ils veulent; car, pour moi, je vous déclare que mon dessein n'est pas de renoncer au monde et de m'enterrer toute vive dans un mari. Comment! parce qu'un homme s'avise de nous épouser, il faut d'abord que toutes choses soient finies pour nous, et que nous rompions tout commerce avec les vivants! C'est une chose merveilleuse que cette tyrannie de messieurs les maris; et je les trouve bons de vouloir qu'on soit morte à tous les divertissements, et qu'on ne vive que pour eux! Je me moque de cela, et ne veux point mourir si jeune.

GEORGE DANDIN.

C'est ainsi que vous satisfaites aux engagements de la foi que vous m'avez donnée publiquement?

ACTE II, SCÈNE IV.

ANGÉLIQUE.

Moi ? je ne vous l'ai point donnée de bon cœur, et vous me l'avez arrachée. M'avez-vous avant le mariage demandé mon consentement, et si je voulois bien de vous ? Vous n'avez consulté pour cela que mon père et ma mère : ce sont eux proprement qui vous ont épousé ; et c'est pourquoi vous ferez bien de vous plaindre toujours à eux des torts que l'on pourra vous faire. Pour moi, qui ne vous ai point dit de vous marier avec moi, et que vous avez prise sans consulter mes sentiments, je prétends n'être point obligée à me soumettre en esclave à vos volontés ; et je veux jouir, s'il vous plaît, de quelque nombre de beaux jours que m'offre la jeunesse, prendre les douces libertés que l'âge me permet, voir un peu le beau monde, et goûter le plaisir de m'ouïr dire des douceurs. Préparez-vous-y pour votre punition, et rendez grâces au ciel de ce que je ne suis pas capable de quelque chose de pis.

GEORGE DANDIN.

Oui ! c'est ainsi que vous le prenez ! Je suis votre mari, et je vous dis que je n'entends pas cela.

ANGÉLIQUE.

Moi, je suis votre femme, et je vous dis que je l'entends.

GEORGE DANDIN, à part.

Il me prend des tentations d'accommoder tout son visage à la compote, et le mettre en état de ne plaire de sa vie aux diseurs de fleurettes. Ah ! allons, George Dandin ; je ne pourrois me retenir, et il vaut mieux quitter la place.

SCÈNE V.

ANGÉLIQUE, CLAUDINE.

CLAUDINE.

J'avois, madame, impatience qu'il s'en allât, pour vous rendre ce mot de la part que vous savez.

ANGÉLIQUE.

Voyons.

CLAUDINE, à part.

A ce que je puis remarquer, ce qu'on lui écrit ne lui déplaît pas trop.

ANGÉLIQUE.

Ah ! Claudine, que ce billet s'explique d'une façon galante ! Que dans tous leurs discours et dans toutes leurs actions les gens de cour ont un air agréable ! et qu'est-ce que c'est auprès d'eux que nos gens de province ?

CLAUDINE.

Je crois qu'après les avoir vus les Dandins ne vous plaisent guère.

ANGÉLIQUE.

Demeure ici, je m'en vais faire la réponse.

CLAUDINE, seule.

Je n'ai pas besoin, que je pense, de lui recommander de la faire agréable. Mais voici...

SCÈNE VI.

CLITANDRE, LUBIN, CLAUDINE.

CLAUDINE.

Vraiment, monsieur, vous avez pris là un habile messager !

CLITANDRE.

Je n'ai pas osé envoyer de mes gens. Mais, ma pauvre Claudine, il faut que je te récompense des bons offices que je sais que tu m'as rendus.

(Il fouille dans sa poche.)

CLAUDINE.

Hé ! monsieur, il n'est pas nécessaire. Non, monsieur, vous n'avez que faire de vous donner cette peine-là ; et je vous rends service parce que vous le méritez ; et je me sens au cœur de l'inclination pour vous.

CLITANDRE, donnant de l'argent à Claudine.

Je te suis obligé.

LUBIN, à Claudine.

Puisque nous serons mariés, donne-moi cela que je le mette avec le mien.

CLAUDINE.

Je te le garde aussi-bien que le baiser.

CLITANDRE, à Claudine.

Dis-moi, as-tu rendu mon billet à ta belle maîtresse ?

CLAUDINE.

Oui ; elle est allée y répondre.

CLITANDRE.

Mais, Claudine, n'y a-t-il pas moyen que je la puisse entretenir ?

CLAUDINE.

Oui ; venez avec moi, je vous ferai parler à elle.

CLITANDRE.

Mais le trouvera-t-elle bon ? et n'y a-t-il rien à risquer ?

CLAUDINE.

Non, non. Son mari n'est pas au logis : et puis, ce n'est pas lui qu'elle a le plus à ménager, c'est son père et sa mère, et pourvu qu'ils soient prévenus, tout le reste n'est point à craindre.

CLITANDRE.

Je m'abandonne à ta conduite.

LUBIN, seul.

Testiguienne ! que j'aurai là une habile femme ! Elle a de l'esprit comme quatre.

SCÈNE VII.
GEORGE DANDIN, LUBIN.

GEORGE DANDIN, bas, à part.

Voici mon homme de tantôt. Plût au ciel qu'il pût se résoudre à vouloir rendre témoignage au père et à la mère de ce qu'ils ne veulent point croire !

LUBIN.

Ah ! vous voilà, monsieur le babillard, à qui

ACTE II, SCÈNE VII.

j'avois tant recommandé de ne point parler, et qui me l'aviez tant promis ! Vous êtes donc un causeur, et vous allez redire ce que l'on vous dit en secret.

GEORGE DANDIN.

Moi ?

LUBIN.

Oui ; vous avez été tout rapporter au mari, et vous êtes cause qu'il a fait du vacarme. Je suis bien aise de savoir que vous avez de la langue, et cela m'apprendra à ne vous plus rien dire.

GEORGE DANDIN.

Écoute, mon ami.

LUBIN.

Si vous n'aviez pas babillé, je vous aurois conté ce qui se passe à cette heure, mais pour votre punition vous ne saurez rien du tout.

GEORGE DANDIN.

Comment ! qu'est-ce qui se passe ?

LUBIN.

Rien, rien. Voilà ce que c'est d'avoir causé ; vous n'en tâterez plus, et je vous laisse sur la bonne bouche.

GEORGE DANDIN.

Arrête un peu.

LUBIN.

Point.

GEORGE DANDIN.

Ju ne te veux dire qu'un mot.

LUBIN.

Nennin, nennin. Vous avez envie de me tirer les vers du nez.

GEORGE DANDIN.

Non, ce n'est pas cela.

LUBIN.

Hé! quelque sot... Je vous vois venir.

GEORGE DANDIN.

C'est autre chose. Écoute.

LUBIN.

Point d'affaire. Vous voudriez que je vous dise que monsieur le vicomte vient de donner de l'argent à Claudine, et qu'elle l'a mené chez sa maîtresse. Mais je ne suis pas si bête.

GEORGE DANDIN.

De grâce.

LUBIN.

Non.

GEORGE DANDIN.

Je te donnerai...

LUBIN.

Tarare.

SCÈNE VIII.
GEORGE DANDIN.

Je n'ai pu me servir, avec cet innocent, de la pensée que j'avois. Mais le nouvel avis qui lui est échappé feroit la même chose; et, si le galant est chez moi, ce seroit pour avoir raison aux yeux du père et de la mère, et les convaincre pleinement de l'effronterie de leur fille. Le mal de tout ceci, c'est que je ne sais comment faire pour profiter d'un tel avis. Si je rentre chez moi, je ferai évader le drôle; et, quelque chose que je puisse voir moi-même de mon déshonneur, je n'en serai point cru à mon serment, et l'on me dira que je rêve. Si, d'autre part, je vais quérir beau-père et belle-mère sans être sûr de trouver chez moi le galant, ce sera la même chose; et je retomberai dans l'inconvénient de tantôt. Pourrois-je point m'éclaircir doucement s'il y est encore?

(Après avoir été regarder par le trou de la serrure.)

Ah! ciel! il n'en faut plus douter, et je viens de l'apercevoir par le trou de la porte. Le sort me donne ici de quoi confondre ma partie; et, pour achever l'aventure, il fait venir à point nommé les juges dont j'avois besoin.

SCÈNE IX.
M. DE SOTENVILLE, MADAME DE SOTENVILLE, GEORGE DANDIN.

GEORGE DANDIN.

Enfin, vous ne m'avez pas voulu croire tantôt, et votre fille l'a emporté sur moi : mais j'ai en main de quoi vous faire voir comme elle m'accommode; et, Dieu merci, mon déshonneur est si clair maintenant, que vous n'en pourrez plus douter.

M. DE SOTENVILLE.

Comment! mon gendre, vous en êtes encore là-dessus?

GEORGE DANDIN.

Oui, j'y suis, et jamais je n'eus tant de sujet d'y être.

MADAME DE SOTENVILLE.

Vous nous venez encore étourdir la tête?

GEORGE DANDIN.

Oui, madame, et l'on fait bien pis à la mienne.

M. DE SOTENVILLE.

Ne vous lassez-vous point de vous rendre importun?

GEORGE DANDIN.

Non; mais je me lasse fort d'être pris pour dupe.

MADAME DE SOTENVILLE.

Ne voulez-vous point vous défaire de vos pensées extravagantes?

GEORGE DANDIN.

Non, madame; mais je voudrois bien me défaire d'une femme qui me déshonore.

MADAME DE SOTENVILLE

Jour de Dieu! notre gendre, apprenez à parler.

M. DE SOTENVILLE.

Corbleu! cherchez des termes moins offensants que ceux-là.

GEORGE DANDIN.

Marchand qui perd ne peut rire.

MADAME DE SOTENVILLE.

Souvenez-vous que vous avez épousé une demoiselle.

GEORGE DANDIN.

Je m'en souviens assez, et ne m'en souviendrai que trop.

ACTE II, SCÈNE IX.

M. DE SOTENVILLE.

Si vous vous en souvenez, songez donc à parler d'elle avec plus de respect.

GEORGE DANDIN.

Mais que ne songe-t-elle plutôt à me traiter plus honnêtement ? Quoi ! parce qu'elle est demoiselle, il faut qu'elle ait la liberté de me faire ce qui lui plaît sans que j'ose souffler ?

M. DE SOTENVILLE.

Qu'avez-vous donc, et que pouvez-vous dire ? N'avez-vous pas vu ce matin qu'elle s'est défendue de connoître celui dont vous m'étiez venu parler ?

GEORGE DANDIN.

Oui ; mais, vous, que pourrez-vous dire si je vous fais voir maintenant que le galant est avec elle !

MADAME DE SOTENVILLE.

Avec elle ?

GEORGE DANDIN.

Oui, avec elle, et dans ma maison.

M. DE SOTENVILLE.

Dans votre maison.

GEORGE DANDIN.

Oui, dans ma propre maison.

MADAME DE SOTENVILLE.

Si cela est, nous serons pour vous contre elle.

M. DE SOTENVILLE.

Oui, l'honneur de notre famille nous est plus cher que toute chose ; et, si vous dites vrai, nous la renoncerons pour notre sang, et l'abandonnerons à votre colère.

GEORGE DANDIN.
Vous n'avez qu'à me suivre.

MADAME DE SOTENVILLE.
Gardez de vous tromper.

M. DE SOTENVILLE.
N'allez pas faire comme tantôt.

GEORGE DANDIN.
Mon Dieu! vous allez voir. (Montrant Clitandre qui sort avec Angélique.) Tenez, ai-je menti ?

SCÈNE X.

ANGÉLIQUE, CLITANDRE, CLAUDINE; M. DE SOTENVILLE ET MADAME DE SOTENVILLE, AVEC GEORGE DANDIN, DANS LE FOND DU THÉATRE.

ANGÉLIQUE, à Clitandre.
Adieu; j'ai peur qu'on vous surprenne ici, et j'ai quelques mesures à garder.

CLITANDRE.
Promettez-moi donc, madame, que je pourrai vous parler cette nuit.

ANGÉLIQUE.
J'y ferai mes efforts.

GEORGE DANDIN, à monsieur et à madame de Sotenville.
Approchons doucement par derrière, et tâchons de n'être point vus.

CLAUDINE.
Ah! madame, tout est perdu! Voilà votre père et votre mère accompagnés de votre mari.

ACTE II, SCÈNE X.

CLITANDRE.

Ah ciel !

ANGÉLIQUE, *bas, à Clitandre et à Claudine.*

Ne faites pas semblant de rien, et me laissez faire tous deux. (*Haut, à Clitandre.*) Quoi ! vous osez en user de la sorte, après l'affaire de tantôt, et c'est ainsi que vous dissimulez vos sentiments ! On me vient rapporter que vous avez de l'amour pour moi, et que vous faites des desseins de me solliciter ; j'en témoigne mon dépit, et m'explique à vous clairement en présence de tout le monde ; vous niez hautement la chose, et me donnez parole de n'avoir aucune pensée de m'offenser : et cependant le même jour vous prenez la hardiesse de venir chez moi me rendre visite, de me dire que vous m'aimez, de me faire cent sots contes, pour me persuader de répondre à vos extravagances, comme si j'étois femme à violer la foi que j'ai donnée à un mari, et m'éloigner jamais de la vertu que mes parents m'ont enseignée ! Si mon père savoit cela, il vous apprendroit bien à tenter de ces entreprises ! Mais une honnête femme n'aime point les éclats ; je n'ai garde de lui en rien dire ;

(*après avoir fait signe à Claudine d'apporter un bâton.*)

et je veux vous montrer que toute femme que je suis, j'ai assez de courage pour me venger moi-même des offenses que l'on me fait. L'action que vous avez faite n'est pas d'un gentilhomme, et ce n'est pas en gentilhomme aussi que je veux vous traiter.

(Angélique prend le bâton et le lève sur Clitandre, qui se range de façon que les coups tombent sur George Dandin.)

CLITANDRE, criant comme s'il avoit été frappé.

Ah! ah! ah! ah! ah! doucement!

SCÈNE XI.

M. DE SOTENVILLE, MADAME DE SOTENVILLE, ANGÉLIQUE, GEORGE DANDIN, CLAUDINE.

CLAUDINE.

Fort! madame, frappez comme il faut.

ANGÉLIQUE, faisant semblant de parler à Clitandre.

S'il vous demeure quelque chose sur le cœur, je suis pour vous répondre.

CLAUDINE.

Apprenez à qui vous vous jouez.

ANGÉLIQUE, faisant l'étonnée.

Ah! mon père, vous êtes là!

M. DE SOTENVILLE.

Oui, ma fille; et je vois qu'en sagesse et en courage tu te montres un digne rejeton de la maison de Sotenville. Viens çà, approche-toi que je t'embrasse.

MADAME DE SOTENVILLE.

Embrasse-moi aussi, ma fille. Las! je pleure de joie, et reconnois mon sang aux choses que tu viens de faire.

ACTE II, SCÈNE XI.

M. DE SOTENVILLE.

Mon gendre, que vous devez être ravi ! et que cette aventure est pour vous pleine de douceurs ! Vous aviez un juste sujet de vous alarmer ; mais vos soupçons se trouvent dissipés le plus avantageusement du monde.

MADAME DE SOTENVILLE.

Sans doute, notre gendre, et vous devez maintenant être le plus content des hommes.

CLAUDINE.

Assurément. Voilà une femme, celle-là ! vous êtes trop heureux de l'avoir, et vous devriez baiser les pas où elle passe.

GEORGE DANDIN, *à part*.

Hé ! traîtresse !

M. DE SOTENVILLE.

Qu'est-ce, mon gendre ? Que ne remerciez-vous un peu votre femme de l'amitié que vous voyez qu'elle montre pour vous ?

ANGÉLIQUE.

Non, non, mon père, il n'est pas nécessaire : il ne m'a aucune obligation de ce qu'il vient de voir, et tout ce que j'en fais n'est que pour l'amour de moi-même.

M. DE SOTENVILLE.

Où allez-vous, ma fille ?

ANGÉLIQUE.

Je me retire, mon père, pour ne me voir point obligée à recevoir ses compliments.

CLAUDINE, à George Dandin.

Elle a raison d'être en colère. C'est une femme qui mérite d'être adorée, et vous ne la traitez pas comme vous devriez.

GEORGE DANDIN, à part.

Scélérate !

SCÈNE XII.
M. DE SOTENVILLE, MADAME DE SOTENVILLE, GEORGE DANDIN.

M. DE SOTENVILLE.

C'est un petit ressentiment de l'affaire de tantôt, et cela se passera avec un peu de caresses que vous lui ferez. Adieu, mon gendre ; vous voilà en état de ne vous plus inquiéter. Allez-vous-en faire la paix ensemble, et tâchez de l'apaiser par des excuses de votre emportement.

MADAME DE SOTENVILLE.

Vous devez considérer que c'est une jeune fille élevée à la vertu, et qui n'est point accoutumée à se voir soupçonner d'aucune vilaine action. Adieu. Je suis ravie de voir vos désordres (*) finis, et des transports de joie que vous doit donner sa conduite.

SCÈNE XIII.
GEORGE DANDIN.

Je ne dis mot, car je ne gagnerois rien à

(*) Désordres est là pour démêlés.

parler : et jamais il ne s'est rien vu d'égal à ma disgrâce. Oui, j'admire mon malheur, et la subtile adresse de ma carogne de femme pour se donner toujours raison et me faire avoir tort. Est-il possible que toujours j'aurai du dessous avec elle, que les apparences toujours tourneront contre moi, et que je ne parviendrai point à convaincre mon effrontée? O ciel, seconde mes desseins, et m'accorde la grâce de faire voir aux gens que l'on me déshonore!

FIN DU SECOND ACTE.

ACTE TROISIÈME.

SCÈNE I.

CLITANDRE, LUBIN.

La nuit est avancée, et j'ai peur qu'il ne soit trop tard. Je ne vois point à me conduire. Lubin.

LUBIN.

Monsieur ?

CLITANDRE.

Est-ce par ici ?

LUBIN.

Je pense que oui. Morgué ! voilà une sotte nuit, d'être si noire que cela !

CLITANDRE.

Elle a tort assurément ; mais, si d'un côté elle nous empêche de voir, elle empêche de l'autre que nous ne soyons vus.

LUBIN.

Vous avez raison, elle n'a pas tant tort. Je voudrois bien savoir, monsieur, vous qui êtes savant, pourquoi il ne fait point jour la nuit.

CLITANDRE.

C'est une grande question, et qui est difficile. Tu es curieux, Lubin.

LUBIN.

Oui. Si j'avois étudié, j'aurois été songer à des choses où on n'a jamais songé.

CLITANDRE.

Je le crois. Tu as la mine d'avoir l'esprit subtil et pénétrant.

LUBIN.

Cela est vrai. Tenez, j'explique du latin, quoique jamais je ne l'aie appris ; et voyant l'autre jour écrit sur une grande porte, *collegium*, je devinai que cela vouloit dire collége.

CLITANDRE.

Cela est admirable. Tu sais donc lire, Lubin ?

LUBIN.

Oui, je sais lire la lettre moulée, mais je n'ai jamais su apprendre à lire l'écriture.

CLITANDRE.

Nous voici contre la maison. (Après avoir frappé dans ses mains.) C'est le signal que m'a donné Claudine.

LUBIN.

Par ma foi, c'est une fille qui vaut de l'argent, et je l'aime de tout mon cœur.

CLITANDRE.

Aussi t'ai-je amené avec moi pour l'entretenir.

LUBIN.

Monsieur, je vous suis...

CLITANDRE.

Chut. J'entends quelque bruit.

SCÈNE II.

ANGÉLIQUE, CLAUDINE, CLITANDRE, LUBIN.

ANGÉLIQUE.

Claudine.

CLAUDINE.

Hé bien ?

ANGÉLIQUE.

Laisse la porte entr'ouverte.

CLAUDINE.

Voilà qui est fait.

Scène de nuit. Les acteurs se cherchent les uns les autres dans l'obscurité.

CLITANDRE, à Lubin.

Ce sont elles. St.

ANGÉLIQUE.

St.

LUBIN.

St.

CLAUDINE.

St.

CLITANDRE, à Claudine, qu'il prend pour Angélique.

Madame.

ANGÉLIQUE, à Lubin, qu'elle prend pour Clitandre.

Quoi ?

LUBIN, à Angélique, qu'il prend pour Claudine.

Claudine.

CLAUDINE, à Clitandre qu'elle prend pour Lubin.

Qu'est-ce ?

ACTE III, SCÈNE II.

CLITANDRE, à Claudine, croyant parler à Angélique.
Ah ! madame, que j'ai de joie !

LUBIN, à Angélique, croyant parler à Claudine.
Claudine, ma pauvre Claudine !

CLAUDINE, à Clitandre.
Doucement, monsieur.

ANGÉLIQUE, à Lubin.
Tout beau, Lubin.

CLITANDRE.
Est-ce toi, Claudine ?

CLAUDINE.
Oui.

LUBIN.
Est-ce vous, madame ?

ANGÉLIQUE.
Oui.

CLAUDINE, à Clitandre.
Vous avez pris l'une pour l'autre.

LUBIN, à Angélique.
Ma foi, la nuit on n'y voit goutte.

ANGÉLIQUE.
Est-ce pas vous, Clitandre ?

CLITANDRE.
Oui, madame.

ANGÉLIQUE.
Mon mari ronfle comme il faut, et j'ai pris ce temps pour nous entretenir ici.

CLITANDRE.
Cherchons quelque lieu pour nous asseoir.

CLAUDINE.

C'est fort bien avisé.

(Angélique, Clitandre et Claudine, vont s'asseoir dans le fond du théâtre.)

LUBIN, cherchant Claudine.

Claudine, où est-ce que tu es?

SCÈNE III.

ANGÉLIQUE; CLITANDRE et CLAUDINE, assis au fond du théatre; GEORGE DANDIN, a moitié déshabillé; LUBIN.

GEORGE DANDIN, à part.

J'AI entendu descendre ma femme, et je me suis vite habillé pour descendre après elle. Où peut-elle être allée? Seroit-elle sortie?

LUBIN, cherchant Claudine.

Où es-tu donc, Claudine? (Prenant George Dandin pour Claudine.) Ah! te voilà. Par ma foi, ton maître est plaisamment attrapé, et je trouve ceci aussi drôle que les coups de bâton de tantôt, dont on m'a fait récit. Ta maîtresse dit qu'il ronfle à cette heure comme tous les diantres; et il ne sait pas que monsieur le vicomte et elle sont ensemble pendant qu'il dort. Je voudrois bien savoir quel songe il fait maintenant. Cela est tout-à-fait risible. De quoi s'avise-t-il aussi d'être jaloux de sa femme, et de vouloir qu'elle soit à lui tout seul? C'est un impertinent, et monsieur le vicomte lui fait trop d'honneur. Tu ne dis mot,

ACTE III, SCÈNE III.

Claudine! Allons, suivons-les, et me donne ta petite menotte, que je la baise. Ah! que cela est doux, il me semble que je mange des confitures.
(A George Dandin qu'il prend toujours pour Claudine, et qui le repousse rudement.)
Tubleu! comme vous y allez! Voilà une petite menotte qui est un peu bien rude.

GEORGE DANDIN.

Qui va là?

LUBIN.

Personne.

GEORGE DANDIN.

Il fuit, et me laisse informé de la nouvelle perfidie de ma coquine. Allons, il faut que, sans tarder, j'envoie appeler son père et sa mère, et que cette aventure me serve à me faire séparer d'elle. Holà! Colin! Colin!

SCÈNE IV.

ANGÉLIQUE ET CLITANDRE AVEC CLAUDINE ET LUBIN, ASSIS AU FOND DU THÉÂTRE; GEORGE DANDIN, COLIN.

COLIN, à la fenêtre.

Monsieur?

GEORGE DANDIN.

Allons vite ici bas.

COLIN, sautant par la fenêtre.

M'y voilà, on ne peut pas plus vite.

GEORGE DANDIN.

Tu es là?

COLIN.

Oui, monsieur.

(Pendant que George Dandin va chercher Colin du côté où il a entendu sa voix, Colin passe de l'autre, et s'endort.)

GEORGE DANDIN, se tournant du côté où il croit qu'est Colin.

Doucement, parle bas. Écoute. Va-t'en chez mon beau-père et ma belle-mère, et leur dis que je les prie très-instamment de venir tout à l'heure ici. Entends-tu? Hé! Colin! Colin!

COLIN, de l'autre côté, se réveillant.

Monsieur?

GEORGE DANDIN.

Où diable es-tu?

COLIN.

Ici.

GEORGE DANDIN.

Peste soit du maroufle qui s'éloigne de moi?

(Pendant que George Dandin retourne du côté où il croit que Colin est resté, Colin, à moitié endormi, passe de l'autre côté, et se rendort.)

Je te dis que tu ailles de ce pas trouver mon beau-père et ma belle-mère, et leur dire que je les conjure de se rendre ici tout à l'heure. M'entends-tu bien? Réponds. Colin! Colin!

COLIN, de l'autre côté, se réveillant.

Monsieur?

GEORGE DANDIN.

Voilà un pendard qui me fera enrager. Viens-t'en à moi.

(Ils se rencontrent, et tombent tous les deux.)

Ah! le traître! il m'a estropié. Où est-ce que tu es? Approche, que je te donne mille coups. Je pense qu'il me fuit.

ACTE III, SCÈNE IV.

COLIN.

Assurément.

GEORGE DANDIN.

Veux-tu venir ?

COLIN.

Nenni, ma foi.

GEORGE DANDIN.

Viens, te dis-je.

COLIN.

Point. Vous me voulez battre.

GEORGE DANDIN.

Hé bien ! non. Je ne te ferai rien.

COLIN.

Assurément ?

GEORGE DANDIN.

Oui. Approche. Bon. (A Colin, qu'il tient par le bras.) Tu es bien heureux de ce que j'ai besoin de toi. Va-t'en vite, de ma part, prier mon beau-père et ma belle-mère de se rendre ici le plus tôt qu'ils pourront, et leur dis que c'est pour une affaire de la dernière conséquence ; et s'ils faisoient quelque difficulté à cause de l'heure, ne manque pas de les presser, et de leur bien faire entendre qu'il est très-important qu'ils viennent, en quelque état qu'ils soient. Tu m'entends bien maintenant ?

COLIN.

Oui, monsieur.

GEORGE DANDIN.

Va vite, et reviens de même. (Se croyant seul.) Et

moi, je vais rentrer dans ma maison, attendant que... Mais j'entends quelqu'un. Ne seroit-ce point ma femme ? Il faut que j'écoute, et me serve de l'obscurité qu'il fait.

(George Dandin se range près la porte de sa maison.)

SCÈNE V.

ANGÉLIQUE, CLITANDRE, CLAUDINE, LUBIN, GEORGE DANDIN.

ANGÉLIQUE, à Clitandre.

Adieu, il est temps de se retirer.

CLITANDRE.

Quoi ! sitôt ?

ANGÉLIQUE.

Nous nous sommes assez entretenus.

CLITANDRE.

Ah ! madame, puis-je assez vous entretenir, et trouver, en si peu de temps, toutes les paroles dont j'ai besoin ? Il me faudroit des journées entières pour me bien expliquer à vous de tout ce que je sens ; et je ne vous ai pas dit encore la moindre partie de ce que j'ai à vous dire.

ANGÉLIQUE.

Nous en écouterons une autre fois davantage.

CLITANDRE.

Hélas ! de quel coup me percez-vous l'âme, lorsque vous parlez de vous retirer ! et avec combien de chagrins m'allez-vous laisser maintenant !

ACTE III, SCÈNE V.

ANGÉLIQUE.

Nous trouverons moyen de nous revoir.

CLITANDRE.

Oui; mais je songe qu'en me quittant vous allez trouver un mari. Cette pensée m'assassine, et les priviléges qu'ont les maris sont des choses cruelles pour un amant qui aime bien.

ANGÉLIQUE.

Serez-vous assez foible pour avoir cette inquiétude? et pensez-vous qu'on soit capable d'aimer de certains maris qu'il y a? On les prend parce qu'on ne s'en peut défendre, et que l'on dépend de parents qui n'ont des yeux que pour le bien; mais on sait leur rendre justice, et l'on se moque fort de les considérer au-delà de ce qu'ils méritent.

GEORGE DANDIN, à part.

Voilà nos carognes de femmes!

CLITANDRE.

Ah! qu'il faut avouer que celui qu'on vous a donné étoit peu digne de l'honneur qu'il a reçu! et que c'est une étrange chose que l'assemblage qu'on a fait d'une personne comme vous avec un homme comme lui!

GEORGE DANDIN, à part.

Pauvres maris, voilà comme on vous traite!

CLITANDRE.

Vous méritez, sans doute, une tout autre destinée; et le ciel ne vous a point faite pour être la femme d'un paysan.

GEORGE DANDIN.

Plût au ciel fût-elle la tienne ! tu changerois bien de langage. Rentrons, c'en est assez.

(George Dandin, étant rentré, ferme la porte en dedans.)

SCÈNE VI.
ANGÉLIQUE, CLITANDRE, CLAUDINE, LUBIN.

CLAUDINE.

Madame, si vous avez à dire du mal de votre mari, dépêchez vite, car il est tard.

CLITANDRE.

Ah ! Claudine, tu es cruelle !

ANGÉLIQUE, à Clitandre.

Elle a raison ; séparons-nous.

CLITANDRE.

Il faut donc s'y résoudre, puisque vous le voulez ; mais au moins je vous conjure de me plaindre un peu des méchants moments que je vais passer.

ANGÉLIQUE.

Adieu.

LUBIN.

Où es-tu, Claudine ? que je te donne le bonsoir.

CLAUDINE.

Va, va, je le reçois de loin, et je t'en renvoie autant.

SCÈNE VII.
ANGÉLIQUE, CLAUDINE.

ANGÉLIQUE.

Rentrons sans faire de bruit.

CLAUDINE.

La porte s'est fermée.

ANGÉLIQUE.

J'ai le passe-partout.

CLAUDINE.

Ouvrez donc doucement.

ANGÉLIQUE.

On a fermé en dedans; et je ne sais comment nous ferons.

CLAUDINE.

Appelez le garçon qui couche là.

ANGÉLIQUE.

Colin! Colin! Colin!

SCÈNE VIII.

GEORGE DANDIN, ANGÉLIQUE, CLAUDINE.

GEORGE DANDIN, à la fenêtre.

Colin! Colin! Ah! je vous y prends donc, madame ma femme; et vous faites des *escampativos* (*) pendant que je dors! Je suis bien aise de cela, et de vous voir dehors à l'heure qu'il est.

ANGÉLIQUE.

Hé bien! quel grand mal est-ce qu'il y a à prendre le frais de la nuit?

GEORGE DANDIN.

Oui, oui, l'heure est bonne à prendre le frais.

(*) *Faire des escampativos*, expression populaire, sortir à la dérobée, s'esquiver en cachette.

C'est bien plutôt le chaud, madame la coquine ; et nous savons toute l'intrigue du rendez-vous et du damoiseau. Nous avons entendu votre galant entretien, et les beaux vers à ma louange que vous avez dits l'un et l'autre. Mais ma consolation, c'est que je vais être vengé, et que votre père et votre mère seront convaincus maintenant de la justice de mes plaintes, et du déréglement de votre conduite. Je les ai envoyé quérir, et ils vont être ici dans un moment.

ANGÉLIQUE, à part.

Ah ! ciel !

CLAUDINE.

Madame !

GEORGE DANDIN.

Voilà un coup sans doute où vous ne vous attendiez pas. C'est maintenant que je triomphe, et j'ai de quoi mettre à bas votre orgueil et détruire vos artifices. Jusqu'ici vous avez joué mes accusations, ébloui vos parents, et plâtré vos malversations. J'ai eu beau voir et beau dire, votre adresse toujours l'a emporté sur mon bon droit, et toujours vous avez trouvé moyen d'avoir raison ; mais à cette fois, Dieu merci, les choses vont être éclaircies, et votre effronterie sera pleinement confondue.

ANGÉLIQUE.

Hé ! je vous prie, faites-moi ouvrir la porte.

GEORGE DANDIN.

Non, non ; il faut attendre la venue de ceux que j'ai mandés, et je veux qu'ils vous trouvent

ACTE III, SCÈNE VIII.

dehors à la belle heure qu'il est. En attendant qu'ils viennent, songez, si vous voulez, à chercher dans votre tête quelque nouveau détour pour vous tirer de cette affaire; à inventer quelque moyen de rhabiller votre escapade ; à trouver quelque belle ruse pour éluder ici les gens et paroître innocente ; quelque prétexte spécieux de pèlerinage nocturne, ou d'amie en travail d'enfant que vous veniez de secourir.

ANGÉLIQUE.

Non, mon intention n'est pas de vous rien déguiser. Je ne prétends point me défendre ni vous nier les choses, puisque vous les savez.

GEORGE DANDIN.

C'est que vous voyez bien que tous les moyens vous en sont fermés, et que dans cette affaire vous ne sauriez inventer d'excuse qu'il ne me soit facile de convaincre de fausseté.

ANGÉLIQUE.

Oui, je confesse que j'ai tort, et que vous avez sujet de vous plaindre ; mais je vous demande par grâce de ne m'exposer point maintenant à la mauvaise humeur de mes parents, et de me faire promptement ouvrir.

GEORGE DANDIN.

Je vous baise les mains.

ANGÉLIQUE.

Hé ! mon pauvre petit mari, je vous en conjure.

GEORGE DANDIN.

Ah ! mon pauvre petit mari ? Je suis votre petit

mari maintenant parce que vous vous sentez prise. Je suis bien aise de cela ; et vous ne vous étiez jamais avisée de me dire de ces douceurs.

ANGÉLIQUE.

Tenez, je vous promets de ne vous plus donner aucun sujet de déplaisir, et de me...

GEORGE DANDIN.

Tout cela n'est rien. Je ne veux point perdre cette aventure, et il m'importe qu'on soit une fois éclairci à fond de vos déportements.

ANGÉLIQUE.

De grâce, laissez-moi vous dire. Je vous demande un moment d'audience.

GEORGE DANDIN.

Hé bien ? quoi ?

ANGÉLIQUE.

Il est vrai que j'ai failli, je vous l'avoue encore une fois, et que votre ressentiment est juste ; que j'ai pris le temps de sortir pendant que vous dormiez, et que cette sortie est un rendez-vous que j'avois donné à la personne que vous dites : mais enfin ce sont des actions que vous devez pardonner à mon âge, des emportements de jeune personne qui n'a encore rien vu, et ne fait que d'entrer au monde ; des libertés où l'on s'abandonne sans y penser de mal, et qui, sans doute, dans le fond n'ont rien de...

GEORGE DANDIN.

Oui, vous le dites, et ce sont de ces choses qui ont besoin qu'on les croie pieusement.

ACTE III, SCÈNE VIII.

ANGÉLIQUE.

Je ne veux point m'excuser par-là d'être coupable envers vous, et je vous prie seulement d'oublier une offense dont je vous demande pardon de tout mon cœur, et de m'épargner en cette rencontre le déplaisir que me pourroient causer les reproches fâcheux de mon père et de ma mère. Si vous m'accordez généreusement la grâce que je vous demande, ce procédé obligeant, cette bonté que vous me ferez voir me gagnera entièrement, elle touchera tout-à-fait mon cœur, et y fera naître pour vous ce que tout le pouvoir de mes parents et les liens du mariage n'avoient pu y jeter ; en un mot, elle sera cause que je renoncerai à toutes les galanteries, et n'aurai de l'attachement que pour vous. Oui, je vous donne ma parole que vous m'allez voir désormais la meilleure femme du monde, et que je vous témoignerai tant d'amitié, tant d'amitié, que vous en serez satisfait.

GEORGE DANDIN.

Ah! crocodile qui flatte les gens pour les étrangler !

ANGÉLIQUE.

Accordez-moi cette faveur.

GEORGE DANDIN.

Point d'affaire, je suis inexorable.

ANGÉLIQUE.

Montrez-vous généreux.

GEORGE DANDIN.

Non.

ANGÉLIQUE.

De grâce.

GEORGE DANDIN.

Point.

ANGÉLIQUE.

Je vous en conjure de tout mon cœur.

GEORGE DANDIN.

Non, non, non. Je veux qu'on soit détrompé de vous, et que votre confusion éclate.

ANGÉLIQUE.

Hé bien! si vous me réduisez au désespoir, je vous avertis qu'une femme en cet état est capable de tout, et que je ferai quelque chose ici dont vous vous repentirez.

GEORGE DANDIN.

Et que ferez-vous, s'il vous plaît?

ANGÉLIQUE.

Mon cœur se portera jusqu'aux extrêmes résolutions, et, de ce couteau que voici, je me tuerai sur la place.

GEORGE DANDIN.

Ah! ah! à la bonne heure.

ANGÉLIQUE.

Pas tant à la bonne heure pour vous que vous vous imaginez. On sait de tous côtés nos différents et les chagrins perpétuels que vous concevez contre moi. Lorsqu'on me trouvera morte, il n'y aura personne qui mette en doute que ce ne soit vous qui m'aurez tuée; et mes parents ne sont pas gens assurément à laisser cette mort impunie, et ils en feront sur votre personne toute la punition que leur pourront offrir et les poursuites de la justice et la chaleur de leur ressentiment. C'est par-là que je trouverai moyen de me venger de vous ; et je ne suis pas la première qui ait su recourir à de pareilles vengeances, qui n'ait pas fait difficulté de se donner la mort pour perdre ceux qui ont la cruauté de nous pousser à la dernière extrémité.

GEORGE DANDIN.

Je suis votre valet. On ne s'avise plus de se tuer soi-même ; et la mode en est passée il y a long-temps.

ANGÉLIQUE.

C'est une chose dont vous pouvez vous tenir sûr ; et, si vous persistez dans votre refus, si vous ne me faites ouvrir, je vous jure que tout à l'heure je vais vous faire voir jusqu'où peut aller la résolution d'une personne qu'on met au désespoir.

GEORGE DANDIN.

Bagatelles ! bagatelles ! c'est pour me faire peur.

ANGÉLIQUE.

Hé bien ! puisqu'il le faut, voici qui nous contentera tous deux, et montrera si je me moque. (Après avoir fait semblant de se tuer.) Ah ! c'en est fait ! fasse le ciel que ma mort soit vengée comme je le souhaite, et que celui qui en est cause reçoive un juste châtiment de la dureté qu'il a eue pour moi !

GEORGE DANDIN.

Ouais ! seroit-elle bien si malicieuse que de s'être tuée pour me faire pendre ? Prenons un bout de chandelle pour aller voir.

SCÈNE IX.

ANGÉLIQUE, CLAUDINE.

ANGÉLIQUE, à Claudine.

St! Paix! Rangeons-nous chacune immédiatement contre un des côtés de la porte.

SCÈNE X.

ANGÉLIQUE et CLAUDINE, ENTRANT DANS LA MAISON AU MOMENT QUE GEORGE DANDIN EN SORT, ET FERMANT LA PORTE EN DEDANS; GEORGE DANDIN, UNE CHANDELLE A LA MAIN.

GEORGE DANDIN.

La méchanceté d'une femme iroit-elle bien jusque-là? (Seul, après avoir regardé partout.) Il n'y a personne. Hé! je m'en étois bien douté; et la pendarde s'est retirée, voyant qu'elle ne gagnoit rien après moi, ni par prières, ni par menaces. Tant mieux, cela rendra ses affaires encore plus mauvaises; et le père et la mère, qui vont venir, en verront mieux son crime. (Après avoir été à la porte de sa maison pour rentrer.) Ah! ah! la porte s'est fermée! Holà! oh! quelqu'un! qu'on m'ouvre promptement.

SCÈNE XI.

ANGÉLIQUE et **CLAUDINE**, À LA FENÊTRE; **GEORGE DANDIN**.

ANGÉLIQUE.

Comment! c'est toi! D'où viens-tu, bon pendard? Est-il l'heure de revenir chez soi quand le jour est près de paroître? et cette manière de vie est-elle celle que doit suivre un honnête mari?

CLAUDINE.

Cela est-il beau d'aller ivrogner toute la nuit, et de laisser ainsi toute seule une pauvre jeune femme dans la maison?

GEORGE DANDIN.

Comment? vous avez...

ANGÉLIQUE.

Va, va, traître, je suis lasse de tes déportements, et je m'en veux plaindre sans plus tarder à mon père et à ma mère.

GEORGE DANDIN.

Quoi! c'est ainsi que vous osez...

SCÈNE XII.

M. DE SOTENVILLE et **MADAME DE SOTENVILLE**, EN DÉSHABILLÉ DE NUIT; **COLIN**, PORTANT UNE LANTERNE; **ANGÉLIQUE** et **CLAUDINE**, À LA FENÊTRE; **GEORGE DANDIN**.

ANGÉLIQUE, à M. et à madame de Sotenville.

Approchez, de grâce; et venez me faire raison

de l'insolence la plus grande du monde, d'un mari à qui le vin et la jalousie ont troublé de telle sorte la cervelle, qu'il ne sait plus ni ce qu'il dit ni ce qu'il fait, et vous a lui-même envoyé quérir pour vous faire témoins de l'extravagance la plus étrange dont on ait jamais ouï parler. Le voilà qui revient, comme vous voyez, après s'être fait attendre toute la nuit : et, si vous voulez l'écouter, il vous dira qu'il a les plus grandes plaintes du monde à vous faire de moi ; que, durant qu'il dormoit, je me suis dérobée d'auprès de lui pour m'en aller courir, et cent autres contes de même nature qu'il est allé rêver.

GEORGE DANDIN, à part.

Voilà une méchante carogne !

CLAUDINE.

Oui, il nous a voulu faire accroire qu'il étoit dans la maison, et que nous en étions dehors ; et c'est une folie qu'il n'y a pas moyen de lui ôter de la tête.

M. DE SOTENVILLE.

Comment ! qu'est-ce à dire cela ?

MADAME DE SOTENVILLE.

Voilà une furieuse impudence que de nous envoyer quérir ?

GEORGE DANDIN.

Jamais...

ANGÉLIQUE.

Non, mon père, je ne puis plus souffrir un

mari de la sorte; ma patience est poussée à bout: et il vient de me dire cent paroles injurieuses.

M. DE SOTENVILLE, à George Dandin.

Corbleu! vous êtes un malhonnête homme!

CLAUDINE.

C'est une conscience de voir une pauvre jeune femme traitée de la façon; et cela crie vengeance au ciel.

GEORGE DANDIN.

Peut-on... ?

M. DE SOTENVILLE.

Allez, vous devriez mourir de honte.

GEORGE DANDIN.

Laissez-moi vous dire deux mots.

ANGÉLIQUE.

Vous n'avez qu'à l'écouter, il va vous en conter de belles.

GEORGE DANDIN, à part.

Je désespère.

CLAUDINE.

Il a tant bu, que je ne pense pas qu'on puisse durer contre lui; et l'odeur du vin qu'il souffle est montée jusqu'à nous.

GEORGE DANDIN.

Monsieur mon beau-père, je vous conjure...

M. DE SOTENVILLE.

Retirez-vous, vous puez le vin à pleine bouche.

GEORGE DANDIN.

Madame, je vous prie...

MADAME DE SOTENVILLE.

Fi ! ne m'approchez pas, votre haleine est empestée.

GEORGE DANDIN, à M. de Sotenville.

Souffrez que je vous...

M. DE SOTENVILLE.

Retirez-vous, vous dis-je : on ne peut vous souffrir.

GEORGE DANDIN, à madame de Sotenville.

Permettez, de grâce, que...

M. DE SOTENVILLE.

Pouah ! vous m'engloutissez le cœur. Parlez de loin, si vous voulez.

GEORGE DANDIN.

Hé bien ! oui, je parle de loin. Je vous jure que je n'ai bougé de chez moi, et que c'est elle qui est sortie.

ANGÉLIQUE.

Ne voilà pas ce que je vous ai dit ?

CLAUDINE.

Vous voyez quelle apparence il y a.

M. DE SOTENVILLE, à George Dandin.

Allez, vous vous moquez des gens. Descendez, ma fille, et venez ici.

SCÈNE XIII.

M. DE SOTENVILLE, MADAME DE SOTENVILLE, GEORGE DANDIN, COLIN.

GEORGE DANDIN.

J'atteste le ciel que j'étois dans la maison, et que...

M. DE SOTENVILLE.

Taisez-vous, c'est une extravagance qui n'est pas supportable.

GEORGE DANDIN.

Que la foudre m'écrase tout à l'heure, si...

M. DE SOTENVILLE.

Ne nous rompez pas davantage la tête, et songez à demander pardon à votre femme.

GEORGE DANDIN.

Moi! demander pardon?

M. DE SOTENVILLE.

Oui, pardon, et sur-le-champ.

GEORGE DANDIN.

Quoi! je...

M. DE SOTENVILLE.

Corbleu! si vous me répliquez, je vous apprendrai ce que c'est que de vous jouer à nous.

GEORGE DANDIN.

Ah! George Dandin!

SCÈNE XIV.

M. DE SOTENVILLE, MADAME DE SOTENVILLE, ANGÉLIQUE, GEORGE DANDIN, CLAUDINE, COLIN.

M. DE SOTENVILLE.

Allons, venez, ma fille, que votre mari vous demande pardon.

ANGÉLIQUE.

Moi! lui pardonner tout ce qu'il m'a dit? Non, non, mon père, il m'est impossible de m'y résoudre ; et je vous prie de me séparer d'un mari avec lequel je ne saurois plus vivre.

CLAUDINE.

Le moyen d'y résister !

M. DE SOTENVILLE.

Ma fille, de semblables séparations ne se font point sans grand scandale ; et vous devez vous montrer plus sage que lui, et patienter encore cette fois.

ANGÉLIQUE.

Comment ! patienter, après de telles indignités ? Non, mon père, c'est une chose où je ne puis consentir.

M. DE SOTENVILLE.

Il le faut, ma fille ; et c'est moi qui vous le commande.

ANGÉLIQUE.

Ce mot me ferme la bouche, et vous avez sur moi une puissance absolue.

CLAUDINE.

Quelle douceur !

ANGÉLIQUE.

Il est fâcheux d'être contrainte d'oublier de telles injures ; mais, quelque violence que je me fasse, c'est à moi de vous obéir.

CLAUDINE.

Pauvre mouton !

M. DE SOTENVILLE, à Angélique.

Approchez.

ACTE III, SCÈNE XIV.

ANGÉLIQUE.

Tout ce que vous me faites faire ne servira de rien ; et vous verrez que ce sera dès demain à recommencer.

M. DE SOTENVILLE.

Nous y donnerons ordre. (A George Dandin.) Allons, mettez-vous à genoux.

GEORGE DANDIN.

A genoux ?

M. DE SOTENVILLE.

Oui ; à genoux, et sans tarder.

GEORGE DANDIN, à genoux, une chandelle à la main. (A part.) (A M. de Sotenville.)

O ciel ! Que faut-il dire ?

M. DE SOTENVILLE.

Madame, je vous prie de me pardonner...

GEORGE DANDIN.

Madame, je vous prie de me pardonner...

M. DE SOTENVILLE.

L'extravagance que j'ai faite...

GEORGE DANDIN.

L'extravagance que j'ai faite... (à part) de vous épouser.

M. DE SOTENVILLE.

Et je vous promets de mieux vivre à l'avenir.

GEORGE DANDIN.

Et je vous promets de mieux vivre à l'avenir.

M. DE SOTENVILLE, à George Dandin.

Prenez-y garde, et sachez que c'est ici la dernière de vos impertinences que nous souffrirons.

MADAME DE SOTENVILLE.

Jour de Dieu ! si vous y retournez, on vou apprendra le respect que vous devez à votr femme, et à ceux de qui elle sort.

M. DE SOTENVILLE.

Voilà le jour qui va paroître. Adieu.
(A George Dandin.)
Rentrez chez vous, et songez bien à être sage.
(A madame de Sotenville)
Et nous, m'amour, allons nous mettre au lit.

SCÈNE XV.

GEORGE DANDIN.

Ah ! je le quitte (*) maintenant, et je n'y vois plus de remède. Lorsqu'on a, comme moi, épousé une méchante femme, le meilleur parti qu'on puisse prendre, c'est de s'aller jeter dans l'eau la tête la première.

(*) *Je le quitte*, pour *j'y renonce*.

FIN DE GEORGE DANDIN.

RÉFLEXIONS

SUR

GEORGE DANDIN.

C'est l'unique fois que Molière a présenté une femme mariée manquant à ses devoirs. Ce sujet, très-délicat par lui-même, parut traité avec tant d'art et de mesure, qu'il n'excita de scandale, ni à la cour de Louis XIV, où la pièce fit partie d'une fête célèbre, ni à la ville où elle fut jouée avec le plus grand succès. Dans le dix-huitième siècle, un prétendu philosophe, dont nous avons déjà eu l'occasion de parler dans nos réflexions sur L'AVARE, s'éleva contre le sujet de GEORGE DANDIN avec une austérité feinte, et prétendit que Molière avoit attenté aux mœurs en le développant sur la scène. Il oublioit que lui-même avoit composé des ouvrages bien plus répréhensibles, et qu'en donnant aux égarements les plus condamnables les dehors de la sensibilité et de la vertu, on s'expose plus à corrompre et à dépraver les cœurs que si l'on offre sans détour le vice dans toute sa difformité. Quoi qu'il en soit, voici les questions que J.-J. Rousseau agita dans sa LETTRE SUR LES SPECTACLES.

« Quel est le plus criminel, dit-il, d'un paysan

» assez fou pour épouser une demoiselle, ou
» d'une femme qui cherche à déshonorer son
» époux ? Que penser d'une pièce où le parterre
» applaudit à l'infidélité, au mensonge, à l'impu-
» dence de celle-ci, et rit de la bêtise du manant
» puni ? »

Autant de mots, autant d'erreurs. Molière ne cherche pas quel est le plus criminel des deux époux ; ce n'est point l'affaire du théâtre ; il se borne à exposer avec vérité ce qui arrive souvent. Un paysan enrichi a trouvé à son goût la fille d'un gentilhomme de campagne ; il l'a épousée sans la consulter ; et les parents, d'accord avec lui, ont seuls fait ce mariage. Que doit-il attendre, non-seulement d'une alliance aussi disproportionnée, mais de la contrainte à laquelle sa jeune femme a été réduite ? Ce qui lui arrive. Il sera obligé d'essuyer les hauteurs des nobles parents qui l'ont adopté en le méprisant, et de souffrir patiemment les désordres d'une femme dont il n'a jamais été aimé, et qu'il a épousée malgré elle. Ne mérite-t-il pas son sort ? Peut-on taxer de simple sottise la vanité d'un paysan qui a voulu s'unir à une demoiselle, et qui n'a pas eu la précaution de s'assurer de son aveu ? Cette vanité ridicule, ce défaut de délicatesse, ne sont-ils pas la cause principale de presque tous les mauvais mariages ? Ne doivent-ils pas être considérés comme des vices contraires à la société et à la morale ? Et peut-on trouver mauvais que Molière en ait développé les suites funestes ?

Le grand écueil du sujet étoit le rôle d'Angélique : si Molière l'eût peinte avec les charmes qu'il se plaît à répandre sur les jeunes personnes qu'il met en scène, on auroit pu le blâmer ; mais il suit une route différente : le parterre n'applaudit pas, comme le croit Rousseau, à l'infidélité et au mensonge. Le moment où Angélique auroit pu être très-intéressante, est celui où elle répond à George Dandin qui lui fait des reproches sur sa conduite, et qui lui rappelle la foi qu'elle lui a jurée : « Moi, dit-elle, je ne vous l'ai pas donnée » de bon cœur; vous me l'avez arrachée. M'avez-» vous, avant le mariage, demandé mon con-» sentement, et si je voulois bien de vous. » Ici Molière auroit pu s'étendre beaucoup, comme n'auroient pas manqué de faire plusieurs auteurs modernes, et Rousseau lui-même : il auroit pu présenter Angélique comme une victime de la tyrannie de ses parents, justifier sa foiblesse, et montrer que des passions fortes sont une excuse suffisante pour toutes les fautes ; mais il est loin d'en agir ainsi : Angélique continue gaîment, dit qu'à son âge elle veut s'amuser et vivre dans le monde ; *et rendez grâce au ciel*, ajoute-t-elle, *de ce que je ne suis pas capable de quelque chose de pis*. Le reste de son rôle est sur le même ton ; elle n'intéresse jamais ; et si l'on rit des sottises et des humiliations de George Dandin, on ne peut applaudir aux ruses de sa femme. En effet, ses justifications n'annoncent ni délicatesse, ni esprit ; elle profite de la foiblesse de son mari et de la crédulité de ses parents pour nier avec impudence des faits avérés : elle ne cherche pas à tromper George Dandin ; elle ne veut que l'asservir. Comment donc Rousseau a-t-il pu trouver que le parterre devoit applaudir à une telle femme ? Il n'a pas senti que ce rôle, dont les difficultés paroîtroient insurmontables, si le génie de Molière ne les eût pas aplanies, est dans la plus juste mesure, et qu'il offre le premier exemple au théâtre d'une femme qui trompe un homme sans avoir le public de son côté. C'est un effort de l'art qui ne nous frappe pas assez, parce qu'il paroît rentrer dans la nature du sujet.

Les autres rôles sont parfaitement appropriés à l'action. M. et madame de Sotenville présentent la peinture fidèle des campagnards du dix-septième siècle. Leur orgueil, leur morgue, leur simplicité, donnent lieu à une multitude de traits comiques. Les indiscrétions de Lubin rappellent quelquefois celles d'Horace dans L'ÉCOLE DES FEMMES : mais la situation est absolument différente, et l'indiscret a un tout autre caractère que celui de l'amant d'Agnès. On a prétendu mal à propos que ce rôle de Lubin avoit servi de modèle aux paysans si souvent employés dans les pièces de Dancourt. On s'est trompé. Le comique de cet auteur consiste à leur donner beaucoup d'esprit et de finesse sous l'apparence de la niaiserie. L'intention de Molière, dans ce rôle, n'a pas été la même : il a point au contraire un paysan qui se croit de l'esprit et qui n'en a point, et dont toutes les ruses échouent, et dont l'indiscrétion est un obstacle continuel aux projets de son maître.

Il n'y a point de pièce de Molière où la naïveté des bourgeois du dix-septième siècle soit plus franche et plus gaie. Le rôle de George Dandin fourmille de traits qui lui sont arrachés par sa situation, et qui peignent ce mélange de bonhomie et d'égoïsme qui distinguoit cette classe. En général, dans cette pièce, qu'on affecte aujourd'hui de dédaigner, on ne trouve pas un mot, pas un incident qui ne soit du comique le plus naturel et le plus fort.

Deux nouvelles de Bocace ont fourni à Molière l'idée de cette comédie, dont tous les détails lui appartiennent.

Le fond du sujet est pris dans la huitième nouvelle de la septième journée du Décaméron. Arriguccio Berlinghièri, riche marchand, a épousé une demoiselle noble, appelée Sismonde : cette jeune femme a un amant qu'elle reçoit la nuit. Arriguccio s'aperçoit de leur intelligence, et sort pour attaquer l'amant dans la rue. Sismonde profite de son absence, et fait mettre une servante à sa place dans son lit. Le mari rentre, bat cette fille, croyant battre Sismonde, lui coupe les cheveux, et va chercher les parents de sa femme. Aussitôt celle-ci renvoie la servante, et attend tranquillement son mari, qui revient très-irrité : il est accompagné de la mère

de Sismonde; et quel est son étonnement, au moment où il croit pouvoir couvrir sa femme de honte, de la trouver avec ses cheveux et sans contusion! Elle l'accuse hardiment d'être un ivrogne, un libertin, et d'avoir, dans son ivresse, maltraité une autre femme : elle ajoute qu'elle lui pardonne, et prie généreusement sa mère d'avoir la même indulgence. La mère fait grand bruit. (*) « Par la croix de notre Seigneur, s'é-
» crie-t-elle, il est indigne de cette grâce : au
» contraire, il faudroit faire périr sous le bâton
» cet animal ingrat et orgueilleux. Jamais il ne
» fut digne d'avoir une femme de ta naissance
» et belle comme toi. Il pourroit se conduire
» ainsi, s'il t'avoit prise dans la lie du peu-
» ple, etc. » Cette femme furieuse raconte aux frères de Sismonde l'outrage qu'elle a reçu : ils maltraitent Arriguccio, et lui font promettre de n'être plus jaloux.

Le dénoûment de GEORGE DANDIN a de grands rapports avec celui de la quatrième nouvelle de la même journée. Ghita, femme de Tofano, a un amant : son mari, jaloux, la surveille de très-près. Malheureusement pour lui, il a l'habitude de s'enivrer à l'entrée de la nuit; et sa femme profite de ce moment pour aller voir celui qu'elle

---

(*) Alla croce d'Iddio figliuola mia, cotesto non si vorrebbe fare, anzi si vorrebbe uccidere questo can fastidioso e sconoscente che egli nonne fu degno d'havere una figliuola fatta come se' tu. Frate bene sta, basterebbe s'egli t'havesse ricolta del fango, etc.

SUR GEORGE DANDIN. 239

aime. Cependant, ayant conçu quelques soupçons, il se ménage, et feint un soir d'être plus ivre que de coutume. Ghita sort; il ferme aussitôt la porte, et se met à la fenêtre pour attendre son retour. Elle revient, fait de vains efforts pour entrer chez elle, et son mari lui parle ainsi : (*) « Vous vous fatiguez inutilement, ma-
» dame; vous ne pouvez rentrer. Retournez dans
» l'endroit d'où vous venez; et soyez sûre que
» je ne vous laisserai pas reparoître ici, avant
» qu'en présence de vos parents et des voisins,
» j'aie dévoilé vos actions, et que vous en ayez
» retiré la récompense qu'elles méritent. » Ghita, absolument dans la même situation qu'Angélique, conjure son mari de lui ouvrir, en lui faisant les plus belles promesses : il est inflexible, comme George Dandin. Enfin elle a recours aux menaces : « Si vous ne m'ouvrez pas, lui dit-elle,
» je vous rendrai l'homme le plus malheureux

(*) Donna, tu ti fatichi in vano, perciò che qua entro non potrai tu tornare. Va, tornati là dove infino ad'hora se' stata, et habbi per certo che tu non ci ternerai mai infino a tanto che io di questa cosa, in presenza de' parenti tuoi e de' vicini te n'havrò fatto quello honore che ti si conviene. La donna...—Se tu non m'apri, io ti farò il più tristo huom che viva. A cui Tofano rispose. E che mi puoi tu fare?—Innanzi ch'io voglia sofferire la vergogna che tu mi vuoi fare ricevere a torto, io mi gitterò in questo pozzo, che qui è vicino, nel quale essendo poi trovata morta, niuna persona sarà che creda che altri che tu per ebbrezza mi v'habbia gittata, e o ti converrà fuggire e perder ciò che tu hai e essere in bando, o converrà che ti sia tagliata la testa siccome a micidial di me, che tu veramente sarai stato.—Hor ecco io non posso più sofferire questo tuo fastidio. Dio il ti perdoni, etc.

» qui existe.—Et que pouvez-vous me faire?
» réplique-t-il.—Avant, poursuit-elle, de sup-
» porter la honte dont vous voulez me couvrir,
» je me jetterai dans le puits qui est près d'ici.
» Quand on m'y trouvera morte, personne ne
» doutera que dans un moment d'ivresse vous ne
» m'y ayez jetée. Alors il faudra fuir, et perdre
» tout ce que vous avez, ou plutôt on fera tomber
» votre tête sur l'échafaud; et vous mériterez ce
» supplice, comme mon assassin. » Tofano, ne la
croyant pas capable de cette résolution, persiste
dans son refus. « Allons, dit-elle, je ne peux plus
» souffrir tant de mépris, je prie Dieu qu'il vous
» pardonne ma mort. » A ces mots, elle jette une
une très-grosse pierre dans le puits, en s'écriant:
« O Dieu, pardonnez-moi. » Tofano, trompé par
le bruit de la pierre, croit que sa femme se noie;
il sort pour aller à son secours. Ghita rentre précipitamment, ferme la porte, se met à la fenêtre,
et fait mille reproches à son mari : elle le traite
d'ivrogne et de libertin. Les voisins accourent ;
elle leur raconte en pleurant que son mari passe
les nuits hors de sa maison, et demande ce qu'on
penseroit, si comme lui, elle étoit dans la rue
à une pareille heure. Les parents de Githa arrivent ; et le mari, battu, maltraité par eux, est
obligé de demander pardon à sa femme.

On voit que Molière a beaucoup profité de
cette nouvelle pour le dénoûment de GEORGE
DANDIN. Il a même employé presque tout le dia-
logue de Boccace. Il ne faut pas conclure de ces

emprunts qu'il ait eu moins de mérite que s'il eût inventé le sujet et le dénoûment de la pièce. « Je » prie les connoisseurs, dit Riccoboni, en ou- » bliant un instant GEORGE DANDIN pris de deux » contes de Bocace, de lire ces contes, et de » juger après s'il est aisé ou s'il est possible d'en » faire une comédie. Je suis sûr qu'ils diront que » non. Si quelque bel esprit le trouve facile, je » lui donnerai à choisir le conte qu'il voudra » mettre sur le théâtre, et je gagerai d'avance » qu'il n'en viendra pas à bout. » Le génie de Molière se montre principalement dans son aptitude à tirer parti de tous les sujets, à leur donner une forme dramatique, et un but moral dont on ne les auroit pas crus susceptibles.

La relation officielle de la fête qui eut lieu pour la paix de 1668 est placée à la fin de ce volume. On lira avec intérêt cette relation, qui donne une idée de la magnificence de Louis XIV. On y voit que la pièce de Molière en fut un des principaux ornements : elle offre en outre les intermèdes que l'auteur avoit joints à sa comédie, afin de rendre le spectacle plus varié et plus agréable.

MONSIEUR DE POURCEAUGNAC,

COMÉDIE-BALLET

EN TROIS ACTES ET EN PROSE,

Représentée à Chambord, le 6 octobre 1669; et à Paris, sur le théâtre du Palais-Royal, le 15 novembre de la même année.

PERSONNAGES DE LA COMÉDIE.

MONSIEUR DE POURCEAUGNAC.
ORONTE, père de Julie.
JULIE, fille d'Oronte.
ÉRASTE, amant de Julie.
NÉRINE, femme d'intrigue, feinte Picarde.
LUCETTE, feinte Languedocienne.
SBRIGANI, Napolitain, homme d'intrigue.
PREMIER MÉDECIN.
SECOND MÉDECIN.
UN APOTHICAIRE.
UN PAYSAN.
UNE PAYSANNE.
PREMIER SUISSE.
SECOND SUISSE.
UN EXEMPT.
DEUX ARCHERS.

PERSONNAGES DU BALLET.

UNE MUSICIENNE.
DEUX MUSICIENS.
TROUPE DE DANSEURS.
  DEUX MAITRES A DANSER.
  DEUX PAGES dansants.
  QUATRE CURIEUX DE SPECTACLES dansants
  DEUX SUISSES dansants.
DEUX MÉDECINS GROTESQUES.
MATASSINS dansants.

PERSONNAGES.

DEUX AVOCATS chantants.
DEUX PROCUREURS dansants.
DEUX SERGENTS dansants.
TROUPE DE MASQUES.
   UNE ÉGYPTIENNE chantante.
   UN ÉGYPTIEN chantant.
   UN PANTALON chantant.
   CHOEUR DE MASQUES chantants.
SAUVAGES dansants.
BISCAYENS dansants.

La scène est à Paris.

MONSIEUR DE POURCEAUGNAC.

ACTE PREMIER.

SCÈNE I.

ÉRASTE ; UNE MUSICIENNE, DEUX MUSICIENS, CHANTANTS ; PLUSIEURS AUTRES, JOUANT DES INSTRUMENTS ; TROUPE DE DANSEURS.

ÉRASTE, *aux musiciens et aux danseurs.*

Suivez les ordres que je vous ai donnés pour la sérénade. Pour moi, je me retire, et ne veux point paroître ici.

SCÈNE II.

UNE MUSICIENNE, DEUX MUSICIENS, CHANTANTS ; PLUSIEURS AUTRES, JOUANT DES INSTRUMENTS ; TROUPE DE DANSEURS.

(Cette sérénade est composée de chants, d'instruments, et de danses. Les paroles qui s'y chantent ont rapport à la situation où Éraste se trouve avec Julie, et expriment les sentiments de deux amants qui sont traversés dans leur amour par le caprice de leurs parents.)

UNE MUSICIENNE.

Répands, charmante nuit, répands sur tous les yeux
De tes pavots la douce violence,

Et ne laisse veiller en ces aimables lieux
Que les cœurs que l'Amour soumet à sa puissance.
Tes ombres et ton silence,
Plus beaux que le plus beau jour,
Offrent de doux moments à soupirer d'amour.

PREMIER MUSICIEN.

Que soupirer d'amour
Est une douce chose,
Quand rien à nos vœux ne s'oppose !
A d'aimables penchants notre cœur nous dispose ;
Mais on a des tyrans à qui l'on doit le jour.
Que soupirer d'amour
Est une douce chose,
Quand rien à nos vœux ne s'oppose !

SECOND MUSICIEN.

Tout ce qu'à nos vœux on oppose
Contre un parfait amour ne gagne jamais rien :
Et pour vaincre toute chose
Il ne faut que s'aimer bien.

TOUS TROIS ENSEMBLE.

Aimons-nous donc d'une ardeur éternelle :
Les rigueurs des parents, la contrainte cruelle,
L'absence, les travaux, la fortune rebelle,
Ne font que redoubler une amitié fidèle.
Aimons-nous donc d'une ardeur éternelle ;
Quand deux cœurs s'aiment bien,
Tout le reste n'est rien.

PREMIÈRE ENTRÉE DE BALLET.

(Danse de deux maîtres à danser.)

DEUXIÈME ENTRÉE DE BALLET.

(Danse de deux pages.)

TROISIÈME ENTRÉE DE BALLET.

(Quatre curieux de spectacles, qui ont pris querelle pendant la danse des deux pages, dansent en se battant l'épée à la main.)

QUATRIÈME ENTRÉE DE BALLET.

(Deux Suisses séparent les quatre combattants, et, après les avoir mis d'accord, dansent avec eux.)

SCÈNE III.

JULIE, ÉRASTE, NÉRINE.

JULIE.

Mon Dieu ! Éraste, gardons d'être surpris. Je tremble qu'on ne nous voie ensemble ; et tout seroit perdu, après la défense que l'on m'a faite.

ÉRASTE.

Je regarde de tous côtés, et je n'aperçois rien.

JULIE, à Nérine.

Aie aussi l'œil au guet, Nérine ; et prends bien garde qu'il ne vienne personne.

NÉRINE, se retirant dans le fond du théâtre.

Reposez-vous sur moi, et dites hardiment ce que vous avez à vous dire.

JULIE.

Avez-vous imaginé pour notre affaire quelque chose de favorable ? et croyez-vous, Éraste, pouvoir venir à bout de détourner ce fâcheux mariage que mon père s'est mis en tête ?

ÉRASTE.

Au moins y travaillons-nous fortement ; et déjà nous avons préparé un bon nombre de batteries pour renverser ce dessein ridicule.

NÉRINE, accourant à Julie.

Par ma foi, voilà votre père.

JULIE.

Ah ! séparons-nous vite.

NÉRINE.

Non, non, non, ne bougez ; je m'étois trompée

JULIE.

Mon Dieu! Nérine, que tu es sotte de nous donner de ces frayeurs!

ÉRASTE.

Oui, belle Julie, nous avons dressé pour cela quantité de machines; et nous ne feignons point de mettre tout en usage, sur la permission que vous m'avez donnée. Ne nous demandez point tous les ressorts que nous ferons jouer, vous en aurez le divertissement; et, comme aux comédies, il est bon de vous laisser le plaisir de la surprise, et de ne vous avertir point de tout ce qu'on vous fera voir : c'est assez de vous dire que nous avons en main divers stratagèmes touts prêts à produire dans l'occasion, et que l'ingénieuse Nérine et l'adroit Sbrigani entreprennent l'affaire.

NÉRINE.

Assurément. Votre père se moque-t-il, de vouloir vous anger (*) de son avocat de Limoges, monsieur de Pourceaugnac, qu'il n'a vu de sa vie, et qui vient par le coche vous enlever, à notre barbe? Faut-il que trois ou quatre mille écus de plus, sur la parole de votre oncle, lui fassent rejeter un amant qui vous agrée? et une personne comme vous est-elle faite pour un Limosin? S'il a envie de se marier, que ne prend-il une Limosine, et ne laisse-t-il en repos les chrétiens? Le seul nom de monsieur de Pourceaugnac m'a mise dans une colère effroyable. J'enrage de

---

(*) *Anger*, pour *charger, embarrasser.*

monsieur de Pourceaugnac. Quand il n'y auroit que ce nom-là, monsieur de Pourceaugnac, j'y brûlerai mes livres, ou je romprai ce mariage, et vous ne serez point madame de Pourceaugnac. Pourceaugnac! cela se peut-il souffrir? Non, Pourceaugnac est une chose que je ne saurois supporter; et nous lui jouerons tant de pièces, nous lui ferons tant de niches sur niches, que nous renvoierons à Limoges monsieur de Pourceaugnac.

ÉRASTE.

Voici notre subtil Napolitain, qui nous dira des nouvelles.

SCÈNE IV.
JULIE, ÉRASTE, SBRIGANI, NÉRINE.

SBRIGANI.

Monsieur, votre homme arrive. Je l'ai vu à trois lieues d'ici, où a couché le coche; et, dans la cuisine, où il est descendu pour déjeuner, je l'ai étudié une bonne grosse demi-heure, et je le sais déjà par cœur. Pour sa figure, je ne veux point vous en parler; vous verrez de quel air la nature l'a dessiné, et si l'ajustement qui l'accompagne y répond comme il faut: mais pour son esprit, je vous avertis par avance qu'il est des plus épais qui se fassent; que nous trouvons en lui une matière tout-à-fait disposée pour ce que nous voulons, et qu'il est homme enfin à donner dans tous les panneaux (*) qu'on lui présentera.

(*) *Donner dans les panneaux*, expression proverbiale tirée de la chasse. On tend des panneaux ou lacets aux lapins, etc.

ÉRASTE.

Nous dis-tu vrai ?

SBRIGANI.

Oui, si je me connois en gens.

NÉRINE.

Madame, voilà un illustre. Votre affaire ne pouvoit être mise en de meilleures mains, et c'est le héros de notre siècle pour les exploits dont il s'agit : un homme qui vingt fois en sa vie, pour servir ses amis, a généreusement affronté les galères ; qui, au péril de ses bras et de ses épaules, sait mettre noblement à fin les aventures les plus difficiles, et qui, tel que vous le voyez, est exilé de son pays pour je ne sais combien d'actions honorables qu'il a généreusement entreprises.

SBRIGANI.

Je suis confus des louanges dont vous m'honorez ; et je pourrois vous en donner avec plus de justice sur les merveilles de votre vie, et principalement sur la gloire que vous acquîtes, lorsqu'avec tant d'honnêteté vous pipâtes au jeu, pour douze mille écus, ce jeune seigneur étranger que l'on mena chez vous ; lorsque vous fîtes galamment ce faux contrat qui ruina toute une famille ; lorsqu'avec tant de grandeur d'âme vous sûtes nier le dépôt qu'on vous avoit confié, et que si généreusement on vous vit prêter votre témoignage à faire pendre ces deux personnes qui ne l'avoient pas mérité.

####### NÉRINE.

Ce sont petites bagatelles qui ne valent pas qu'on en parle ; et vos éloges me font rougir.

####### SBRIGANI.

Je veux bien épargner votre modestie ; laissons cela ; et, pour commencer notre affaire, allons vite joindre notre provincial, tandis que de votre côté vous nous tiendrez prêts au besoin les autres acteurs de la comédie.

####### ÉRASTE.

Au moins, madame, souvenez-vous de votre rôle ; et, pour mieux couvrir notre jeu, feignez, comme on vous a dit, d'être la plus contente du monde des résolutions de votre père.

####### JULIE.

S'il ne tient qu'à cela, les choses iront à merveille.

####### ÉRASTE.

Mais, belle Julie, si toutes nos machines venoient à ne pas réussir ?

####### JULIE.

Je déclarerai à mon père mes véritables sentiments.

####### ÉRASTE.

Et si contre vos sentiments il s'obstinoit à son dessein ?

####### JULIE.

Je le menacerois de me jeter dans un couvent.

####### ÉRASTE.

Mais si malgré tout cela il vouloit vous forcer à ce mariage ?

JULIE.

Que voulez-vous que je vous dise?

ÉRASTE.

Ce que je veux que vous me disiez !

JULIE.

Oui.

ÉRASTE.

Ce qu'on dit quand on aime bien.

JULIE.

Mais quoi?

ÉRASTE.

Que rien ne pourra vous contraindre, et que, malgré tous les efforts d'un père, vous me promettez d'être à moi.

JULIE.

Mon Dieu! Éraste, contentez-vous de ce que je fais maintenant, et n'allez point tenter sur l'avenir les résolutions de mon cœur; ne fatiguez point mon devoir par les propositions d'une fâcheuse extrémité dont peut-être n'aurons-nous pas besoin; et, s'il y faut venir, souffrez au moins que j'y sois entraînée par la suite des choses.

ÉRASTE.

Hé bien...!

SBRIGANI.

Ma foi, voici notre homme; songeons à nous.

NÉRINE.

Ah! comme il est bâti!

SCÈNE V.

M. DE POURCEAUGNAC, SBRIGANI.

M. DE POURCEAUGNAC, *se retournant du côté d'où il est venu, et parlant à des gens qui le suivent.*

Hé bien? quoi? qu'est-ce? qu'y a-t-il? Au diantre soient la ville et les sottes gens qui y sont! Ne pouvoir faire un pas sans trouver des nigauds qui vous regardent et se mettent à rire! Hé! messieurs les badauds, faites vos affaires, et laissez passer les personnes sans leur rire au nez. Je me donne au diable, si je ne baille un coup de poing au premier que je verrai rire.

SBRIGANI, *parlant aux mêmes personnes.*

Qu'est-ce que c'est, messieurs? que veut dire cela? A qui en avez-vous? Faut-il se moquer ainsi des honnêtes étrangers qui arrivent ici?

M. DE POURCEAUGNAC.

Voilà un homme raisonnable, celui-là.

SBRIGANI.

Quel procédé est le vôtre! Et qu'avez-vous à rire?

M. DE POURCEAUGNAC.

Fort bien.

SBRIGANI.

Monsieur a-t-il quelque chose de ridicule en soi?

M. DE POURCEAUGNAC.

Oui...?

SBRIGANI.

Est-il autrement que les autres?

M. DE POURCEAUGNAC.
Suis-je tortu ou bossu ?

SBRIGANI.
Apprenez à connoître les gens.

M. DE POURCEAUGNAC.
C'est bien dit.

SBRIGANI.
Monsieur est d'une mine à respecter.

M. DE POURCEAUGNAC.
Cela est vrai.

SBRIGANI.
Personne de condition.

M. DE POURCEAUGNAC.
Oui, gentilhomme limosin.

SBRIGANI.
Homme d'esprit.

M. DE POURCEAUGNAC.
Qui a étudié en droit.

SBRIGANI.
Il vous fait trop d'honneur de venir dans votre ville.

M. DE POURCEAUGNAC.
Sans doute.

SBRIGANI.
Monsieur n'est point une personne à faire rire.

M. DE POURCEAUGNAC.
Assurément.

SBRIGANI.
Et quiconque rira de lui aura affaire à moi.

M. DE POURCEAUGNAC, à Sbrigani.
Monsieur, je vous suis infiniment obligé.

ACTE I, SCÈNE V.

SBRIGANI.

Je suis fâché, monsieur, de voir recevoir de la sorte une personne comme vous, et je vous demande pardon pour la ville.

M. DE POURCEAUGNAC.

Je suis votre serviteur.

SBRIGANI.

Je vous ai vu, ce matin, monsieur, avec le coche, lorsque vous avez déjeuné; et la grâce avec laquelle vous mangiez votre pain m'a fait naître d'abord de l'amitié pour vous : et comme je sais que vous n'êtes jamais venu en ce pays, et que vous y êtes tout neuf, je suis bien aise de vous avoir trouvé pour vous offrir mon service à cette arrivée, et vous aider à vous conduire parmi ce peuple, qui n'a pas parfois pour les honnêtes gens toute la considération qu'il faudroit.

M. DE POURCEAUGNAC.

C'est trop de grâce que vous me faites!

SBRIGANI.

Je vous l'ai déjà dit; du moment que je vous ai vu, je me suis senti pour vous de l'inclination.

M. DE POURCEAUGNAC.

Je vous suis obligé.

SBRIGANI.

Votre physionomie m'a plu.

M. DE POURCEAUGNAC.

Ce m'est beaucoup d'honneur.

SBRIGANI.

J'y ai vu quelque chose d'honnête...

M. DE POURCEAUGNAC.

Je suis votre serviteur.

SBRIGANI.

Quelque chose d'aimable...

M. DE POURCEAUGNAC.

Ah ! ah !

SBRIGANI.

De gracieux...

M. DE POURCEAUGNAC.

Ah ! ah !

SBRIGANI.

De doux...

M. DE POURCEAUGNAC.

Ah ! ah !

SBRIGANI.

De majestueux...

M. DE POURCEAUGNAC.

Ah ! ah !

SBRIGANI.

De franc...

M. DE POURCEAUGNAC.

Ah ! ah !

SBRIGANI.

Et de cordial.

M. DE POURCEAUGNAC.

Ah ! ah !

SBRIGANI.

Je vous assure que je suis tout à vous.

M. DE POURCEAUGNAC.

Je vous ai beaucoup d'obligation.

SBRIGANI.

C'est du fond du cœur que je parle.

M. DE POURCEAUGNAC.

Je le crois.

SBRIGANI.

Si j'avois l'honneur d'être connu de vous, vous sauriez que je suis un homme tout-à-fait sincère...

M. DE POURCEAUGNAC.

Je n'en doute point.

SBRIGANI.

Ennemi de la fourberie...

M. DE POURCEAUGNAC.

J'en suis persuadé.

SBRIGANI.

Et qui n'est point capable de déguiser ses sentimens. Vous regardez mon habit, qui n'est pas fait comme les autres : mais je suis originaire de Naples, à votre service, et j'ai voulu conserver un peu la manière de s'habiller et la sincérité de mon pays.

M. DE POURCEAUGNAC.

C'est fort bien fait. Pour moi, j'ai voulu me mettre à la mode de la cour pour la campagne.

SBRIGANI.

Ma foi, cela vous va mieux qu'à tous nos courtisans.

M. DE POURCEAUGNAC.

C'est ce que m'a dit mon tailleur. L'habit est propre et riche, et il fera du bruit ici.

SBRIGANI.

Sans doute. N'irez-vous pas au Louvre?

M. DE POURCEAUGNAC.

Il faudra bien aller faire ma cour.

SBRIGANI.

Le roi sera ravi de vous voir.

M. DE POURCEAUGNAC.

Je le crois.

SBRIGANI.

Avez-vous arrêté un logis?

M. DE POURCEAUGNAC.

Non, j'allois en chercher un.

SBRIGANI.

Je serai bien aise d'être avec vous pour cela, et je connois tout ce pays-ci.

SCÈNE VI.

ÉRASTE, M. DE POURCEAUGNAC, SBRIGANI.

ÉRASTE.

Ah! qu'est-ce ceci? que vois-je? Quelle heureuse rencontre! Monsieur de Pourceaugnac! Que je suis ravi de vous voir! Comment! il semble que vous ayez peine à me reconnoître!

M. DE POURCEAUGNAC.

Monsieur, je suis votre serviteur.

ÉRASTE.

Est-il possible que cinq ou six années m'aient ôté de votre mémoire, et que vous ne recon-

ACTE I, SCÈNE VI.

noissiez pas le meilleur ami de toute la famille des Pourceaugnacs !

M. DE POURCEAUGNAC.

Pardonnez-moi. (Bas, à Sbrigani.) Ma foi, je ne sais qui il est.

ÉRASTE.

Il n'y a pas un Pourceaugnac à Limoges que je ne connoisse, depuis le plus grand jusqu'au plus petit; je ne fréquentois qu'eux dans le temps que j'y étois, et j'avois l'honneur de vous voir presque tous les jours.

M. DE POURCEAUGNAC.

C'est moi qui l'ai reçu, monsieur.

ÉRASTE.

Vous ne vous remettez point mon visage ?

M. DE POURCEAUGNAC.

Si fait. (A Sbrigani.) Je ne le connois point.

ÉRASTE.

Vous ne vous ressouvenez pas que j'ai eu le bonheur de boire avec vous je ne sais combien de fois ?

M. DE POURCEAUGNAC.

Excusez-moi. (A Sbrigani.) Je ne sais ce que c'est.

ÉRASTE.

Comment appelez-vous ce traiteur de Limoges qui fait si bonne chère ?

M. DE POURCEAUGNAC.

Petit-Jean ?

ÉRASTE.

Le voilà. Nous allions le plus souvent ensemble chez lui nous réjouir. Comment est-ce que vous nommez à Limoges ce lieu où l'on se promène ?

M. DE POURCEAUGNAC.

Le cimetière des arènes ?

ÉRASTE.

Justement. C'est où je passois de si douces heures à jouir de votre agréable conversation. Vous ne vous remettez pas tout cela ?

M. DE POURCEAUGNAC.

Excusez-moi, je me le remets. (A Sbrigani.) Diable emporte si je m'en souviens !

SBRIGANI, bas, à M. de Pourceaugnac.

Il y a cent choses comme cela qui passent de la tête.

ÉRASTE.

Embrassez-moi donc, je vous prie, et resserrons les nœuds de notre ancienne amitié.

SBRIGANI, à M. de Pourceaugnac.

Voilà un homme qui vous aime fort.

ÉRASTE.

Dites-moi un peu des nouvelles de toute la parenté. Comment se porte monsieur votre... là... qui est si honnête homme ?

M. DE POURCEAUGNAC.

Mon frère le consul ?

ÉRASTE.

Oui.

M. DE POURCEAUGNAC.

Il se porte le mieux du monde.

ÉRASTE.

Certes, j'en suis ravi. Et celui qui est de si bonne humeur ? là... monsieur votre...

M. DE POURCEAUGNAC.

Mon cousin l'assesseur ?

ÉRASTE.

Justement.

M. DE POURCEAUGNAC.

Toujours gai et gaillard.

ÉRASTE.

Ma foi, j'en ai beaucoup de joie. Et monsieur votre oncle, le... ?

M. DE POURCEAUGNAC.

Je n'ai point d'oncle.

ÉRASTE.

Vous aviez pourtant en ce temps-là...

M. DE POURCEAUGNAC.

Non, rien qu'une tante.

ÉRASTE.

C'est ce que je voulois dire ; madame votre tante, comment se porte-t-elle ?

M. DE POURCEAUGNAC.

Elle est morte depuis six mois.

ÉRASTE.

Hélas ! la pauvre femme ! Elle étoit si bonne personne !

M. DE POURCEAUGNAC.

Nous avons aussi mon neveu le chanoine, qui a pensé mourir de la petite vérole.

ÉRASTE.

Quel dommage c'auroit été !

M. DE POURCEAUGNAC.

Le connoissez-vous aussi ?

ÉRASTE.

Vraiment si je le connois ! Un grand garçon bien fait.

M. DE POURCEAUGNAC.

Pas des plus grands.

ÉRASTE.

Non, mais de taille bien prise.

M. DE POURCEAUGNAC.

Hé ! oui !

ÉRASTE.

Qui est votre neveu...

M. DE POURCEAUGNAC.

Oui.

ÉRASTE.

Fils de votre frère ou de votre sœur...

M. DE POURCEAUGNAC.

Justement.

ÉRASTE.

Chanoine de l'église de... Comment l'appelez-vous ?

M. DE POURCEAUGNAC.

De Saint-Étienne.

ÉRASTE.

Le voilà ; je ne connois autre.

M. DE POURCEAUGNAC, à Sbrigani.

Il dit toute la parenté.

ACTE I, SCÈNE VI.

SBRIGANI.

Il vous connoît plus que vous ne croyez.

M. DE POURCEAUGNAC.

A ce que je vois, vous avez demeuré long-temps dans notre ville ?

ÉRASTE.

Deux ans entiers.

M. DE POURCEAUGNAC.

Vous étiez donc là quand mon cousin l'élu fit tenir son enfant à monsieur notre gouverneur ?

ÉRASTE.

Vraiment oui, j'y fus convié des premiers.

M. DE POURCEAUGNAC.

Cela fut galant.

ÉRASTE.

Très-galant.

M. DE POURCEAUGNAC.

C'étoit un repas bien troussé.

ÉRASTE.

Sans doute.

M. DE POURCEAUGNAC.

Vous vîtes donc aussi la querelle que j'eus avec ce gentilhomme périgordin ?

ÉRASTE.

Oui.

M. DE POURCEAUGNAC.

Parbleu ! il trouva à qui parler.

ÉRASTE.

Ah ! ah !

M. DE POURCEAUGNAC.

Il me donna un soufflet ; mais je lui dis bien son fait.

ÉRASTE.

Assurément. Au reste, je ne prétends pas que vous preniez d'autre logis que le mien.

M. DE POURCEAUGNAC.

Je n'ai garde de...

ÉRASTE.

Vous moquez-vous? Je ne souffrirai point du tout que mon meilleur ami soit autre part que dans ma maison.

M. DE POURCEAUGNAC.

Ce seroit vous...

ÉRASTE.

Non; le diable m'emport ! vous logerez chez moi.

SBRIGANI, à M. de Pourceaugnac.

Puisqu'il le veut obstinément, je vous conseille d'accepter l'offre.

ÉRASTE.

Où sont vos hardes?

M. DE POURCEAUGNAC.

Je les ai laissées avec mon valet où je suis descendu.

ÉRASTE.

Envoyons-les quérir par quelqu'un.

M. DE POURCEAUGNAC.

Non, je lui ai défendu de bouger, à moins que j'y fusse moi-même, de peur de quelque fourberie.

SBRIGANI.

C'est prudemment avisé.

M. DE POURCEAUGNAC.

Ce pays-ci est un peu sujet à caution.

ÉRASTE.

On voit les gens d'esprit en tout.

SBRIGANI.

Je vais vous accompagner monsieur, et le ramènerai où vous voudrez.

ÉRASTE.

Oui. Je serai bien aise de donner quelques ordres, et vous n'avez qu'à revenir à cette maison-là.

SBRIGANI.

Nous sommes à vous tout à l'heure.

ÉRASTE, à M. de Pourceaugnac.

Je vous attends avec impatience.

M. DE POURCEAUGNAC, à Sbrigani.

Voilà une connoissance où je ne m'attendois point.

SBRIGANI.

Il a mine d'être honnête homme.

ÉRASTE, seul.

Ma foi, monsieur de Pourceaugnac, nous vous en donnerons de toutes les façons : les choses sont préparées, et je n'ai qu'à frapper. Holà!

SCÈNE VII.

UN APOTHICAIRE, ÉRASTE.

ÉRASTE.

Je crois, monsieur, que vous êtes le médecin à qui l'on est venu parler de ma part?

L'APOTHICAIRE.

Non, monsieur, ce n'est pas moi qui suis le

médecin ; à moi n'appartient pas cet honneur ; et je ne suis qu'apothicaire, apothicaire indigne, pour vous servir.

ÉRASTE.

Et monsieur le médecin est-il à la maison ?

L'APOTHICAIRE.

Oui. Il est là embarrassé à expédier quelques malades, et je vais lui dire que vous êtes ici.

ÉRASTE.

Non, ne bougez ; j'attendrai qu'il ait fait. C'est pour lui mettre entre les mains certain parent, que nous avons, dont on lui a parlé, et qui se trouve attaqué de quelque folie que nous serions bien aises qu'il pût guérir avant que de le marier.

L'APOTHICAIRE.

Je sais ce que c'est, je sais ce que c'est, et j'étois avec lui quand on lui a parlé de cette affaire. Ma foi, ma foi, vous ne pouviez pas vous adresser à un médecin plus habile ; c'est un homme qui sait la médecine à fond, comme je sais ma croix de par Dieu, et qui, quand on devroit crever, ne démordroit pas d'un *iota* des règles des anciens. Oui, il suit toujours le grand chemin, le grand chemin, et ne va pas chercher midi à quatorze heures ; et, pour tout l'or du monde, il ne voudroit pas avoir guéri une personne avec d'autres remèdes que ceux que la faculté permet.

ÉRASTE.

Il fait fort bien. Un malade ne doit point vouloir guérir, que la faculté n'y consente.

ACTE I, SCÈNE VII.

L'APOTHICAIRE.

Ce n'est pas parce que nous sommes grands amis que j'en parle ; mais il y a plaisir d'être son malade : et j'aimerois mieux mourir de ses remèdes que de guérir de ceux d'un autre ; car, quoi qu'il puisse arriver, on est assuré que les choses sont toujours dans l'ordre ; et quand on meurt sous sa conduite, vos héritiers n'ont rien à vous reprocher.

ÉRASTE.

C'est une grande consolation pour un défunt.

L'APOTHICAIRE.

Assurément. On est bien aise au moins d'être mort méthodiquement. Au reste, il n'est pas de ces médecins qui marchandent les maladies : c'est un homme expéditif, expéditif, qui aime à dépêcher ses malades ; et quand on a à mourir, cela se fait avec lui le plus vite du monde.

ÉRASTE.

En effet, il n'est rien de tel que de sortir promptement d'affaire.

L'APOTHICAIRE.

Cela est vrai. A quoi bon tant barguigner (*), et tant tourner autour du pot ? Il faut savoir vîtement le court ou le long d'une maladie.

ÉRASTE.

Vous avez raison.

(*) *Barguigner* vient de *barcaniare*, qu'on trouve dans les capitulaires de Charles-le-Chauve. On en a fait *bargagner*, puis *barguigner*. Ce mot, qui ne s'emploie plus, signifioit *marchander* ; au figuré, *hésiter*.

L'APOTHICAIRE.

Voilà déjà trois de mes enfants dont il m'a fait l'honneur de conduire la maladie, qui sont morts en moins de quatre jours, et qui, entre les mains d'un autre, auroient langui plus de trois mois.

ÉRASTE.

Il est bon d'avoir des amis comme cela.

L'APOTHICAIRE.

Sans doute. Il ne me reste plus que deux enfants dont il prend soin comme des siens ; il les traite et gouverne à sa fantaisie, sans que je me mêle de rien ; et le plus souvent, quand je reviens de la ville, je suis tout étonné que je les trouve saignés ou purgés par son ordre.

ÉRASTE.

Voilà des soins fort obligeants.

L'APOTHICAIRE.

Le voici, le voici, le voici qui vient.

SCÈNE VIII.
ÉRASTE, PREMIER MÉDECIN, L'APOTHICAIRE, UN PAYSAN, UNE PAYSANNE.

LE PAYSAN, au médecin.

Monsieur, il n'en peut plus ; et il dit qu'il sent dans la tête les plus grandes douleurs du monde.

PREMIER MÉDECIN.

Le malade est un sot ; d'autant plus que, dans la maladie dont il est attaqué, ce n'est pas la tête, selon Galien, mais la rate qui lui doit faire mal.

ACTE I, SCÈNE VIII.

LE PAYSAN.

Quoi que c'en soit, monsieur, il a toujours avec cela son cours de ventre depuis six mois.

PREMIER MÉDECIN.

Bon, c'est signe que le dedans se dégage. Je l'irai visiter dans deux ou trois jours : mais s'il mouroit avant ce temps-là, ne manquez pas de m'en donner avis, car il n'est pas de la civilité qu'un médecin visite un mort.

LA PAYSANNE, *au médecin.*

Mon père, monsieur, est toujours malade de plus en plus.

PREMIER MÉDECIN.

Ce n'est pas ma faute. Je lui donne des remèdes, que ne guérit-il ? Combien a-t-il été saigné de fois ?

LA PAYSANNE.

Quinze, monsieur, depuis vingt jours.

PREMIER MÉDECIN.

Quinze fois saigné ?

LA PAYSANNE.

Oui.

PREMIER MÉDECIN.

Et il ne guérit point ?

LA PAYSANNE.

Non, monsieur.

PREMIER MÉDECIN.

C'est signe que la maladie n'est pas dans le sang. Nous le ferons purger autant de fois, pour voir si elle n'est pas dans les humeurs ; et, si rien ne nous réussit, nous l'enverrons aux bains.

L'APOTHICAIRE.

Voilà le fin cela, voilà le fin de la médecine.

SCÈNE IX.
ÉRASTE, PREMIER MÉDECIN, L'APOTHICAIRE.

ÉRASTE, au médecin.

C'est moi, monsieur, qui vous ai envoyé parler ces jours passés pour un parent un peu troublé d'esprit que je veux vous donner chez vous, afin de le guérir avec plus de commodité, et qu'il soit vu de moins de monde.

PREMIER MÉDECIN.

Oui, monsieur; j'ai déjà disposé tout, et promets d'en avoir tous les soins imaginables.

ÉRASTE.

Le voici.

PREMIER MÉDECIN.

La conjoncture est tout-à-fait heureuse, et j'ai ici un ancien de mes amis avec lequel je serai bien aise de consulter sa maladie.

SCÈNE X.
M. DE POURCEAUGNAC, ÉRASTE, PREMIER MÉDECIN, L'APOTHICAIRE.

ÉRASTE, à M. de Pourceaugnac.

UNE petite affaire m'est survenue, qui m'oblige à vous quitter; (montrant le médecin) mais voilà une personne entre les mains de qui je vous laisse, qui aura soin pour moi de vous traiter du mieux qu'il lui sera possible.

ACTE I, SCÈNE X.

PREMIER MÉDECIN.

Le devoir de ma profession m'y oblige, et c'est assez que vous me chargiez de ce soin.

M. DE POURCEAUGNAC, à part.

C'est son maître-d'hôtel, sans doute; et il faut que ce soit un homme de qualité.

PREMIER MÉDECIN, à Éraste.

Oui, je vous assure que je traiterai monsieur méthodiquement, et dans toutes les régularités de notre art.

M. DE POURCEAUGNAC.

Mon Dieu! il ne faut point tant de cérémonies, et je ne viens pas ici pour incommoder.

PREMIER MÉDECIN.

Un tel emploi ne me donne que de la joie.

ÉRASTE, au médecin.

Voilà toujours dix pistoles d'avance, en attendant ce que j'ai promis.

M. DE POURCEAUGNAC.

Non, s'il vous plaît, je n'entends pas que vous fassiez de dépense, et que vous envoyiez rien acheter pour moi.

ÉRASTE.

Mon Dieu! laissez faire; ce n'est pas pour ce que vous pensez.

M. DE POURCEAUGNAC.

Je vous demande de ne me traiter qu'en ami.

ÉRASTE.

C'est ce que je veux faire. (Bas, au médecin.) Je

vous recommande surtout de ne le point laisser sortir de vos mains; car parfois il veut s'échapper.

PREMIER MÉDECIN.

Ne vous mettez pas en peine.

ÉRASTE, à M. de Pourceaugnac.

Je vous prie de m'excuser de l'incivilité que je commets.

M. DE POURCEAUGNAC.

Vous vous moquez, et c'est trop de grâce que vous me faites.

SCÈNE XI.

M. DE POURCEAUGNAC, PREMIER MÉDECIN, SECOND MÉDECIN, L'APOTHICAIRE.

PREMIER MÉDECIN.

CE m'est beaucoup d'honneur, monsieur, d'être choisi pour vous rendre service.

M. DE POURCEAUGNAC.

Je suis votre serviteur.

PREMIER MÉDECIN.

Voici un habile homme, mon confrère, avec lequel je vais consulter la manière dont nous vous traiterons.

M. DE POURCEAUGNAC.

Il ne faut point tant de façons, vous dis-je; je suis homme à me contenter de l'ordinaire.

PREMIER MÉDECIN.

Allons, des siéges.

(Des laquais entrent et donnent des siéges.)

ACTE I, SCÈNE XI.

M. DE POURCEAUGNAC, *à part.*

Voilà, pour un jeune homme, des domestiques bien lugubres.

PREMIER MÉDECIN.

Allons, monsieur; prenez votre place, monsieur.
(Les deux médecins font asseoir M. de Pourceaugnac entre eux deux.)

M. DE POURCEAUGNAC, *s'asseyant.*

Votre très-humble valet.
(Les deux médecins lui prennent chacun une main pour lui tâter le pouls.)

Que veut dire cela?

PREMIER MÉDECIN.

Mangez-vous bien, monsieur?

M. DE POURCEAUGNAC.

Oui, et bois encore mieux.

PREMIER MÉDECIN.

Tant pis. Cette grande appétition du froid et de l'humide est une indication de la chaleur et sécheresse qui est au-dedans. Dormez-vous fort?

M. DE POURCEAUGNAC.

Oui, quand j'ai bien soupé.

PREMIER MÉDECIN.

Faites-vous des songes?

M. DE POURCEAUGNAC.

Quelquefois.

PREMIER MÉDECIN.

De quelle nature sont-ils?

M. DE POURCEAUGNAC.

De la nature des songes. Quelle diable de conversation est-ce là?

PREMIER MÉDECIN.

Vos déjections, comment sont-elles?

M. DE POURCEAUGNAC.

Ma foi, je ne comprends rien à toutes ces questions : et je veux plutôt boire un coup.

PREMIER MÉDECIN.

Un peu de patience : nous allons raisonner sur votre affaire devant vous ; et nous le ferons en français pour être plus intelligibles.

M. DE POURCEAUGNAC.

Quel grand raisonnement faut-il pour manger un morceau ?

PREMIER MÉDECIN.

Comme ainsi soit qu'on ne puisse guérir une maladie qu'on ne la connoisse parfaitement, et qu'on ne la puisse parfaitement connoître sans en bien établir l'idée particulière et la véritable espèce par ses signes diagnostiques et prognostiques, vous me permettrez, monsieur notre ancien, d'entrer en considération de la maladie dont il s'agit, avant que de toucher à la thérapeutique, et aux remèdes qu'il nous conviendra faire pour la parfaite curation d'icelle. Je dis donc, monsieur, avec votre permission, que notre malade ici présent est malheureusement attaqué, affecté, possédé, travaillé de cette sorte de folie que nous nommons fort bien mélancolie hypocondriaque; espèce de folie très-fâcheuse, et qui ne demande pas moins qu'un Esculape comme vous, consommé dans notre art; vous, dis-je, qui avez blanchi, comme on dit, sous le harnois, et auquel il n'en a tant passé par les mains de toutes les façons. Je l'appelle mélancolie hypocondriaque, pour la distinguer des deux autres ; car le célèbre Galien établit doctement, à son ordinaire, trois espèces de cette maladie que nous nommons mélancolie, ainsi appelée non-seulement par les Latins, mais encore par les Grecs ; ce qui est bien à remarquer pour notre affaire : la première, qui vient du propre vice du cerveau ; la seconde, qui vient de tout le sang fait et rendu atrabilaire ; la troisième, appelée hypocondriaque, qui est la nôtre, laquelle procède du vice de quelque partie du bas-ventre, et de la région inférieure, mais particulièrement de la rate, dont la chaleur et l'inflammation portent au cerveau de notre malade beaucoup de fuligines épaisses et crasses, dont la vapeur noire et maligne cause dépravation aux fonctions de la faculté princesse, et fait la maladie dont, par notre raisonnement, il est manifestement atteint et convaincu. Qu'ainsi ne soit : pour diagnostique incontestable de ce que je dis, vous n'avez qu'à considérer ce grand sérieux que vous voyez, cette tristesse accompagnée de crainte et de défiance, signes pathognomoniques et individuels de cette maladie, si bien marqués chez le divin vieillard Hippocrate ; cette physionomie, ces yeux rouges et hagards, cette grande barbe, cette habitude du corps menue, grêle, noire, et velue ; lesquels signes le dénotent très-affecté de cette maladie, procédante du vice des hypocondres ; laquelle maladie, par laps de temps naturalisée, enviellie, habituée, et ayant pris droit de bourgeoisie chez lui, pourroit bien dégénérer ou en manie, ou en phthisie, ou en apoplexie, ou même en fine phrénésie et fureur. Tout ceci supposé, puisqu'une maladie bien connue est à demi guérie, car *ignoti nulla est curatio morbi*, il ne vous sera pas difficile de convenir des remèdes que nous devons faire à monsieur. Premièrement, pour remédier à cette pléthore obturante, et à cette cacochymie, luxuriante par tout le corps, je suis d'avis qu'il soit phlébotomisé libéralement, c'est-à-dire que les saignées soient fréquentes et plantureuses, en premier lieu de la basilique, puis de la céphalique, et même, si le mal est opiniâtre, de lui ouvrir la veine du front, et que l'ouverture soit large, afin que le gros sang en puisse sortir, et en même temps de le purger, désopiler, et évacuer par purgatifs propres et convenables, c'est-à-dire par cholagogues, mélanagogues, *et cœtera* : et comme la véritable source de tout le mal est, ou une humeur crasse et féculente, ou une vapeur noire et grossière qui obscurcit, infecte et salit les esprits animaux, il est à propos ensuite qu'il prenne un bain d'eau pure et nette, avec force petit-lait clair, pour purifier par l'eau la féculence de l'humeur crasse, et éclaircir par le lait clair la noirceur de cette vapeur : mais, avant toute chose, je trouve qu'il est bon de le réjouir par agréables conversations, chants et instruments de musique ; à quoi il n'y a pas d'inconvénient de joindre des danseurs, afin que leurs mouvements, disposition et agilité, puissent exciter et réveiller la paresse de ses esprits engourdis, qui occasione l'épaisseur de son sang, d'où procède la maladie. Voilà les remèdes que j'imagine, auxquels pourront être ajoutés beaucoup d'autres meilleurs par monsieur notre maître et ancien, suivant l'expérience, jugement, lumière et suffisance qu'il s'est acquis dans notre art. *Dixi.*

SECOND MÉDECIN.

A Dieu ne plaise, monsieur, qu'il me tombe en pensée d'ajouter rien à ce que vous venez de dire ! Vous avez si bien discouru sur tous les signes, les symptômes et les causes de la maladie de monsieur ; le raisonnement que vous en avez fait est si docte et si beau, qu'il est impossible qu'il ne soit pas fou et mélancolique hypocondriaque ; et, quand il ne le seroit pas, il faudroit qu'il le devînt pour la beauté des choses que vous avez dites, et la justesse du raisonnement que vous avez fait. Oui, monsieur ; vous avez dépeint fort graphiquement, *graphicè depinxisti*, tout ce qui appartient à cette maladie : il ne se peut rien de plus doctement, sagement, ingénieusement conçu, pensé, imaginé, que ce que vous avez prononcé au sujet de ce mal, soit pour la diagnose, ou la prognose, ou la thérapie ; et il ne me reste rien ici que de féliciter monsieur d'être tombé entre vos mains, et de lui dire qu'il est trop heureux d'être fou, pour éprouver l'efficace et la douceur des remèdes que vous avez si judicieusement proposés. Je les approuve tous, *manibus et pedibus descendo in tuam sententiam.* Tout ce que j'y voudrois, c'est de faire les saignées et les purgations en nombre impair, *numero deus impare gaudet*, de prendre le lait clair avant le bain ; de lui composer un fronteau où il entre du sel, le sel est symbole de la sagesse ; de faire blanchir les murailles de sa chambre, pour dissiper les ténèbres de ses esprits, *album est disgregativum visus;* et de lui donner tout à l'heure un petit lavement, pour lui servir de prélude et d'introduction à ces judicieux remèdes, dont, s'il a à guérir, il doit recevoir du soulagement. Fasse le ciel que ces remèdes, monsieur, qui sont les vôtres, réussissent au malade selon notre intention !

M. DE PORCEAUGNAC.

Messieurs, il y a une heure que je vous écoute. Est-ce que nous jouons ici une comédie ?

PREMIER MÉDECIN.

Non, monsieur, nous ne jouons point.

M. DE POURCEAUGNAC.

Qu'est-ce que tout ceci ? et que voulez-vous dire avec votre galimatias et vos sottises ?

PREMIER MÉDECIN.

Bon. Dire des injures, voilà un diagnostique qui nous manquoit pour la confirmation de son mal ; et ceci pourroit bien tourner en manie.

M. DE POURCEAUGNAC, à part.

Avec qui m'a-t-on mis ici ? (Il crache deux ou trois fois.)

ACTE I, SCÈNE X.

PREMIER MÉDECIN.

Autre diagnostique, 'a' stupation fréquente.

M. DE POURCEAUGNAC.

Laissons cela, et sortons d'ici.

PREMIER MÉDECIN.

Autre encore, l'inquiétude de changer de place.

M. DE POURCEAUGNAC.

Qu'est-ce donc que toute cette affaire ? et que me voulez-vous ?

PREMIER MÉDECIN.

Vous guérir selon l'ordre qui nous a été donné.

M. DE POURCEAUGNAC.

Me guérir !

PREMIER MÉDECIN.

Oui.

M. DE POURCEAUGNAC.

Parbleu ! je ne suis pas malade.

PREMIER MÉDECIN.

Mauvais signe, lorsqu'un malade ne sent pas son mal.

M. DE POURCEAUGNAC.

Je vous dis que je me porte bien.

PREMIER MÉDECIN.

Nous savons mieux que vous comment vous vous portez, et nous sommes médecins qui voyons clair dans votre constitution.

M. DE POURCEAUGNAC.

Si vous êtes médecins, je n'ai que faire de vous, et je me moque de la médecine.

PREMIER MÉDECIN.

Hon ! hon ! voici un homme plus fou que nous ne pensons.

M. DE POURCEAUGNAC.

Mon père et ma mère n'ont jamais voulu de remèdes ; et ils sont morts tous deux sans l'assistance des médecins.

PREMIER MÉDECIN.

Je ne m'étonne pas s'ils ont engendré un fils qui est insensé. (Au second médecin.) Allons, procédons à la curation ; et, par la douceur exhilarante de l'harmonie, adoucissons, lénifions, et accoisons l'aigreur de ses esprits, que je vois prêts à s'enflammer.

SCÈNE XII.

M. DE POURCEAUGNAC.

Que diable est-ce là ? Les gens de ce pays-ci sont-ils insensés ? je n'ai jamais rien vu de tel, et je n'y comprends rien du tout.

SCÈNE XIII.

M. DE POURCEAUGNAC, DEUX MÉDECINS GROTESQUES.

(Ils s'asseyent d'abord tous trois ; les médecins se lèvent à différentes reprises pour saluer M. de Pourceaugnac, qui se lève autant de fois pour les saluer.)

LES DEUX MÉDECINS.

Buon dì, Buon dì, Buon dì.
Non vi fasciate uccidere
Dal dolor malinconico ;
Noi vi faremo ridere

Col nostro canto armonico;
 Sol' per guarirvi
 Siamo venuti qui.
Buen dì, buen dì, buen dì.

PREMIER MÉDECIN.

Altro non è la pazzia
 Che malinconia.
  Il malato
Non è disperato,
Se vol pigliar un poco d'allegria.
Altro non è la pazzia
 Che malinconia.

SECOND MÉDECIN.

Sù, cantate, ballate, ridete;
 E, se far meg io volete,
Quando sentite il delirio vicino,
 Pigliate del vino,
E qualche volta un poco di tabac.
Allegramente, monsu Pourceaugnac.

SCÈNE XIV.

M. DE POURCEAUGNAC, DEUX MÉDECINS GROTESQUES, MATASSINS.

ENTRÉE DE BALLET.

(Danse des matassins autour de M. de Pourceaugnac.)

SCÈNE XV.

M. DE POURCEAUGNAC, UN APOTHICAIRE TENANT UNE SERINGUE.

L'APOTHICAIRE.

Monsieur, voici un petit remède, un petit remède qu'il vous faut prendre, s'il vous plaît, s'il vous plaît.

M. DE POURCEAUGNAC.
Comment ! je n'ai que faire de cela.
L'APOTHICAIRE.
Il a été ordonné, monsieur, il a été ordonné.
M. DE POURCEAUGNAC.
Ah ! que de bruit !
L'APOTHICAIRE.
Prenez-le, monsieur, prenez-le; il ne vous fera point de mal, il ne vous fera point de mal.
M. DE POURCEAUGNAC.
Ah !
L'APOTHICAIRE.
C'est un petit clystère, un petit clystère, bénin, bénin; il est bénin, bénin; là, prenez, prenez, monsieur; c'est pour déterger, pour déterger, déterger.

SCÈNE XVI.
M. DE POURCEAUGNAC, L'APOTHICAIRE, LES DEUX MÉDECINS GROTESQUES, ET LES MATASSINS AVEC DES SERINGUES.

LES DEUX MÉDECINS.
Piglialo sù,
Signor monsu;
Piglialo, piglialo, piglialo, sù
Che non ti farà male.
Piglialo sù questo serviziale;
Piglialo sù,
Signor monsu;
Piglialo, piglialo, piglialo sù,

ACTE I, SCÈNE XVI.

M. DE POURCEAUGNAC.

Allez-vous-en au diable.

M. de Pourceaugnac, mettant son chapeau pour se garantir des seringues, est suivi par les deux médecins et par les matassins; il passe par derrière le théâtre, et revient se mettre sur sa chaise auprès de laquelle il trouve l'apothicaire qui l'attendoit; les deux médecins et les matassins rentrent aussi.)

LES DEUX MÉDECINS.

Piglialo sù,
Signor monsu:
Piglialo, piglialo, piglialo sù,
Che non ti farà male.
Piglialo sù questo serviziale;
Piglialo sù,
Signor monsu:
Piglialo, piglialo, piglialo sù.

M. de Pourceaugnac s'enfuit avec la chaise; l'apothicaire appuie sa seringue contre, et les médecins et les matassins le suivent.)

FIN DU PREMIER ACTE.

ACTE SECOND.

SCÈNE I.
PREMIER MÉDECIN, SBRIGANI.

PREMIER MÉDECIN.

Il a forcé tous les obstacles que j'avois mis, et s'est dérobé aux remèdes que je commençois de lui faire.

SBRIGANI.

C'est être bien ennemi de soi-même, que de fuir des remèdes aussi salutaires que les vôtres.

PREMIER MÉDECIN.

Marque d'un cerveau démonté et d'une raison dépravée, que de ne vouloir pas guérir.

SBRIGANI.

Vous l'auriez guéri haut la main.

PREMIER MÉDECIN.

Sans doute, quand il y auroit eu complication de douze maladies.

SBRIGANI.

Cependant, voilà cinquante pistoles bien acquises qu'il vous fait perdre.

PREMIER MÉDECIN.

Moi, je n'entends point les perdre, et je prétends le guérir en dépit qu'il en ait. Il est lié et engagé à mes remèdes ; et je veux le faire saisir où je le trouverai, comme déserteur de la médecine, et infracteur de mes ordonnances.

SBRIGANI.

Vous avez raison. Vos remèdes étoient un coup sûr, et c'est de l'argent qu'il vous vole.

PREMIER MÉDECIN.

Où puis-je en avoir des nouvelles ?

SBRIGANI.

Chez le bon homme Oronte, assurément, dont il vient épouser la fille, et qui, ne sachant rien de l'infirmité de son gendre futur, voudra peut-être se hâter de conclure le mariage.

PREMIER MÉDECIN.

Je vais lui parler tout à l'heure.

SBRIGANI.

Vous ne ferez point mal.

PREMIER MÉDECIN.

Il est hypothéqué à mes consultations ; et un malade ne se moquera pas d'un médecin.

SBRIGANI.

C'est fort bien dit à vous ; et, si vous m'en croyez, vous ne souffrirez point qu'il se marie, que vous ne l'ayez purgé tout votre soûl.

PREMIER MÉDECIN.

Laissez-moi faire.

SBRIGANI, à part, en s'en allant.

Je vais, de mon côté, dresser une autre batterie ; et le beau-père sera aussi dupe que le gendre.

SCÈNE II.

ORONTE, PREMIER MÉDECIN.

PREMIER MÉDECIN.

Vous avez, monsieur, un certain monsieur de Pourceaugnac qui doit épouser votre fille.

ORONTE.

Oui; je l'attends de Limoges, et il devroit être arrivé.

PREMIER MÉDECIN.

Aussi l'est-il, et il s'est enfui de chez moi après y avoir été mis : mais je vous défends, de la part de la médecine, de procéder au mariage que vous avez conclu, que je ne l'aie dûment préparé pour cela, et mis en état de procréer des enfants bien conditionnés et de corps et d'esprit.

ORONTE.

Comment donc?

PREMIER MÉDECIN.

Votre prétendu gendre a été constitué mon malade : sa maladie, qu'on m'a donnée à guérir, est un meuble qui m'appartient, et que je compte entre mes effets; et je vous déclare que je ne prétends point qu'il se marie, qu'au préalable il n'ait satisfait à la médecine, et subi les remèdes que je lui ai ordonnés.

ORONTE.

Il a quelque mal?

PREMIER MÉDECIN.

Oui.

ORONTE.
Et quel mal, s'il vous plaît ?
PREMIER MÉDECIN.
Ne vous en mettez pas en peine.
ORONTE.
Est-ce quelque mal...?
PREMIER MÉDECIN.
Les médecins sont obligés au secret. Il suffit que je vous ordonne, à vous et à votre fille, de ne point célébrer sans mon consentement vos noces avec lui, sur peine d'encourir la disgrâce de la faculté, et d'être accablés de toutes les maladies qu'il nous plaira.

ORONTE.
Je n'ai garde, si cela est, de faire le mariage.
PREMIER MÉDECIN.
On me l'a mis entre les mains, et il est obligé d'être mon malade.

ORONTE.
A la bonne heure.

PREMIER MÉDECIN.
Il a beau fuir, je le ferai condamner par arrêt à se faire guérir par moi.

ORONTE.
J'y consens.

PREMIER MÉDECIN.
Oui, il faut qu'il crève, ou que je le guérisse.
ORONTE.
Je le veux bien.

PREMIER MÉDECIN.

Et si je ne le trouve, je m'en prendrai à vous ; et je vous guérirai au lieu de lui.

ORONTE.

Je me porte bien.

PREMIER MÉDECIN.

Il n'importe, il me faut un malade, et je prendrai qui je pourrai.

ORONTE.

Prenez qui vous voudrez ; mais ce ne sera pas moi. (Seul.) Voyez un peu la belle raison !

SCÈNE III.

ORONTE ; SBRIGANI, EN MARCHAND FLAMAND.

SBRIGANI.

Montsir, avec le fostre permission, je suis un trancher marchend flamanc qui foudroit bienne fous demandair un petit nouvel.

ORONTE.

Quoi, monsieur ?

SBRIGANI.

Mettez le fostre chapeau sur le tête, montsir, si ve plait.

ORONTE.

Dites-moi, monsieur, ce que vous voulez.

SBRIGANI.

Moi, le dire rien, montsir, si fous le mettré pas le chapeau sur le tête.

ORONTE.

Soit. Qu'y a-t-il, monsieur ?

ACTE II, SCÈNE III.

SBRIGANI.

Fous connoître point en sti file un certe montsir Oronte.

ORONTE.

Oui, je le connois.

SBRIGANI.

Et quel homme est-il, montsir, si ve plaît?

ORONTE.

C'est un homme comme les autres.

SBRIGANI.

Je fous temande, montsir, s'il est un homme riche, qui a du bienne.

ORONTE.

Oui.

SBRIGANI.

Mais riche beaucoup grandement, montsir?

ORONTE.

Oui.

SBRIGANI.

J'en suis aise beaucoup, montsir.

ORONTE.

Mais pourquoi cela?

SBRIGANI.

L'est, montsir, pour un petit raisonne de conséquence pour nous.

ORONTE.

Mais encore, pourquoi?

SBRIGANI.

L'est, montsir, que sti montsir Oronte donne son fille en mariage à un certe montsir de Pourceugnac.

ORONTE.

Hé bien ?

SBRIGANI.

Et sti montsir de Pourcegnac, montsir, l'est un homme que doive beaucoup grandement à dix ou douze marchancs flamanes qui être venus ici.

ORONTE.

Ce monsieur de Pourceaugnac doit beaucoup à dix ou douze marchands ?

SBRIGANI.

Oui, montsir ; et depuis huite mois nous afoir obtenir un petit sentence contre lui ; et lui a remettre à payer tou ce créancier de sti mariage que sti montsir Oronte donne pour son fille.

ORONTE.

Hon, hon, il a remis là à payer ses créanciers ?

SBRIGANI.

Oui, montsir ; et avec un grant défotion nous tous attendre sti mariage.

ORONTE, à part.

L'avis n'est pas mauvais. (Haut.) Je vous donne le bonjour.

SBRIGANI.

Je remercie montsir de la faveur grande.

ORONTE.

Votre très-humble valet.

SBRIGANI.

Je le suis, montsir, obliger plus que beaucoup du bon nouvel que montsir m'avoir donné.

(Seul, après avoir ôté sa barbe, et dépouillé l'habit de flamand qu'il a pardessus le sieu.)

Cela ne va pas mal. Quittons notre ajustement de flamand pour songer à d'autres machines ; et tâchons de semer tant de soupçons et de division entre le beau-père et le gendre, que cela rompe le mariage prétendu. Tous deux également sont propres à gober les hameçons qu'on leur veut tendre ; et, entre nous autres fourbes de la première classe, nous ne faisons que nous jouer lorsque nous trouvons un gibier aussi facile que celui-là.

SCÈNE IV.

M. DE POURCEAUGNAC, SBRIGANI.

M. DE POURCEAUGNAC, *se croyant seul.*

Piglialo sù, piglialo sù,
Signor monsu...

Que diable est-ce là ? (Apercevant Sbrigani.) Ah !

SBRIGANI.

Qu'est-ce, monsieur, qu'avez-vous ?

M. DE POURCEAUGNAC.

Tout ce que je vois me semble layement.

SBRIGANI.

Comment ?

M. DE POURCEAUGNAC.

Vous ne savez pas ce qui m'est arrivé dans ce logis à la porte duquel vous m'avez conduit ?

SBRIGANI.

Non, vraiment. Qu'est-ce que c'est ?

M. DE POURCEAUGNAC.

Je pensois y être régalé comme il faut.

SBRIGANI.

Hé bien ?

M. DE POURCEAUGNAC.

Je vous laisse entre les mains de monsieur. Des médecins habillés de noir. Dans une chaise. Tâter le pouls. Comme ainsi soit. Il est fou. Deux gros joufflus. Grands chapeaux. *Buon di, buon di.* Six pantalons. Ta, ra, ta, ta; ta, ra, ta, ta ; *allegramente, monsu Pourceaugnac.* Apothicaire. Lavement. Prenez, monsieur, prenez, prenez. Il est bénin, bénin. C'est pour déterger, pour déterger, déterger. *Piglialo sù, signor monsu ; piglialo, piglialo, piglialo sù.* Jamais je n'ai été si soûl de sottises.

SBRIGANI.

Qu'est-ce que tout cela veut dire ?

M. DE POURCEAUGNAC.

Cela veut dire que cet homme-là, avec ses grandes embrassades est un fourbe, qui m'a mis dans une maison pour se moquer de moi et me faire une pièce.

SBRIGANI.

Cela est-il possible ?

M. DE POURCEAUGNAC.

Sans doute. Ils étoient une douzaine de possédés après mes chausses ; et j'ai eu toutes les peines du monde à m'échapper de leurs pattes.

SBRIGANI.

Voyez un peu ; les mines sont bien trompeuses ! Je l'aurois cru le plus affectionné de vos amis. Voilà un de mes étonnements, comme il est possible qu'il y ait des fourbes comme cela dans le monde.

M. DE POURCEAUGNAC.

Ne sens-je point le lavement? Voyez, je vous prie.

SBRIGANI.

Hé! il y a quelque petite chose qui approche de cela.

M. DE POURCEAUGNAC.

J'ai l'odorat et l'imagination tout remplis de cela ; et il me semble toujours que je vois une douzaine de lavements qui me couchent en joue.

SBRIGANI.

Voilà une méchanceté bien grande! et les hommes sont bien traîtres et scélérats!

M. DE POURCEAUGNAC.

Enseignez-moi, de grâce, le logis de monsieur Oronte; je suis bien aise d'y aller tout à l'heure.

SBRIGANI.

Ah! ah! vous êtes donc de complexion amoureuse; et vous avez ouï parler que ce monsieur Oronte a une fille...

M. DE POURCEAUGNAC.

Oui, je viens l'épouser.

SBRIGANI.

L'é... l'épouser ?

M. DE POURCEAUGNAC.

Oui.

SBRIGANI.

En mariage ?

M. DE POURCEAUGNAC.
De quelle façon donc?

SBRIGANI.
Ah! c'est une autre chose; je vous demande pardon.

M. DE POURCEAUGNAC.
Qu'est-ce que cela veut dire?

SBRIGANI.
Rien.

M. DE POURCEAUGNAC.
Mais encore?

SBRIGANI.
Rien, vous dis-je. J'ai un peu parlé trop vite.

M. DE POURCEAUGNAC.
Je vous prie de me dire ce qu'il y a là-dessous.

SBRIGANI.
Non, cela n'est pas nécessaire.

M. DE POURCEAUGNAC.
De grâce.

SBRIGANI.
Point : je vous prie de m'en dispenser.

M. DE POURCEAUGNAC.
Est-ce que vous n'êtes point de mes amis?

SBRIGANI.
Si fait ; on ne peut pas l'être davantage.

M. DE POURCEAUGNAC.
Vous devez donc ne me rien cacher.

SBRIGANI.
C'est une chose où il y va de l'intérêt du prochain.

M. DE POURCEAUGNAC.
Afin de vous obliger à m'ouvrir votre cœur,

voilà une petite bague que je vous prie de garder pour l'amour de moi.

SBRIGANI.

Laissez-moi consulter un peu si je le puis faire en conscience. (Après s'être un peu éloigné de M. de Pourceaugnac.) C'est un homme qui cherche son bien, qui tâche de pourvoir sa fille le plus avantageusement qu'il est possible ; et il ne faut nuire à personne : ce sont des choses qui sont connues à la vérité ; mais j'irai les découvrir à un homme qui les ignore, et il est défendu de scandaliser son prochain, cela est vrai. Mais d'autre part voilà un étranger qu'on veut surprendre, et qui, de bonne foi, vient se marier avec une fille qu'il ne connoît pas, et qu'il n'a jamais vue ; un gentilhomme plein de franchise, pour qui je me sens de l'inclination, qui me fait l'honneur de me tenir pour son ami, prend confiance en moi, et me donne une bague à garder pour l'amour de lui. (A M. de Pourceaugnac.) Oui, je trouve, que je puis vous dire les choses sans blesser ma conscience ; mais tâchons de vous les dire le plus doucement qu'il nous sera possible, et d'épargner les gens le plus que nous pourrons. De vous dire que cette fille-là mène une vie déshonnête, cela seroit un peu trop fort ; cherchons, pour nous expliquer, quelques termes plus doux. Le mot de galante aussi n'est pas assez, celui de coquette achevée me semble propre à ce que nous voulons, et je m'en puis servir pour dire honnêtement ce qu'elle est.

M. DE POURCEAUGNAC.
L'on me veut donc prendre pour dupe?
SBRIGANI.
Peut-être dans le fond n'y a-t-il pas tant de mal que tout le monde croit; et puis il y a des gens après tout qui se mettent au-dessus de ces sortes de choses, et qui ne croient pas que leur honneur en dépende...
M. DE POURCEAUGNAC.
Je suis votre serviteur, je ne me veux point mettre sur la tête un chapeau comme celui-là; et l'on aime à aller le front levé dans la famille des Pourceaugnacs.
SBRIGANI.
Voilà le père.
M. DE POURCEAUGNAC.
Ce vieillard-là?
SBRIGANI.
Oui. Je me retire.

SCÈNE V.
ORONTE, M. DE POURCEAUGNAC.
M. DE POURCEAUGNAC.
Bonjour, monsieur, bonjour.
ORONTE.
Serviteur, monsieur, serviteur.
M. DE POURCEAUGNAC.
Vous êtes monsieur Oronte, n'est-ce pas?
ORONTE.
Oui.

ACTE II, SCÈNE V.

M. DE POURCEAUGNAC.

Et moi, monsieur de Pourceaugnac.

ORONTE.

A la bonne heure.

M. DE POURCEAUGNAC.

Croyez-vous, monsieur Oronte, que les Limosins soient des sots ?

ORONTE.

Croyez-vous, monsieur de Pourceaugnac, que les Parisiens soient des bêtes ?

M. DE POURCEAUGNAC.

Vous imaginez-vous, monsieur Oronte, qu'un homme comme moi soit si affamé de femme ?

ORONTE.

Vous imaginez-vous, monsieur de Pourceaugnac, qu'une fille comme la mienne soit si affamée de mari ?

SCÈNE VI.

JULIE, ORONTE, M. DE POURCEAUGNAC.

JULIE.

On vient de me dire, mon père, que monsieur de Pourceaugnac est arrivé. Ah ! le voilà sans doute, et mon cœur me le dit. Qu'il est bien fait ! Qu'il a bon air ! Et que je suis contente d'avoir un tel époux ! Souffrez que je l'embrasse, et que je lui témoigne...

ORONTE.

Doucement, ma fille, doucement.

M. DE POURCEAUGNAC, à part.

Tudieu ! quelle galante ! Comme elle prend feu d'abord !

ORONTE.

Je voudrois bien savoir, monsieur de Pourceaugnac, par quelle raison vous venez...

JULIE s'approche de M. de Pourceaugnac, le regarde d'un air languissant, et lui veut prendre la main.

Que je suis aise de vous voir ! et que je brûle d'impatience...

ORONTE.

Ah ! ma fille, ôtez-vous de là, vous dis-je.

M. DE POURCEAUGNAC, à part.

Oh ! oh ! quelle égrillarde !

ORONTE.

Je voudrois bien, dis-je, savoir par quelle raison, s'il vous plaît, vous avez la hardiesse de...

(Julie continue le même jeu.)

M. DE POURCEAUGNAC, à part.

Vertu de ma vie !

ORONTE, à Julie.

Encore ! qu'est-ce à dire, cela ?

JULIE.

Ne voulez-vous pas que je caresse l'époux que vous m'avez choisi ?

ORONTE.

Non. Rentrez là-dedans.

JULIE.

Laissez-moi le regarder.

ORONTE.

Rentrez, vous dis-je.

JULIE.

Je veux demeurer là, s'il vous plaît.

ORONTE.

Je ne veux pas, moi; et, si tu ne rentres tout à l'heure, je...

JULIE.

Hé bien ! je rentre.

ORONTE.

Ma fille est une sotte, qui ne sait pas les choses.

M. DE POURCEAUGNAC.

Comme nous lui plaisons !

ORONTE, à Julie qui est restée après avoir fait quelques pas pour s'en aller.

Tu ne veux pas te retirer ?

JULIE.

Quand est-ce donc que vous me marierez avec monsieur ?

ORONTE.

Jamais; et tu n'es pas pour lui.

JULIE.

Je le veux avoir, moi, puisque vous me l'avez promis.

ORONTE.

Si je te l'ai promis, je te le dépromets.

M. DE POURCEAUGNAC, à part.

Elle voudroit bien me tenir.

JULIE.

Vous avez beau faire, nous serons mariés ensemble en dépit de tout le monde.

ORONTE.

Je vous en empêcherai bien tous deux, je vous assure. Voyez un peu quel vertigo lui prend !

SCÈNE VII.

ORONTE, M. DE POURCEAUGNAC.

M. DE POURCEAUGNAC.

Mon Dieu ! notre beau-père prétendu, ne vous fatiguez point tant ; on n'a pas envie de vous enlever votre fille, et vos grimaces n'attraperont rien.

ORONTE.

Toutes les vôtres n'auront pas grand effet.

M. DE POURCEAUGNAC.

Vous êtes-vous mis dans la tête que Léonard de Pourceaugnac soit un homme à acheter chat en poche, et qu'il n'ait pas là-dedans quelque morceau de judiciaire pour se conduire, pour se faire informer de l'histoire du monde, et voir, en se mariant, si son honneur a bien toutes ses sûretés ?

ORONTE.

Je ne sais pas ce que cela veut dire : mais vous êtes-vous mis dans la tête qu'un homme de soixante et trois ans ait si peu de cervelle, et considère si peu sa fille, que de la marier avec un homme qui a ce que vous savez, et qui a été mis chez un médecin pour être pansé ?

M. DE POURCEAUGNAC.

C'est une pièce que l'on m'a faite, et je n'ai aucun mal.

ACTE II, SCÈNE VII.

ORONTE.

Le médecin me l'a dit lui-même.

M. DE POURCEAUGNAC.

Le médecin en a menti. Je suis gentilhomme, et je veux le voir l'épée à la main.

ORONTE.

Je sais ce que j'en dois croire ; et vous ne m'abuserez pas là-dessus, non plus que sur les dettes que vous avez assignées sur le mariage de ma fille.

M. DE POURCEAUGNAC.

Quelles dettes ?

ORONTE.

La feinte ici est inutile ; et j'ai vu le marchand flamand qui, avec les autres créanciers, a obtenu depuis huit mois sentence contre vous.

M. DE POURCEAUGNAC.

Quel marchand flamand ? Quels créanciers ? Quelle sentence obtenue contre moi ?

ORONTE.

Vous savez bien ce que je veux dire.

SCÈNE VIII.

LUCETTE, ORONTE, M. DE POURCEAUGNAC.

LUCETTE, *contrefaisant une Languedocienne*.

Au ! tu es assi, et à la fi yeu te trobi après abé fait tant de passés ! Podes-tu, scélérat, podes-tu sousteni ma bisto ?

M. DE POURCEAUGNAC.
Qu'est-ce que veut cette femme-là?

LUCETTE.
Que te boli, infâme? Tu fas sémblan de nou me pas connouisse, et nou rougisses pas, impudint que tu sios, tu ne rougisses pas de me beyre? (A Oronte.) Nou sabi pas, moussur, saquos bous dont m'an dit que bouillo espousa la fillo; may yeu bous déclari que yeu soun sa fenno, et que y a set ans, moussur, qu'en passant à Pézénas, el auguet l'adresse, dambé sas mignardisos, commo saptabla fayre, de me gagna lou cor, et m'oubligel pra quel moueyen à ly donna la man per l'espousa.

ORONTE.
Oh! oh!

M. DE POURCEAUGNAC.
Que diable est-ce ci?

LUCETTE.
Lou trayté me quitel trés ans aprés, sul préteste de qualques affayres que l'apelabon dins soun pays, et despey noun ly resçau put quaso de noubelo; may dins lou tens qu'y soungeabi lous mens, m'en dounat abist que begnio dins aquesto billo per se remarida dambé un autro jouena fillo, que sous parens ly an procurado, sensse saupré res de soun premier mariatge. Yeu ai tout quittat en diligensso, et me souy rendudo dins aqueste loc, lou pu leu qu'ay pouscut, per m'oupousa en aquel criminel mariatge, et

confondre as elys de tout le mounde lou plus méchant day hommes.

M. DE POURCEAUGNAC.

Voilà une étrange effrontée !

LUCETTE.

Impudint, n'a pas honte de m'injuria, alloc d'être confus day reproches secrets que ta consciensso te deu fayre?

M. DE POURCEAUGNAC.

Moi, je suis votre mari?

LUCETTE.

Infame, gausos-tu dire lou contrairi? Hé! tu sabes bé, per ma penno, que n'es que trop bertat; et plaguesso al cel qu'aco nous fouguesso pas, et que m'auquesso layssado dins l'état d'innouessenço et dins la tranquillitat oun moun amo bibio daban que tous charmes et tas trompariés oun m'en benguesson malheurousomen fayre sourti ! yeu nou serio pas réduito à fayré lou tristé persounatge que yeu fave présentemen ; à beyre un marit cruel mespresa touto l'ardou que yeu ay per el, et me laissa sensse cap de piétat abandounado à las mourtéles doulous que yeu ressenti de sas perfidos accius.

ORONTE.

Je ne saurois m'empêcher de pleurer. (A M. de Pourceaugnac.) Allez, vous êtes un méchant homme.

M. DE POURCEAUGNAC.

Je ne connois rien à tout ceci.

SCÈNE IX.

NÉRINE, LUCETTE, ORONTE, M. DE POURCEAUGNAC.

NÉRINE, *contrefaisant une Picarde.*

An! je n'en pis plus, je sis tout essoflée. Ah! finfaron, tu m'as bien fait courir, tu ne m'écaperas mie. Justiche! justiche! je boute empêchement au mariage. (*A Oronte.*) Chés mon méri, mousieu, et je veux faire pindre ché bon pendard-là.

M. DE POURCEAUGNAC.

Encore!

ORONTE, à part.

Quel diable d'homme est-ce ci?

LUCETTE.

Et que boulez-bous dire ambé bostre empachomen et bostro pendaric? qu'aquel homo est bostre marit?

NÉRINE.

Oui, medéme, et je sis sa femme.

LUCETTE.

Aquo es faus, aqués yeu que soun sa fenno; et se deustre pendut, aquo sara yeu que lou ferai penjat.

NÉRINE.

Je n'entains mie che baragoin-là.

LUCETTE.

Yeu bous disi que yeu soun sa fenno.

NÉRINE.

Sa femme?

ACTE II, SCÈNE IX.

LUCETTE.

Oy.

NÉRINE.

Je vous di que chest mi, encore in coup, qui le sis.

LUCETTE.

Et yeu bous sousteni, yeu, qu'aquos yeu.

NÉRINE.

Il y a quatre ans qu'il m'a éposée.

LUCETTE.

Et yeu set ans y a que m'a preso per fenno.

NÉRINE.

J'ai des gairants de tout ce que je di.

LUCETTE.

Tout mon pay lo sap.

NÉRINE.

No ville en est témoin.

LUCETTE.

Tout Pézénas a bist nostre mariatge.

NÉRINE.

Tout Chin-Quentin a assisté à nos noches.

LUCETTE.

Nou y a res de tant de béritable.

NÉRINE.

Il gn'y a rien de plus chertain.

LUCETTE, à M. de Pourceaugnac.

Gausos-tu dire lou contrari, valiquos?

NÉRINE, à M. de Pourceaugnac.

Est-che que tu me dementiras, méchaint homme?

M. DE POURCEAUGNAC.

Il est aussi vrai l'un que l'autre.

LUCETTE.

Quaingn impudensso! Et coussy, misérable, nou te soubennes plus de la pauro Françon et del pauré Jeannet, que soun lous fruits de nostre mariatge?

NÉRINE.

Bayez un peu l'insolence! Quoi, tu ne te souviens mie de chette pauvre ainfain, no petite Madelaine, que tu m'as laichée pour gaige de ta foi?

M. DE POURCEAUGNAC.

Voilà deux impudentes carognes.

LUCETTE.

Beni, Françon; beni, Jeannet; beni touston, beni toustaine, beni fayre beyre à un payre dénaturat la duretat qu'el a per nostres.

NÉRINE.

Venez, Madelaine; men ainfain, venez-ves-e ichi faire honte à vo père de l'impudainche qu'il a.

SCÈNE X.

ORONTE, M. DE POURCEAUGNAC LUCETTE, NÉRINE, PLUSIEUR ENFANTS.

LES ENFANTS.

Ah! mon papa! mon papa! mon papa!

M. DE POURCEAUGNAC.

Diantre soit des petits fils de putains!

LUCETTE.

Coussy, trayte, tu nou sios par dins la derniare confusiu de ressaupre à tal tous enfants, e de ferma l'oreillo à la tendresso paternello? T

ACTE II, SCÈNE X.

nou m'escaparas pas, infâme : yeu te boly seguy pertout, et te reproucha ton crime, jusquos à tant que me sio beniado, et que t'ayo fayt penjat, couquy, te boly fayre penjat.

NÉRINE.

Ne rougis-tu mie de dire ches mots-là, et d'être insainsible aux cairesses de chette pauvre ainfain ? Tu ne te sauveras mie de mes pattes : et, en dépit de tes dains, je ferai bien voir que je sis ta femme, et je te ferai pindre.

LES ENFANTS.

Mon papa ! mon papa ! mon papa !

M. DE POURCEAUGNAC.

Au secours ! au secours ! Où fuirai-je ? Je n'en puis plus.

ORONTE, à Lucette et à Nérine.

Allez, vous ferez bien de le faire punir ; et il mérite d'être pendu.

SCÈNE XI.

SBRIGANI.

Je conduis de l'œil toutes choses, et tout cela ne va pas mal. Nous fatiguerons tant notre provincial, qu'il faudra, ma foi, qu'il déguerpisse.

SCÈNE XII.

M. DE POURCEAUGNAC, SBRIGANI.

M. DE POURCEAUGNAC.

Ah ! je suis assommé. Quelle peine ! quelle maudite ville ! Assassiné de tous côtés !

SBRIGANI.

Qu'est-ce, monsieur ? Est-il encore arrivé quelque chose ?

M. DE POURCEAUGNAC.

Oui ; il pleut en ce pays des femmes et des lavements.

SBRIGANI.

Comment donc ?

M. DE POURCEAUGNAC.

Deux carognes de baragouineuses me sont venues accuser de les avoir épousées toutes deux et me menacent de la justice.

SBRIGANI.

Voilà une méchante affaire ; et la justice en ce pays-ci est rigoureuse en diable contre cette sorte de crime.

M. DE POURCEAUGNAC.

Ouf ; mais quand il y auroit information, ajournement, décret et jugement obtenu par surprise, défaut et contumace, j'ai la voie du conflit de juridiction pour temporiser et venir aux moyens de nullité qui seront dans les procédures.

SBRIGANI.

Voilà en parler dans tous les termes ; et l'on voit bien, monsieur, que vous êtes du métier.

M. DE POURCEAUGNAC.

Moi ! point du tout ; je suis gentilhomme.

SBRIGANI.

Il faut bien, pour parler ainsi, que vous ayez étudié la pratique.

M. DE POURCEAUGNAC.

Point ; ce n'est que le sens commun qui me fait juger que je serai toujours reçu à mes faits justificatifs et qu'on ne me sauroit condamner sur une simple accusation, sans un récolement et confrontation avec mes parties.

SBRIGANI.

En voilà du plus fin encore.

M. DE POURCEAUGNAC.

Ces mots-là me viennent sans que je les sache.

SBRIGANI.

Il me semble que le sens commun d'un gentilhomme peut bien aller à concevoir ce qui est du droit et de l'ordre de la justice, mais non pas à savoir les vrais termes de la chicane.

M. DE POURCEAUGNAC.

Ce sont quelques mots que j'ai retenus en lisant les romans.

SBRIGANI.

Ah ! fort bien.

M. DE POURCEAUGNAC.

Pour vous montrer que je n'entends rien du tout à la chicane, je vous prie de me mener chez quelque avocat pour consulter mon affaire.

SBRIGANI.

Je le veux, et vais vous conduire chez deux hommes fort habiles : mais j'ai auparavant à vous avertir de n'être point surpris de leur manière de parler ; ils ont contracté du barreau certaine habitude de déclamation, qui fait que l'on diroit qu'ils chantent, et vous prendrez pour musique tout ce qu'ils vous diront.

M. DE POURCEAUGNAC.

Qu'importe, comme ils parlent, pourvu qu'ils me disent ce que je veux savoir.

SCÈNE XIII.

M. DE POURCEAUGNAC, SBRIGANI, DEUX AVOCATS, DEUX PROCUREURS, DEUX SERGENTS.

PREMIER AVOCAT, *traînant ses paroles en chantant.*

La polygamie est un cas,
 Est un cas pendable.

SECOND AVOCAT, *chantant fort vite en bredouillant.*

 Votre fait
 Est clair et net,
 Et tout le droit,
 Sur cet endroit,
 Conclut tout droit.
Si vous consultez nos auteurs,
Législateurs et glossateurs,
Justinian, Papinian,
Ulpian et Tribonian.
Fernand, Rebuffe, Jean Imole,
Paul Castre, Julian, Barthole,
Jason, Alciat, et Cujas,
 Ce grand homme si capable,
La polygamie est un cas,
 Est un cas pendable.

ENTRÉE DE BALLET.

(*Danse de deux procureurs et de deux sergents. Pendant que le second avocat chante les paroles qui suivent :*)

 Tous les peuples policés,
 Et bien sensés,

ACTE II, SCÈNE XIII.

Les François, Anglois, Hollandois,
  Danois, Suédois, Polonois,
Portugais, Espagnols, Flamands,
  Italiens, Allemands,
Sur ce fait tiennent loi semblable;
Et l'affaire est sans embarras.
La polygamie est un cas,
  Est un cas pendable.
    LE PREMIER AVOCAT chante celles-ci.
La polygamie est un cas,
  Est un cas pendable.
    (M. de Pourceaugnac, impatienté, les chasse.)

FIN DU SECOND ACTE.

ACTE TROISIÈME.

SCÈNE I.

ÉRASTE, SBRIGANI.

SBRIGANI.

Oui, les choses s'acheminent où nous voulons ; et comme ses lumières sont fort petites, et son sens le plus borné du monde, je lui ai fait prendre une frayeur si grande de la sévérité de la justice de ce pays, et des apprêts qu'on faisoit déjà pour sa mort, qu'il veut prendre la fuite ; et, pour se dérober avec plus de facilité aux gens que je lui ai dit qu'on avoit mis pour l'arrêter aux portes de la ville, il s'est résolu à se déguiser, et le déguisement qu'il a pris est l'habit d'une femme.

ÉRASTE.

Je voudrois bien le voir en cet équipage.

SBRIGANI.

Songez de votre part à achever la comédie ; et tandis que je jouerai mes scènes avec lui, allez-vous-en. (Il lui parle à l'oreille.) Vous entendez bien ?

ÉRASTE.

Oui.

SBRIGANI.

Et lorsque je l'aurai mis où je veux... (Il lui parle à l'oreille.)

ÉRASTE.

Fort bien.

SBRIGANI.

Et quand le père aura été averti par moi... (Il lui parle encore à l'oreille.)

ÉRASTE.

Cela va le mieux du monde.

SBRIGANI.

Voici notre demoiselle. Allez vite, qu'il ne nous voie ensemble.

SCÈNE II.

M. DE POURCEAUGNAC, EN FEMME ; SBRIGANI.

SBRIGANI.

Pour moi, je ne crois pas qu'en cet état on puisse jamais vous connoître ; et vous avez la mine comme cela d'une femme de condition.

M. DE POURCEAUGNAC.

Voilà qui m'étonne, qu'en ce pays-ci les formes de la justice ne soient point observées.

SBRIGANI.

Oui, je vous l'ai déjà dit, ils commencent ici par faire pendre un homme, et puis ils lui font son procès.

M. DE POURCEAUGNAC.

Voilà une justice bien injuste.

SBRIGANI.

Elle est sévère comme tous les diables ; particulièrement sur ces sortes de crimes.

M. DE POURCEAUGNAC.

Mais quand on est innocent ?

SBRIGANI.

N'importe, ils ne s'enquêtent point de cela : et puis ils ont en cette ville une haine effroyable pour les gens de votre pays ; et ils ne sont pas plus ravis que de voir pendre un Limosin.

M. DE POURCEAUGNAC.

Qu'est-ce que les Limosins leur ont donc fait ?

SBRIGANI.

Ce sont des brutaux, ennemis de la gentillesse et du mérite des autres villes. Pour moi, je vous avoue que je suis pour vous dans une peur épouvantable ; et je ne me consolerois de ma vie si vous veniez à être pendu.

M. DE POURCEAUGNAC.

Ce n'est pas tant la peur de la mort qui me fait fuir, que de ce qu'il est fâcheux à un gentilhomme d'être pendu, et qu'une preuve comme celle-là feroit tort à nos titres de noblesse.

SBRIGANI.

Vous avez raison ; on vous contesteroit après cela le titre d'écuyer. Au reste, étudiez-vous, quand je vous mènerai par la main, à bien marcher comme une femme, et à prendre le langage et toutes les manières d'une personne de qualité.

M. DE POURCEAUGNAC.

Laissez-moi faire ; j'ai vu les personnes du bel air. Tout ce qu'il y a, c'est que j'ai un peu de barbe.

SBRIGANI.

Votre barbe n'est rien ; il y a des femmes qui en ont autant que vous. Çà, voyons un peu comme vous ferez. (Après que M. de Pourceaugnac a contrefait la femme de condition.) Bon.

M. DE POURCEAUGNAC.

Allons donc, mon carrosse ; où est-ce qu'est mon carrosse ? Mon Dieu ! Qu'on est misérable d'avoir des gens comme cela ! Est-ce qu'on me fera attendre toute la journée sur le pavé, et qu'on ne me fera point venir mon carrosse ?

SBRIGANI.

Fort bien.

M. DE POURCEAUGNAC.

Holà ! ho ! cocher, petit laquais. Ah ! petit fripon, que de coups de fouet je vous ferai donner tantôt ! Petit laquais, petit laquais. Où est-ce donc qu'est ce petit laquais ? ce petit laquais ne se trouvera-t-il point ? ne me fera-t-on point venir ce petit laquais ? Est-ce que je n'ai point un petit laquais dans le monde ?

SBRIGANI.

Voilà qui va à merveille. Mais je remarque une chose : cette coiffe est un peu trop déliée ; j'en vais quérir une un peu plus épaisse, pour vous mieux cacher le visage en cas de quelque rencontre.

M. DE POURCEAUGNAC.

Que deviendrai-je cependant ?

SBRIGANI.

Attendez-moi là, je suis à vous dans un moment : vous n'avez qu'à vous promener.

(*M. de Pourceaugnac fait plusieurs tours sur le théâtre, en continuant à contrefaire la femme de qualité.*)

SCÈNE III.

M. DE POURCEAUGNAC, DEUX SUISSES.

PREMIER SUISSE, *sans voir M. de Pourceaugnac*.

Allons, dépêchons, camerade ; ly faut allair tous deux nous à la Grève pour regarter un peu choustieier sti montsir de Porcegnac, qui l'a été contané par ortonnance à l'être pendu par son cou.

SECOND SUISSE, *sans voir M. de Pourceaugnac*.

Ly faut nous loër un fenestre pour foir sti choustice.

PREMIER SUISSE.

Ly disent que l'on fait téjà planter un grand potence toute neuve, pour l'y accrocher sti Porcegnac.

SECOND SUISSE.

Ly sira, ma foi, un grant plaisir d'y regarter pendre sti Limossin.

PREMIER SUISSE.

Oui, te ly foir gambiller les pieds en haut tefant tout le monde.

ACTE III, SCÈNE III.

SECOND SUISSE.

Ly est un plaisant drôle, oui : ly disent que s'être marié troy foie.

PREMIER SUISSE.

Sti tiable ly fouloir troy femmes à ly tout seul ; ly être bien assez t'une.

SECOND SUISSE, en apercevant M. de Pourceaugnac.

Ah ! ponchour, mameselle.

PREMIER SUISSE.

Que faire fous là tout seul ?

M. DE POURCEAUGNAC.

J'attends mes gens, messieurs.

SECOND SUISSE.

Ly être belle, par mon foi.

M. DE POURCEAUGNAC.

Doucement, messieurs.

PREMIER SUISSE.

Fous, mameselle, fouloir finir rechouir fous à la Grève ? Nous foire foir à fous un petit pendement pien choli.

M. DE POURCEAUGNAC.

Je vous rends grâce.

SECOND SUISSE.

L'être un gentilhomme limossin, qui sera pendu chantiment à un grand potence.

M. DE POURCEAUGNAC.

Je n'ai pas de curiosité.

PREMIER SUISSE.

Ly être là un petit téton qui l'est drôle.

M. DE POURCEAUGNAC.
Tout beau.
PREMIER SUISSE.
Mon foi, moi couchair pien afec fous.
M. DE POURCEAUGNAC.
Ah! c'en est trop; et ces sortes d'ordures-là ne se disent point à une femme de ma condition.
SECOND SUISSE.
Laisse, toi; l'être moi qui veux couchair afec elle.
PREMIER SUISSE.
Moi, ne fouloir pas laisser.
SECOND SUISSE.
Moi, ly fouloir, moi.

(Les deux Suisses tirent M. de Pourceaugnac avec violence.)

PREMIER SUISSE.
Moi, ne faire rien.
SECOND SUISSE.
Toi, l'afoir pien menti.
PREMIER SUISSE.
Parti, toi, l'afoir menti toi-même.
M. DE POURCEAUGNAC.
Au secours, à la force!

SCÈNE IV.
M. DE POURCEAUGNAC, UN EXEMPT, DEUX ARCHERS, DEUX SUISSES.
L'EXEMPT.
Qu'est-ce? Quelle violence est-ce là? Et que voulez-vous faire à madame? Allons, que l'on

sorte de là, si vous ne voulez que je vous mette en prison.

PREMIER SUISSE.

Parti, pon, toi l'afoir point.

SECOND SUISSE.

Parti, pon aussi, toi ne l'afoir point encore.

SCÈNE V.
M. DE POURCEAUGNAC, UN EXEMPT.

M. DE POURCEAUGNAC.

Je vous suis obligé, monsieur, de m'avoir délivrée de ces insolents.

L'EXEMPT.

Ouais! voilà un visage qui ressemble bien à celui que l'on m'a dépeint.

M. DE POURCEAUGNAC.

Ce n'est pas moi, je vous assure.

L'EXEMPT.

Ah! ah! qu'est-ce que veut dire...?

M. DE POURCEAUGNAC.

Je ne sais pas.

L'EXEMPT.

Pourquoi donc dites-vous cela?

M. DE POURCEAUGNAC.

Pour rien.

L'EXEMPT.

Voilà un discours qui marque quelque chose, et je vous arrête prisonnier.

M. DE POURCEAUGNAC.

Hé! monsieur, de grâce!

L'EXEMPT.

Non, non; à votre mine et à vos discours, il faut que vous soyez ce monsieur de Pourceaugnac que nous cherchons, qui se soit déguisé de la sorte; et vous viendrez en prison tout à l'heure.

M. DE POURCEAUGNAC.

Hélas !

SCÈNE VI.

M. DE POURCEAUGNAC, SBRIGANI, UN EXEMPT, DEUX ARCHERS.

SBRIGANI, à M. de Pourceaugnac.

Au ciel! que veut dire cela?

M. DE POURCEAUGNAC.

Ils m'ont reconnu.

L'EXEMPT.

Oui, oui; c'est de quoi je suis ravi.

SBRIGANI, à l'exempt.

Hé! monsieur, pour l'amour de moi, vous savez que nous sommes amis depuis long-temps, je vous conjure de ne le point mener en prison.

L'EXEMPT.

Non, il m'est impossible.

SBRIGANI.

Vous êtes homme d'accommodement. N'y a-t-il pas moyen d'ajuster cela avec quelques pistoles?

L'EXEMPT, à ses archers.

Retirez-vous un peu.

SCÈNE VII.

M. DE POURCEAUGNAC, SBRIGANI, UN EXEMPT.

SBRIGANI, à M. de Pourceaugnac.

Il faut lui donner de l'argent pour vous laisser aller. Faites vite.

M. DE POURCEAUGNAC, donnant de l'argent à Sbrigani.

Ah! maudite ville!

SBRIGANI.

Tenez, monsieur.

L'EXEMPT.

Combien y a-t-il?

SBRIGANI.

Un, deux, trois, quatre, cinq, six, sept, huit, neuf, dix.

L'EXEMPT.

Non, mon ordre est trop exprès.

SBRIGANI, à l'exempt qui veut s'en aller.

Mon Dieu, attendez. (A M. de Pourceaugnac.) Dépêchez, donnez-lui-en encore autant.

M. DE POURCEAUGNAC.

Mais...

SBRIGANI.

Dépêchez-vous, vous dis-je, et ne perdez point de temps. Vous auriez un grand plaisir quand vous seriez pendu!

M. DE POURCEAUGNAC.

Ah! (Il donne encore de l'argent à Sbrigani.)

SBRIGANI, à l'exempt.

Tenez, monsieur.

L'EXEMPT, à Sbrigani.

Il faut donc que je m'enfuie avec lui ; car il n'y auroit point ici de sûreté pour moi. Laissez-le-moi conduire, et ne bougez d'ici.

SBRIGANI.

Je vous prie donc d'en avoir un grand soin.

L'EXEMPT.

Je vous promets de ne le point quitter que je ne l'aie mis en lieu de sûreté.

M. DE POURCEAUGNAC, à Sbrigani.

Adieu. Voilà le seul honnête homme que j'aie trouvé en cette ville.

SBRIGANI.

Ne perdez point de temps. Je vous aime tant, que je voudrois que vous fussiez déjà bien loin. (Seul.) Que le ciel te conduise ! Par ma foi, voilà une grande dupe. Mais voici...

SCÈNE VIII.

ORONTE, SBRIGANI.

SBRIGANI, feignant de ne point voir Oronte.

Ah ! quelle étrange aventure ! Quelle fâcheuse nouvelle pour un père ! Pauvre Oronte, que je te plains ! Que diras-tu ? et de quelle façon pourras-tu supporter cette douleur mortelle ?

ORONTE.

Qu'est-ce ? Quel malheur me présages-tu ?

SBRIGANI.

Ah ! monsieur, ce perfide limosin, ce traître de monsieur de Pourceaugnac vous enlève votre fille.

ORONTE.

Il m'enlève ma fille ?

SBRIGANI.

Oui. Elle en est devenue si folle, qu'elle vous quitte pour le suivre ; et l'on dit qu'il a un caractère pour se faire aimer de toutes les femmes.

ORONTE.

Allons vite à la justice. Des archers après eux.

SCÈNE IX.

ORONTE, ÉRASTE, JULIE, SBRIGANI.

ÉRASTE, à Julie.

Allons, vous viendrez malgré vous, et je veux vous remettre entre les mains de votre père. Tenez, monsieur, voilà votre fille que j'ai tirée de force d'entre les mains de l'homme avec qui elle s'enfuyoit ; non pas pour l'amour d'elle, mais pour votre seule considération ; car, après l'action qu'elle a faite, je dois la mépriser, et me guérir absolument de l'amour que j'avois pour elle.

ORONTE.

Ah ! infâme que tu es !

ÉRASTE, à Julie.

Comment ! me traiter de la sorte après toutes les marques d'amitié que je vous ai données ! Je ne vous blâme point de vous être soumise aux volontés de monsieur votre père ; il est sage et judicieux dans les choses qu'il fait ; et je ne me plains point de lui de m'avoir rejeté pour un autre. S'il a manqué à la parole qu'il m'avoit donnée, il a ses raisons pour cela. On lui a fait croire que cet autre est plus riche que moi de quatre ou cinq mille écus; et quatre ou cinq mille écus est un denier considérable, et qui vaut bien la peine qu'un homme manque à sa parole. Mais oublier en un moment toute l'ardeur que je vous ai montrée, vous laisser d'abord enflammer d'amour pour un nouveau venu, et le suivre honteusement, sans le consentement de monsieur votre père, après les crimes qu'on lui impute, c'est une chose condamnée de tout le monde, et dont mon cœur ne peut vous faire d'assez sanglants reproches.

JULIE.

Hé bien! oui. J'ai conçu de l'amour pour lui, et je l'ai voulu suivre, puisque mon père me l'avoit choisi pour époux. Quoi que vous me disiez, c'est un fort honnête homme; et tous les crimes dont on l'accuse sont faussetés épouvantables.

ORONTE.

Taisez-vous, vous êtes une impertinente, et je sais mieux que vous ce qui en est.

JULIE.

Ce sont sans doute des pièces que l'on fait, et c'est peut-être lui (montrant Éraste) qui a trouvé cet artifice pour vous en dégoûter.

ÉRASTE.

Moi! je serois capable de cela?

JULIE.

Oui, vous.

ORONTE.

Taisez-vous, vous dis-je, vous êtes une sotte.

ÉRASTE.

Non, non, ne vous imaginez pas que j'aie aucune envie de détourner ce mariage, et que ce soit ma passion qui m'ait forcé à courir après vous. Je vous l'ai déjà dit, ce n'est que la seule considération que j'ai pour monsieur votre père; et je n'ai pu souffrir qu'un honnête homme comme lui fût exposé à la honte de tous les bruits qui pourroient suivre une action comme la vôtre.

ORONTE.

Je vous suis, seigneur Éraste, infiniment obligé.

ÉRASTE.

Adieu, monsieur. J'avois toutes les ardeurs du monde d'entrer dans votre alliance, j'ai fait tout ce que j'ai pu pour obtenir un tel honneur; mais j'ai été malheureux, et vous ne m'avez pas jugé digne de cette grâce. Cela n'empêchera pas que je ne conserve pour vous les sentiments d'estime et de vénération où votre personne m'oblige; et, si je n'ai pu être votre gendre, au moins serai-je éternellement votre serviteur.

ORONTE.

Arrêtez, seigneur Éraste, votre procédé me touche l'âme, et je vous donne ma fille en mariage.

JULIE.

Je ne veux point d'autre mari que monsieur de Pourceaugnac.

ORONTE.

Et je veux, moi, tout à l'heure, que tu prennes le seigneur Éraste. Ça, la main.

JULIE.

Non, je n'en ferai rien.

ORONTE.

Je te donnerai sur les oreilles.

ÉRASTE.

Non, non, monsieur ; ne lui faites point de violence, je vous en prie.

ORONTE.

C'est à elle à m'obéir, et je sais me montrer le maître.

ÉRASTE.

Ne voyez-vous pas l'amour qu'elle a pour cet homme-là ? et voulez-vous que je possède un corps dont un autre possédera le cœur.

ORONTE.

C'est un sortilége qu'il lui a donné ; et vous verrez qu'elle changera de sentiment avant qu'il soit peu. Donnez-moi votre main. Allons.

JULIE.

Je ne...

ORONTE.

Ah ! que de bruit ! Ça, votre main, vous dis-je. Ah ! ah ! ah !

ÉRASTE, à Julie.

Ne croyez pas que ce soit pour l'amour de vous que je vous donne la main ; ce n'est que monsieur votre père dont je suis amoureux, et c'est lui que j'épouse.

ORONTE.

Je vous suis beaucoup obligé ; et j'augmente

de dix mille écus le mariage de ma fille. Allons, qu'on fasse venir le notaire pour dresser le contrat.

ÉRASTE.

En attendant qu'il vienne, nous pouvons jouir du divertissement de la saison, et faire entrer les masques que le bruit des noces de monsieur de Pourceaugnac a attirés ici de tous les endroits de la ville.

SCÈNE X.
TROUPE DE MASQUES DANSANTS ET CHANTANTS.

UN MASQUE, en Égyptienne.

Sortez, sortez de ces lieux,
Soucis, chagrins, et tristesse ;
Venez, venez, ris et jeux,
Plaisirs, amours et tendresse.
Ne songeons qu'à nous réjouir,
La grande affaire est le plaisir.

CHOEUR DE MASQUES CHANTANTS.

Ne songeons qu'à nous réjouir,
La grande affaire est le plaisir.

L'ÉGYPTIENNE.

A me suivre tous ici
Votre ardeur est non commune ;
Et vous êtes en souci
De votre bonne fortune :
Soyez toujours amoureux,
C'est le moyen d'être heureux.

UN MASQUE, en Égyptien.

Aimons jusques au trépas ;
La raison nous y convie.
Hélas ! si l'on n'aimoit pas,
Que seroit-ce de la vie !
Ah ! perdons plutôt le jour
Que de perdre notre amour.

L'ÉGYPTIEN.

Les biens,

L'ÉGYPTIENNE.

La gloire,

L'ÉGYPTIEN.

Les grandeurs,

L'ÉGYPTIENNE.

Les sceptres, qui font tant d'envie,

L'ÉGYPTIEN.

Tout n'est rien, si l'amour n'y mêle ses ardeurs.

L'ÉGYPTIENNE.

Il n'est point, sans l'amour, de plaisirs dans la vie.

TOUS DEUX ENSEMBLE.

Soyons toujours amoureux,
C'est le moyen d'être heureux.

CHOEUR.

Sus, sus, chantons tous ensemble,
Dansons, sautons, jouons-nous.

UN MASQUE, en pantalon.

Lorsque pour rire on s'assemble,
Les plus sages, ce me semble,
Sont ceux qui sont les plus fous.

TOUS ENSEMBLE.

Ne songeons qu'à nous réjouir,
La grande affaire est le plaisir.

PREMIÈRE ENTRÉE DE BALLET.

(Danse de sauvages.)

DEUXIÈME ENTRÉE DE BALLET.

(Danse de Biscayens.)

FIN DE M. DE POURCEAUGNAC.

RÉFLEXIONS
SUR
M. DE POURCEAUGNAC.

Cette pièce, faite précipitamment pour une fête que Louis XIV donnoit à Chambord, est une farce à laquelle Molière n'attachoit aucune importance : c'est une de celles où l'on retrouve le moins de ces idées profondes qu'il répandoit dans ses moindres ouvrages. Cependant elle offre encore plusieurs traits de haute comédie ; et l'on y reconnoît souvent le cachet original de l'auteur.

Pourceaugnac, le jour même où il arrive à Paris, se trouve livré à des intrigans : on le berne, on le trompe, on le joue impunément. Exposé sans défense à une multitude de piéges, entouré sans cesse d'ennemis, ne trouvant personne qui le soutienne et qui l'éclaire, il est enfin forcé de quitter la partie. Mérite-t-il ce traitement ? Il n'y a dans son caractère rien de bas ni de vraiment condamnable : on n'y voit que des ridicules qui peuvent s'excuser jusqu'à un certain point. N'étant qu'avocat à Limoges, il veut se faire passer à Paris pour gentilhomme : il a l'imprudence et le tort de venir épouser une demoiselle qu'il n'a jamais vue, sans savoir s'il pourra lui plaire, et sans s'être informé si par hasard elle n'a pas une autre inclination. Ces travers sont si communs dans la société, qu'on a fini par ne presque plus les apercevoir : on ne s'en moque que lorsqu'ils se joignent à la sottise ou à la crédulité. Pourceaugnac ne mérite donc pas, comme l'Avare, d'être puni avec rigueur; et les tours sanglants qu'on lui joue passent les bornes. Voilà pourquoi Boileau, qui s'étoit montré le plus zélé défenseur de l'Avare, blâmoit le sujet de Pourceaugnac, tant parce que l'effet moral lui paroissoit manqué, que parce qu'il regrettoit de voir un si grand génie descendre jusqu'à la farce. Cependant il est essentiel de remarquer que Molière, par une réserve digne de son excellent esprit, n'inspire aucun intérêt pour les amants : les caractères d'Éraste et de Julie n'ont aucun charme; et les deux fripons qui conduisent l'intrigue sont les êtres les plus vils, puisque l'un est un échappé des galères, et que l'autre a fait des faux. On ne peut donc pas dire que, dans cette pièce, le parterre applaudisse aux fourberies de Sbrigani et de Nérine, et les approuve : il rit de la crédulité de Pourceaugnac, et méprise ceux qui en abusent. Cet effet paroît devoir suffire dans une pièce de ce genre, qui, en dernier résultat, fut peut-être à cette époque une leçon utile pour les provinciaux.

La scène la plus forte de cette pièce est celle où Éraste persuade à Pourceaugnac qu'il a passé deux ans à Limoges, et qu'il l'a connu, ainsi que sa famille. En suivant la gradation de cette scène, on ne peut s'empêcher d'être frappé du talent de l'auteur. Sans blesser la vraisemblance, sans rendre Pourceaugnac absolument stupide, Molière parvient à lui faire dire ce qu'Éraste veut savoir, tandis qu'il croit que c'est à lui qu'Éraste donne tous ces détails. Il ne balance plus à croire qu'il a connu autrefois ce jeune homme, renoue la liaison qu'il croit avoir eue avec lui, et donne tête baissée dans le piége qu'on lui tend. Si toutes les ruses qu'on emploie contre Pourceaugnac étoient aussi fortement combinées, cette pièce pourroit figurer au rang des chefs-d'œuvres de l'auteur.

Le rôle du premier médecin ne ressemble pas aux caractères de ce genre qui se trouvent dans L'AMOUR MÉDECIN et dans LE MALADE IMAGINAIRE. C'est un homme brusque et expéditif, qui ne doute nullement de la certitude de sa doctrine, qui s'inquiète peu des suites, et dont la franchise et le sérieux sont très-comiques. La consultation est une excellente scène, où l'on ne voit aucune charge. Qu'on se figure un homme tel que Pourceaugnac entre deux médecins qui dissertent gravement sur une maladie qu'il n'a pas, qui tourmentent ce pauvre homme de la meilleure foi du monde; et l'on trouvera qu'il étoit impossible de tirer un meilleur parti de sa situation. Il y avoit deux écueils à éviter, l'ennui et la farce exagérée : l'auteur s'est tenue dans le plus juste milieu.

La scène de la Languedocienne et de la Picarde est remarquable en ce qu'elle présente les deux idiomes qui étoient autrefois en usage dans le nord et dans le midi de la France : les langages d'*oui* et d'*oc*. Quoique Molière ait été obligé de les franciser un peu pour être entendu par le spectateur, on y trouve le véritable génie de ces deux idiomes. Le

Languedocien a de la douceur et de la vivacité; mais il paroît éloigné de notre langue, et l'on voit pourquoi ses tournures et ses locutions n'ont pas été adoptées. Le Picard au contraire semble beaucoup plus conforme à notre esprit et à nos usages : la construction est plus claire, la syntaxe plus régulière; et l'on voit qu'il a dû prendre le dessus lorsque la langue française s'est formée. Il n'appartenoit qu'à Molière de fournir des réflexions de ce genre dans une scène de farce.

On trouve dans le rôle de Nérine une imitation heureuse d'une plaisanterie de Pascal. Ce grand homme, voulant couvrir les jésuites de ridicule, rassemble dans une PROVINCIALE plusieurs noms bizarres de ces pères, et fait dire à l'interlocuteur étonné : Ces gens-là étoient-ils chrétiens ? Nérine se moque sur le même ton de Pourceaugnac et des Limosins : « S'il a envie de se marier, » dit-elle, que ne prend-il une Limosine, et ne » laisse-t-il en repos les chrétiens ? »

Quoique cette pièce soit dans un genre que Boileau désapprouvoit; quoiqu'elle n'offre pas, comme les chefs-d'œuvre de l'auteur, une suite de vues profondes et de peintures des bizarreries du cœur humain, elle est digne de l'examen des connoisseurs, qui pourront y remarquer une multitude de traits d'autant plus admirables, que le sujet ne sembloit pas les indiquer, et que Molière, n'attachant aucune importance à cet ouvrage, le composa dans la seule intention d'égayer quelques moments une fête de la cour.

LES AMANTS
MAGNIFIQUES,
COMÉDIE-BALLET
EN CINQ ACTES ET EN PROSE,

Représentée à Saint-Germain-en-Laye, sous le titre de *Divertissement royal*, le 7 septembre 1670.

PERSONNAGES DE LA COMÉDIE.

ARISTIONE, princesse, mère d'Ériphile.
ÉRIPHILE, fille de la princesse.
IPHICRATE, prince, amant d'Ériphile.
TIMOCLÈS, prince, amant d'Ériphile.
SOSTRATE, général d'armée, amant d'Ériphile.
CLÉONICE, confidente d'Ériphile.
ANAXARQUE, astrologue.
CLÉON, fils d'Anaxarque.
CHORÈBE, suivant d'Aristione.
CLITIDAS, plaisant de cour.
UNE FAUSSE VÉNUS, d'intelligence avec Anaxarque.

PERSONNAGES DES INTERMÈDES.

PREMIER INTERMÈDE.

ÉOLE.
TRITONS chantants.
FLEUVES chantants.
AMOURS chantants.
PÊCHEUS DE CORAIL dansants.
NEPTUNE.
SIX DIEUX MARINS dansants.

DEUXIÈME INTERMÈDE.

TROIS PANTOMIMES dansants.

TROISIÈME INTERMÈDE.

LA NYMPHE DE LA VALLÉE DE TEMPÉ.

PERSONNAGES.

PERSONNAGES DE LA PASTORALE EN MUSIQUE.

TIRCIS, berger, amant de Caliste.
CALISTE, bergère.
LICASTE, berger, ami de Tircis.
MÉNANDRE, berger, ami de Tircis.
PREMIER SATYRE, amant de Caliste.
SECOND SATYRE, amant de Caliste.
SIX DRYADES dansantes.
SIX FAUNES dansants.
CLIMÈNE, bergère.
PHILINTE, berger.
TROIS PETITES DRYADES dansantes.
TROIS PETITS FAUNES dansants.

QUATRIÈME INTERMÈDE.

HUITS STATUES qui dansent.

CINQUIÈME INTERMÈDE.

QUATRE PANTOMIMES dansants.

SIXIÈME INTERMÈDE.

Fête des jeux pythiens.

LA PRÊTRESSE.
DEUX SACRIFICATEURS chantants.
SIX MINISTRES DU SACRIFICE, portant des haches, dansants.
CHOEUR DE PEUPLES.
SIX VOLTIGEURS, sautant sur des chevaux de bois.

QUATRE CONDUCTEURS D'ESCLAVES, dansants.
HUIT ESCLAVES dansants.
QUATRE HOMMES ARMÉS A LA GRECQUE.
QUATRE FEMMES ARMÉES A LA GRECQUE.
UN HÉRAUT.
SIX TROMPETTES.
UN TIMBALIER.
APOLLON.
SUIVANTS D'APOLLON dansants.

La scène est en Thessalie, dans la vallée de Tempé.

LES AMANTS MAGNIFIQUES.

PREMIER INTERMÈDE.

Le théâtre représente une vaste mer, bordée de chaque côté de quatre grands rochers dont le sommet de chacun porte un fleuve appuyé sur une urne. Au pied de ces rochers sont douze tritons, et, dans le milieu de la mer, quatre amours sur des dauphins. Éole est élevé au-dessus des ondes sur un nuage.

SCÈNE I.
ÉOLE, FLEUVES, TRITONS, AMOURS.

ÉOLE.

Vents qui troublez les plus beaux jours,
Rentrez dans vos grottes profondes ;
Et laissez régner sur les ondes
Les zéphyrs et les amours.

SCÈNE II.

(La mer se calme, et du milieu des ondes, on voit s'élever une ville. Huit pêcheurs sortent du fond de la mer avec des nacres de perles et des branches de corail.)

ÉOLE, FLEUVES, TRITONS, AMOURS, PÊCHEURS DE CORAIL.

UN TRITON.

Quels beaux yeux ont percé nos demeures humides ?
Venez, venez, tritons ; cachez-vous, néréides.

CHOEUR DE TRITONS.

Allons tous au-devant de ces divités,
Et rendons par nos chants hommage à leurs beautés.

UN AMOUR.
Ah! que ces princesses sont belles!
UN AUTRE AMOUR.
Quels sont les cœurs qui ne s'y rendroient pas?
UN AUTRE AMOUR.
La plus belle des immortelles,
Notre mère a bien moins d'appas.
CHOEUR.
Allons tous au-devant de ces divinités,
Et rendons par nos chants hommage à leurs beautés.

PREMIÈRE ENTRÉE DE BALLET.

(Les pêcheurs forment une danse, après laquelle ils vont se placer chacun sur un rocher au-dessus d'un fleuve.)

UN TRITON.
Quel noble spectacle s'avance!
Neptune le grand dieu, Neptune, avec sa cour,
Vient honorer ce beau séjour
De son auguste présence.
CHOEUR.
Redoublons nos concerts;
Et faisons retentir dans le vague des airs
Notre réjouissance.

SCÈNE III.

NEPTUNE, DIEUX MARINS, ÉOLE, TRITONS, FLEUVES, AMOURS, PÊCHEURS.

DEUXIÈME ENTRÉE DE BALLET.

(Neptune danse avec sa suite. Les tritons, les fleuves et les pêcheurs accompagnent ses pas de gestes différents, et de bruits de conques de perles.)

LES AMANTS MAGNIFIQUES.

VERS

Pour le LE ROI, *représentant Neptune.*

Le ciel, entre les dieux les plus considérés,
Me donne pour partage un rang considérable,
Et, me faisant régner sur les flots azurés,
Rend à tout l'univers mon pouvoir redoutable.

Il n'est aucune terre, à me bien regarder,
Qui ne doive trembler que je ne m'y répande;
Point d'États qu'à l'instant je ne puisse inonder
Des flots impétueux que mon pouvoir commande.

Rien n'en peut arrêter le fier débordement ;
Et d'une triple digue à leur force opposée
On les verroit forcer le ferme empêchement,
Et se faire en tous lieux une ouverture aisée.

Mais je sais retenir la fureur de ses flots
Par la sage équité du pouvoir que j'exerce,
Et laisser en tous lieux, au gré des matelots,
La douce liberté d'un paisible commerce.

On trouve des écueils parfois dans mes États,
On voit quelques vaisseaux y périr par l'orage ;
Mais contre ma puissance on n'en murmure pas,
Et chez moi la vertu ne fait jamais naufrage.

Pour M. LE GRAND, *représentant un dieu marin.*

L'empire où nous vivons est fertile en trésors,
Tous les mortels en foule accourent sur ses bords;
Et, pour faire bientôt une haute fortune,
Il ne faut rien qu'avoir la faveur de Neptune.

Pour le marquis DE VILLEROI, *représentant un dieu marin.*

Sur la foi de ce dieu de l'empire flottant
On peut bien s'embarquer avec toute assurance;
    Les flots ont de l'inconstance,
    Mais le Neptune est constant.

Pour le marquis DE RASSENT, *représentant un dieu marin.*

Voguez sur cette mer d'un zèle inébranlable;
C'est le moyen d'avoir Neptune favorable.

ACTE PREMIER.

SCÈNE I.

SOSTRATE, CLITIDAS.

CLITIDAS, à part.

Il est attaché à ses pensées.

SOSTRATE, se croyant seul.

Non, Sostrate, je ne vois rien où tu puisses avoir recours ; et tes maux sont d'une nature à ne te laisser nulle espérance d'en sortir.

CLITIDAS, à part.

Il raisonne tout seul.

SOSTRATE, se croyant seul.

Hélas !

CLITIDAS, à part.

Voilà des soupirs qui veulent dire quelque chose, et ma conjecture se trouvera véritable.

SOSTRASTE, se croyant seul.

Sur quelles chimères, dis-moi, pourrois-tu bâtir quelque espoir ? et que peux-tu envisager, que l'affreuse longueur d'une vie malheureuse, et des ennuis à ne finir que par la mort ?

CLITIDAS, à part.

Cette tête-là est plus embarrassée que la mienne.

SOSTRATE, se croyant seul.

Ah ! mon cœur ! ah ! mon cœur ! où m'avez-vous jeté ?

CLITIDAS.

Serviteur, seigneur Sostrate.

SOSTRATE.

Où vas-tu, Clitidas ?

CLITIDAS.

Mais, vous, plutôt, que faites-vous ici ? et quelle secrète mélancolie, quelle humeur sombre, s'il vous plaît, vous peut retenir dans ces bois tandis que tout le monde a couru en foule à la magnificence de la fête dont l'amour du prince Iphicrate vient de régaler sur la mer la promenade des princesses, tandis qu'elles y ont reçu des cadeaux merveilleux de musique et de danse, et qu'on a vu les rochers et les ondes se parer de divinités pour faire honneur à leurs attraits ?

SOSTRATE.

Je me figure assez, sans la voir, cette magnificence ; et tant de gens d'ordinaire s'empressent à porter de la confusion dans ces sortes de fêtes, que j'ai cru à propos de ne pas augmenter le nombre des importuns.

CLITIDAS.

Vous savez que votre présence ne gâte jamais rien, et que vous n'êtes point de trop en quelque lieu que vous soyez. Votre visage est bien venu partout, et il n'a garde d'être de ces visages disgraciés qui ne sont jamais bien reçus des regards souverains. Vous êtes également bien auprès des deux princesses; et la mère et la fille vous font assez connoître l'estime qu'elles font de vous, pour n'appréhender pas de fatiguer leurs yeux; et ce n'est pas cette crainte enfin qui vous a retenu.

SOSTRATE.

J'avoue que je n'ai pas naturellement grande curiosité pour ces sortes de choses.

CLITIDAS.

Mon Dieu! quand on n'auroit nulle curiosité pour les choses, on en a toujours pour aller où l'on trouve tout le monde; et, quoi que vous puissiez dire, on ne demeure point tout seul pendant une fête à rêver parmi des arbres comme vous faites, à moins d'avoir en tête quelque chose qui embarrasse.

SOSTRATE.

Que voudrois-tu que j'y pusse avoir?

CLITIDAS.

Ouais! je ne sais d'où cela vient; mais il sent ici l'amour. Ce n'est pas moi. Ah! par ma foi, c'est vous.

SOSTRATE.

Que tu es fou, Clitidas!

CLITIDAS.

Je ne suis point fou. Vous êtes amoureux; j'ai le nez délicat, et j'ai senti cela d'abord.

SOSTRATE.

Sur quoi prends-tu cette pensée?

CLITIDAS.

Sur quoi? Vous seriez bien étonné si je vous disois encore de qui vous êtes amoureux.

SOSTRATE.

Moi?

CLITIDAS.

Oui. Je gage que je vais deviner tout à l'heure celle que vous aimez. J'ai mes secrets aussi-bien que notre astrologue dont la princesse Aristione est entêtée; et s'il a la science de lire dans les astres la fortune des hommes, j'ai celle de lire dans les yeux le nom des personnes qu'on aime. Tenez-vous un peu, et ouvrez les yeux. E, par soi, é; r, i, éri; p, h, i, phi; ériphi; l, e, le; Ériphile. Vous êtes amoureux de la princesse Ériphile.

SOSTRATE.

Ah! Clitidas, j'avoue que je ne puis cacher mon trouble; et tu me frappes d'un coup de foudre.

CLITIDAS.

Vous voyez si je suis savant!

SOSTRATE.

Hélas! si par quelque aventure tu as pu découvrir le secret de mon cœur, je te conjure au moins de ne le révéler à qui que ce soit, et surtout de le tenir caché à la belle princesse dont tu viens de dire le nom.

CLITIDAS.

Et, sérieusement parlant, si dans vos actions j'ai bien pu connoître depuis un temps la passion que vous voulez tenir secrète, pensez-vous que la princesse Ériphile puisse avoir manqué de lumières pour s'en apercevoir? Les belles, croyez-moi, sont toujours les plus clairvoyantes à découvrir les ardeurs qu'elles causent; et le langage des yeux et des soupirs se fait entendre mieux qu'à tout autre, à celle à qui il s'adresse.

SOSTRATE.

Laissons-la, Clitidas, laissons-la voir, si elle peut, dans mes soupirs et mes regards l'amour que ses charmes m'inspirent; mais gardons bien que par nulle autre voie elle en apprenne jamais rien.

CLITIDAS.

Et qu'appréhendez-vous? Est-il possible que ce même Sostrate qui n'a pas craint ni Brennus ni tous les Gaulois, et dont le bras a si glorieusement contribué à nous défaire de ce déluge de barbares qui ravageoient la Grèce; est-il possible, dis-je, qu'un homme si assuré dans la guerre soit si timide en amour, et que je le voie trembler à dire seulement qu'il aime!

SOSTRATE.

Ah! Clitidas, je tremble avec raison; et tous les Gaulois du monde ensemble sont bien moins redoutables que deux beaux yeux pleins de charmes

CLITIDAS.

Je ne suis pas de cet avis; et je sais bien, pour moi, qu'un seul Gaulois, l'épée à la main, me feroit beaucoup plus trembler que cinquante beaux yeux ensemble les plus charmants du monde. Mais, dites-moi un peu, qu'espérez-vous faire?

SOSTRATE.

Mourir, sans déclarer ma passion.

CLITIDAS.

L'espérance est belle ! Allez, allez, vous vous moquez ; un peu de hardiesse réussit toujours aux amants : il n'y a en amour que les honteux qui perdent ; et je dirois ma passion à une déesse, moi, si j'en devenois amoureux.

SOSTRATE.

Trop de choses, hélas ! condamnent mes feux à un éternel silence.

CLITIDAS.

Et quoi ?

SOSTRATE.

La bassesse de ma fortune, dont il plaît au ciel de rabattre l'ambition de mon amour ; le rang de la princesse, qui met entre elle et mes désirs une distance si fâcheuse ; la concurrence de deux princes appuyés de tous les grands titres qui peuvent soutenir les prétentions de leurs flammes ; de deux princes qui, par mille et mille magnificences, se disputent à tous moments la gloire de sa conquête, et sur l'amour de qui l'on attend tous les jours de voir son choix se déclarer ; mais plus que tout, Clitidas, le respect inviolable où ses beaux yeux assujétissent toute la violence de mon ardeur.

CLITIDAS.

Le respect bien souvent n'oblige pas tant que l'amour ; et je me trompe fort, ou la jeune prin-

ACTE I, SCÈNE I.

cesse a connu votre flamme, et n'y est pas insensible.

SOSTRATE.

Ah! ne t'avises point de vouloir flatter par pitié le cœur d'un misérable.

CLITIDAS.

Ma conjecture est bien fondée. Je lui vois reculer beaucoup le choix de son époux, et veux éclaircir un peu cette petite affaire-là. Vous savez que je suis auprès d'elle en quelque espèce de faveur, que j'y ai les accès ouverts, et qu'à force de me tourmenter je me suis acquis le privilége de me mêler à la conversation et parler à tort et à travers de toutes choses. Quelquefois cela ne me réussit pas, mais quelquefois aussi cela me réussit. Laissez-moi faire, je suis de vos amis, les gens de mérite me touchent, et je veux prendre mon temps pour entretenir la princesse de...

SOSTRATE.

Ah! de grâce, quelque bonté que mon malheur t'inspire, garde-toi bien de lui rien dire de ma flamme. J'aimerois mieux mourir, que de pouvoir être accusé par elle de la moindre témérité ; et ce profond respect où ses charmes divins...

CLITIDAS.

Taisons-nous, voici tout le monde.

SCÈNE II.

ARISTIONE, IPHICRATE, TIMOCLÈS, SOSTRATE, ANAXARQUE, CLÉON, CLITIDAS.

ARISTIONE, à Iphicrate.

Prince, je ne puis me lasser de le dire, il n'est point de spectacle au monde qui puisse le disputer en magnificence à celui que vous venez de nous donner. Cette fête a eu des ornements qui l'emportent sans doute sur tout ce que l'on sauroit voir ; et elle vient de produire à nos yeux quelque chose de si noble, de si grand et de si majestueux, que le ciel même ne sauroit aller au-delà ; et je puis dire assurément qu'il n'y a rien dans l'univers qui s'y puisse égaler.

TIMOCLÈS.

Ce sont des ornements dont on ne peut pas espérer que toutes les fêtes soient embellies ; et je dois fort trembler, madame, pour la simplicité du petit divertissement que je m'apprête à vous donner dans le bois de Diane.

ARISTIONE.

Je crois que nous n'y verrons rien que de fort agréable ; et, certes, il faut avouer que la campagne a lieu de nous paroître belle, et que nous n'avons pas le temps de nous ennuyer dans cet agréable séjour qu'ont célébré tous les poëtes sous le nom de Tempé. Car enfin, sans parler des plaisirs de la chasse que nous y prenons à

ACTE I, SCÈNE II.

toute heure, et de la solennité des jeux pythiens que l'on y célèbre tantôt, vous prenez soin l'un et l'autre de nous y combler de tous les divertissements qui peuvent charmer les chagrins les plus mélancoliques. D'où vient, Sostrate, qu'on ne vous a point vu dans notre promenade ?

SOSTRATE.

Une petite indisposition, madame, m'a empêché de m'y trouver.

IPHICRATE.

Sostrate est de ces gens, madame, qui croient qu'il ne sied pas bien d'être curieux comme les autres, et qu'il est beau d'affecter de ne pas courir où tout le monde court.

SOSTRATE.

Seigneur, l'affectation n'a guère de part à tout ce que je fais ; et, sans vous faire compliment, il y avoit des choses à voir dans cette fête qui pouvoient m'attirer, si quelque autre motif ne m'avoit retenu.

ARISTIONE.

Et Clitidas a-t-il vu cela ?

CLITIDAS.

Oui, madame, mais du rivage.

ARISTIONE.

Et pourquoi du rivage ?

CLITIDAS.

Ma foi, madame, j'ai craint quelqu'un des accidents qui arrivent d'ordinaire dans ces confusions. Cette nuit j'ai songé de poisson mort et d'œufs cassés; et j'ai appris du seigneur Anaxarque que les œufs cassés et le poisson mort signifient malencontre.

ANAXARQUE.

Je remarque une chose, que Clitidas n'auroit rien à dire, s'il ne parloit de moi.

CLITIDAS.

C'est qu'il y a tant de choses à dire de vous, qu'on n'en sauroit parler assez.

ANAXARQUE.

Vous pourriez prendre d'autres matières, puisque je vous en ai prié.

CLITIDAS.

Le moyen! Ne dites-vous pas que l'ascendant est plus fort que tout? et s'il est écrit dans les astres que je sois enclin à parler de vous, comment voulez-vous que je résiste à ma destinée?

ANAXARQUE.

Avec tout le respect, madame, que je vous dois, il y a une chose qui est fâcheuse dans votre cour, que tout le monde y prenne la liberté de parler, et que le plus honnête homme y soit exposé aux railleries du premier méchant plaisant.

CLITIDAS.

Je vous rends grâce de l'honneur...

ARISTIONE, à Anaxarque.

Que vous êtes fou de vous chagriner de ce qu'il dit!

CLITIDAS.

Avec tout le respect que je dois à madame, il y a une chose qui m'étonne dans l'astrologie, que des gens qui savent tous les secrets des dieux, et qui possèdent des connoissances à se mettre au-dessus de tous les hommes, aient besoin de faire leur cour, et de demander quelque chose.

ANAXARQUE.

Vous devriez gagner un peu mieux votre argent, et donner à madame de meilleures plaisanteries.

CLITIDAS.

Ma foi, on les donne telles qu'on peut. Vous en parlez fort à votre aise; et le métier de plaisant n'est pas comme celui d'astrologue. Bien mentir et bien plaisanter sont deux choses fort différentes; et il est bien plus facile de tromper les gens que de les faire rire.

ARISTIONE.

Hé! qu'est-ce donc que cela veut dire?

CLITIDAS, se parlant à lui-même.

Paix, impertinent que vous êtes! ne savez-vous pas bien que l'astrologie est une affaire d'État, et qu'il ne faut point toucher à cette corde-là? Je vous l'ai dit plusieurs fois, vous vous émancipez trop, et vous prenez de certaines libertés qui vous joueront un mauvais tour, je vous en avertis. Vous verrez qu'un de ces jours on vous donnera du pied au cul, et qu'on vous chassera comme un faquin. Taisez-vous, si vous êtes sage.

ARISTIONE.

Où est ma fille ?

TIMOCLÈS.

Madame, elle s'est écartée ; et je lui ai présenté une main qu'elle a refusé d'accepter.

ARISTIONE.

Princes, puisque l'amour que vous avez pour Ériphile a bien voulu se soumettre aux lois que j'ai voulu vous imposer, puisque j'ai su obtenir de vous que vous fussiez rivaux sans devenir ennemis, et qu'avec pleine soumission aux sentiments de ma fille, vous attendez un choix dont je l'ai faite seule maîtresse, ouvrez-moi tous deux le fond de votre âme, et me dites sincèrement quel progrès vous croyez l'un et l'autre avoir fait sur son cœur.

TIMOCLÈS.

Madame, je ne suis point pour me flatter ; j'ai fait ce que j'ai pu pour toucher le cœur de la princesse Ériphile, et je m'y suis pris, que je crois, de toutes les tendres manières dont un amant se peut servir ; je lui ai fait des hommages soumis de tous mes vœux ; j'ai montré des assiduités ; j'ai rendu des soins chaque jour ; j'ai fait chanter ma passion aux voix les plus touchantes, et l'ai fait exprimer en vers aux plumes les plus délicates ; je me suis plaint de mon martyre en des termes passionnés ; j'ai fait dire à mes yeux, aussi-bien qu'à ma bouche, le désespoir de mon amour ; j'ai poussé à ses pieds des soupirs languissants; j'ai même répandu des larmes : mais tout cela inutilement; et je n'ai point connu qu'elle ait dans l'âme aucun ressentiment de mon ardeur.

ARISTIONE.

Et vous, prince?

IPHICRATE.

Pour moi, madame, connoissant son indifférence, et le peu de cas qu'elle fait des devoirs qu'on lui rend, je n'ai voulu perdre auprès d'elle ni plaintes, ni soupirs, ni larmes. Je sais qu'elle est toute soumise à vos volontés, et que ce n'est que de votre main seule qu'elle voudra prendre un époux : aussi n'est-ce qu'à vous que je m'adresse pour l'obtenir, à vous plutôt qu'à elle que je rends tous mes soins et tous mes hommages. Et plût au ciel, madame, que vous eussiez pu vous résoudre à tenir sa place, que vous eussiez voulu jouir des conquêtes que vous lui faites, et recevoir pour vous les vœux que vous lui renvoyez !

ARISTIONE.

Prince, le compliment est d'un amant adroit, et vous avez entendu dire qu'il falloit cajoler les mères pour obtenir les filles ; mais ici, par malheur, tout cela devient inutile, et je me suis engagée à laisser le choix tout entier à l'inclination de ma fille.

IPHICRATE.

Quelque pouvoir que vous lui donniez pour ce choix, ce n'est point compliment, madame, que ce que je vous dis. Je ne recherche la princesse Ériphile que parce qu'elle est votre sang; je la trouve charmante par tout ce qu'elle tient de vous, et c'est vous que j'adore en elle.

ARISTIONE.

Voilà qui est fort bien.

IPHICRATE.

Oui, madame, toute la terre voit en vous des attraits et des charmes que je...

ARISTIONE.

De grâce, prince, ôtons ces charmes et ces attraits : vous savez que ce sont des mots que je retranche des compliments qu'on me veut faire. Je souffre qu'on me loue de ma sincérité; qu'on dise que je suis une bonne princesse; que j'ai de la parole pour tout le monde, de la chaleur pour mes amis, et de l'estime pour le mérite et la vertu; je puis tâter de tout cela : mais pour les douceurs de charmes et d'attraits, je suis bien aise qu'on ne m'en serve point ; et quelque vérité qui s'y pût rencontrer, on doit faire quelque scrupule d'en goûter la louange, quand on est mère d'une fille comme la mienne.

IPHICRATE.

Ah ! madame, c'est vous qui voulez être mère malgré tout le monde; il n'est point d'yeux qui ne s'y opposent; et si vous le vouliez, la princesse Ériphile ne seroit que votre sœur.

ARISTIONE.

Mon Dieu ! prince, je ne donne point dans

tous ces galimatias où donnent la plupart des femmes; je veux être mère, parce que je le suis; et ce seroit en vain que je ne le voudrois pas être. Ce titre n'a rien qui me choque, puisque de mon consentement je me suis exposée à le recevoir. C'est un foible de notre sexe, dont, grâce au ciel, je suis exempte; et je ne m'embarrasse point de ces grandes disputes d'âge sur quoi nous voyons tant de folles. Revenons à notre discours. Est-il possible que jusqu'ici vous n'ayez pu connoître où penche l'inclination d'Ériphile?

IPHICRATE.

Ce sont obscurités pour moi.

TIMOCLÈS.

C'est pour moi un mystère impénétrable.

ARISTIONE.

La pudeur peut-être l'empêche de s'expliquer à vous et à moi. Servons-nous de quelque autre pour découvrir le secret de son cœur. Sostrate, prenez de ma part cette commission, et rendez cet office à ces princes, de savoir adroitement de ma fille vers qui des deux ses sentiments peuvent tourner.

SOSTRATE.

Madame, vous avez cent personnes dans votre cour sur qui vous pourriez mieux verser l'honneur d'un tel emploi: et je me sens mal propre à bien exécuter ce que vous souhaitez de moi.

ARISTIONE.

Votre mérite, Sostrate, n'est point borné aux

seuls emplois de la guerre : vous avez de l'esprit, de la conduite, de l'adresse ; et ma fille fait cas de vous.

SOSTRATE.

Quelque autre mieux que moi, madame...

ARISTIONE.

Non, non ; en vain vous vous en défendez.

SOSTRATE.

Puisque vous le voulez, madame, il vous faut obéir ; mais je vous jure que dans toute votre cour vous ne pouviez choisir personne qui ne fût en état de s'acquitter beaucoup mieux que moi d'une telle commission.

ARISTIONE.

C'est trop de modestie, et vous vous acquitterez toujours bien de toutes les choses dont on vous chargera. Découvrez doucement les sentiments d'Ériphile, et faites-la ressouvenir qu'il faut se rendre de bonne heure dans le bois de Diane.

SCÈNE III.

IPHICRATE, TIMOCLÈS, SOSTRATE, CLITIDAS.

IPHICRATE, à Sostrate.

Vous pouvez croire que je prends part à l'estime que la princesse vous témoigne.

TIMOCLÈS, à Sostrate.

Vous pouvez croire que je suis ravi du choix que l'on a fait de vous.

ACTE I, SCÈNE III.

IPHICRATE.

Vous voilà en état de servir vos amis.

TIMOCLÈS.

Vous avez de quoi rendre de bons offices aux gens qu'il vous plaira.

IPHICRATE.

Je ne vous recommande point mes intérêts.

TIMOCLÈS.

Je ne vous dis point de parler pour moi.

SOSTRATE.

Seigneurs, il seroit inutile. J'aurois tort de passer les ordres de ma commission ; et vous trouverez bon que je ne parle ni pour l'un ni pour l'autre.

IPHICRATE.

Je vous laisse agir comme il vous plaira.

TIMOCLÈS.

Vous en userez comme vous voudrez.

SCÈNE IV.

IPHICRATE, TIMOCLÈS, CLITIDAS.

IPHICRATE, bas, à Clitidas.

Clitidas se ressouvient bien qu'il est de mes amis ; je lui recommande toujours de prendre mes intérêts auprès de sa maîtresse contre ceux de mon rival.

CLITIDAS, bas, à Iphicrate.

Laissez-moi faire. Il y a bien de la comparaison de lui à vous ! et c'est un prince bien bâti pour vous le disputer !

IPHICRATE, *bas, à Clitidas.*

Je reconnoîtrai ce service.

SCÈNE V.

TIMOCLÈS, CLITIDAS.

TIMOCLÈS.

Mon rival fait sa cour à Clitidas ; mais Clitidas sait bien qu'il m'a promis d'appuyer contre lui les prétentions de mon amour.

CLITIDAS.

Assurément ; et il se moque de croire l'emporter sur vous. Voilà auprès de vous un beau petit morveux de prince.

TIMOCLÈS.

Il n'y a rien que je ne fasse pour Clitidas.

CLITIDAS, *seul.*

Belles paroles de tous côtés ! Voici la princesse ; prenons mon temps pour l'aborder.

SCÈNE VI.

ÉRIPHILE, CLÉONICE.

CLÉONICE.

On trouvera étrange, madame, que vous vous soyez ainsi écartée de tout le monde.

ÉRIPHILE.

Ah ! qu'aux personnes comme nous, qui sommes toujours accablées de tant de gens, un peu de solitude est parfois agréable ! et qu'après mille impertinents entretiens il est doux de s'entretenir avec ses pensées ! Qu'on me laisse ici promener toute seule.

CLÉONICE.

Ne voudriez-vous pas, madame, voir un petit essai de la disposition de ces gens admirables qui veulent se donner à vous ? Ce sont des personnes qui, par leurs pas, leurs gestes et leurs mouvements, expriment aux yeux toutes choses ; et on appelle cela pantomimes. J'ai tremblé à vous dire ce mot ; et il y a des gens de votre cour qui ne me le pardonneroient pas.

ÉRIPHILE.

Vous avez bien la mine, Cléonice, de me venir ici régaler d'un mauvais divertissement : car, grâce au ciel, vous ne manquez pas de vouloir produire indifféremment tout ce qui se présente à vous, et vous avez une affabilité qui ne rejette rien. Aussi est-ce à vous seule qu'on voit avoir recours toutes les muses nécessitantes ; vous êtes la grande protectrice du mérite incommodé ; et tout ce qu'il y a de vertueux indigents au monde va débarquer chez vous.

CLÉONICE.

Si vous n'avez pas envie de les voir, madame, il ne faut que les laisser là.

ÉRIPHILE.

Non, non, voyons-les ; faites-les venir.

CLÉONICE.

Mais peut-être, madame, que leur danse sera méchante.

ÉRIPHILE.

Méchante ou non, il la faut voir. Ce ne seroit avec vous que reculer la chose, et il vaut mieux en être quitte.

CLÉONICE.

Ce ne sera ici, madame, qu'une danse ordinaire ; une autre fois...

ÉRIPHILE.

Point de préambule, Cléonice ; qu'ils dansent.

FIN DU PREMIER ACTE.

SECOND INTERMÈDE.

ENTRÉE DE BALLET.

(Trois pantomimes dansent devant Ériphile.)

FIN DU SECOND INTERMÈDE.

ACTE SECOND.

SCÈNE I.
ÉRIPHILE, CLÉONICE.

ÉRIPHILE.

Voila qui est admirable. Je ne crois pas qu'on puisse mieux danser qu'ils dansent, et je suis bien aise de les avoir à moi.

CLÉONICE.

Et moi, madame, je suis bien aise que vous ayez vu que je n'ai pas si méchant goût que vous avez pensé.

ÉRIPHILE.

Ne triomphez point, vous ne tarderez guère à me faire avoir ma revanche. Qu'on me laisse ici.

SCÈNE II.
ÉRIPHILE, CLÉONICE, CLITIDAS.

CLÉONICE, *allant au-devant de Clitidas.*

Je vous avertis, Clitidas, que la princesse veut être seule.

CLITIDAS.

Laissez-moi faire, je suis homme qui sais ma cour.

SCÈNE III.

ÉRIPHILE, CLITIDAS.

CLITIDAS, en chantant.

La, la, la, la.

(Faisant l'étonné, en voyant Ériphile.)

Ah!

ÉRIPHILE, à Clitidas qui feint de vouloir s'éloigner.

Clitidas.

CLITIDAS.

Je ne vous avois pas vue là, madame.

ÉRIPHILE.

Approche. D'où viens-tu?

CLITIDAS.

De laisser la princesse votre mère qui s'en alloit vers le temple d'Apollon accompagnée de beaucoup de gens.

ÉRIPHILE.

Ne trouves-tu pas ces lieux les plus charmants du monde?

CLITIDAS.

Assurément. Les princes vos amants y étoient.

ÉRIPHILE.

Le fleuve Pénée fait ici d'agréables détours.

CLITIDAS.

Fort agréables. Sostrate y étoit aussi.

ÉRIPHILE.

D'où vient qu'il n'est pas venu à la promenade?

CLITIDAS.

Il a quelque chose dans la tête qui l'empêche de prendre plaisir à tous ces beaux régals. Il m'a voulu entretenir; mais vous m'avez défendu si expressément de me charger d'aucune affaire auprès de vous, que je n'ai point voulu lui prêter l'oreille, et que je lui ai dit nettement que je n'avois pas le loisir de l'entendre.

ÉRIPHILE.

Tu as eu tort de lui dire cela, et tu devois l'écouter.

CLITIDAS.

Je lui ai dit d'abord que je n'avois pas le loisir de l'entendre; mais après je lui ai donné audience.

ÉRIPHILE.

Tu as bien fait.

CLITIDAS.

En vérité, c'est un homme qui me revient, un homme fait comme je veux que les hommes soient faits, ne prenant point de manières bruyantes et des tons de voix assommants, sage et posé en toutes choses, ne parlant jamais que bien à à propos, point prompt à décider, point du tout exagérateur incommode; et, quelque beaux vers que nos poëtes lui aient récités, je ne lui ai jamais ouï dire : Voilà qui est plus beau que tout ce qu'a jamais fait Homère. Enfin c'est un homme pour qui je me sens de l'inclination; et, si j'étois princesse, il ne seroit point malheureux.

ÉRIPHILE.

C'est un homme d'un grand mérite assurément. Mais de quoi t'a-t-il parlé ?

ACTE II, SCÈNE III.

CLITIDAS.

Il m'a demandé si vous aviez témoigné grande joie au magnifique régal que l'on vous a donné, m'a parlé de votre personne avec des transports les plus grands du monde, vous a mise au-dessus du ciel, et vous a donné toutes les louanges qu'on peut donner à la princesse la plus accomplie de la terre, entremêlant tout cela de plusieurs soupirs qui disoient plus qu'il ne vouloit. Enfin, à force de le tourner de tous côtés, et de le presser sur la cause de cette profonde mélancolie dont toute la cour s'aperçoit, il a été contraint de m'avouer qu'il étoit amoureux.

ÉRIPHILE.

Comment, amoureux ! Quelle témérité est la sienne ! C'est un extravagant que je ne verrai de ma vie.

CLITIDAS.

De quoi vous plaignez-vous, madame ?

ÉRIPHILE.

Avoir l'audace de m'aimer ! et, de plus, avoir l'audace de le dire !

CLITIDAS.

Ce n'est pas de vous, madame, dont il est amoureux.

ÉRIPHILE.

Ce n'est pas de moi ?

CLITIDAS.

Non, madame ; il vous respecte trop pour cela, et est trop sage pour y penser.

ÉRIPHILE.

Et de qui donc, Clitidas ?

CLITIDAS.

D'une de vos filles, la jeune Arsinoé.

ÉRIPHILE.

A-t-elle tant d'appas, qu'il n'ait trouvé qu'elle digne de son amour ?

CLITIDAS.

Il l'aime éperdument, et vous conjure d'honorer sa flamme de votre protection.

ÉRIPHILE.

Moi ?

CLITIDAS.

Non, non, madame ; je vois que la chose ne vous plaît pas. Votre colère m'a obligé à prendre ce détour ; et, pour vous dire la vérité, c'est vous qu'il aime éperdument.

ÉRIPHILE.

Vous êtes un insolent de venir ainsi surprendre mes sentiments. Allons, sortez d'ici, vous vous mêlez de vouloir lire dans les âmes, de vouloir pénétrer dans les secrets du cœur d'une princesse. Otez-vous de mes yeux, et que je ne vous voie jamais... Clitidas.

CLITIDAS.

Madame ?

ÉRIPHILE.

Venez ici ; je vous pardonne cette affaire-là.

CLITIDAS.

Trop de bonté, madame...

ÉRIPHILE.

Mais à condition, prenez bien garde à ce que je vous dis, que vous n'en ouvrirez la bouche à personne du monde, sur peine de la vie.

CLITIDAS.

Il suffit.

ÉRIPHILE.

Sostrate t'a donc dit qu'il m'aimoit?

CLITIDAS.

Non, madame; il faut vous dire la vérité. J'ai tiré de son cœur, par surprise, un secret qu'il veut cacher à tout le monde, et avec lequel il est, dit-il, résolu de mourir. Il a été au désespoir du vol subtil que je lui en ai fait; et, bien loin de me charger de vous le découvrir, il m'a conjuré, avec toutes les instantes prières qu'on sauroit faire, de ne vous en rien révéler; et c'est trahison contre lui que ce que je viens de vous dire.

ÉRIPHILE.

Tant mieux : c'est par son seul respect qu'il peut me plaire; et, s'il étoit si hardi que de me déclarer son amour, il perdroit pour jamais et ma présence et mon estime.

CLITIDAS.

Ne craignez point, madame...

ÉRIPHILE.

Le voici. Souvenez-vous au moins, si vous êtes sage, de la défense que je vous ai faite.

CLITIDAS.

Cela est fait, madame. Il ne faut pas être courtisan indiscret.

SCÈNE IV.

ÉRIPHILE, SOSTRATE.

SOSTRATE.

J'ai une excuse, madame, pour oser interrompre votre solitude, et j'ai reçu de la princesse votre mère une commission qui autorise la hardiesse que je prends maintenant.

ÉRIPHILE.

Quelle commission, Sostrate ?

SOSTRATE.

Celle, madame, de tâcher d'apprendre de vous vers lequel des deux princes peut incliner votre cœur.

ÉRIPHILE.

La princesse ma mère montre un esprit judicieux dans le choix qu'elle a fait de vous pour un pareil emploi. Cette commission, Sostrate, vous a été agréable sans doute, et vous l'avez acceptée avec beaucoup de joie ?

SOSTRATE.

Je l'ai acceptée, madame, par la nécessité que mon devoir m'impose d'obéir, et si la princesse avoit voulu recevoir mes excuses, elle auroit honoré quelque autre de cet emploi.

ÉRIPHILE.

Quelle cause, Sostrate, vous obligeoit à le refuser ?

SOSTRATE.

La crainte, madame, de m'en acquitter mal.

ÉRIPHILE.

Croyez-vous que je ne vous estime pas assez pour vous ouvrir mon cœur, et vous donner toutes les lumières que vous pourrez désirer de moi sur le sujet de ces deux princes?

SOSTRATE.

Je ne désire rien pour moi là-dessus, madame, et je ne vous demande que ce que vous croirez devoir donner aux ordres qui m'amènent.

ÉRIPHILE.

Jusqu'ici je me suis défendue de m'expliquer, et la princesse ma mère a eu la bonté de souffrir que j'aie reculé toujours ce choix qui me doit engager : mais je serai bien aise de témoigner à tout le monde que je veux faire quelque chose pour l'amour de vous; et, si vous m'en pressez, je rendrai cet arrêt qu'on attend depuis si long-temps.

SOSTRATE.

C'est une chose, madame, dont vous ne serez point importunée par moi; et je ne saurois me résoudre à presser une princesse qui sait trop ce qu'elle a à faire.

ÉRIPHILE.

Mais c'est ce que la princesse ma mère attend de vous.

SOSTRATE.

Ne lui ai-je pas dit aussi que je m'acquitterois mal de cette commission?

ÉRIPHILE.

Or çà, Sostrate, les gens comme vous ont toujours les yeux pénétrants, et je pense qu'il ne doit y avoir guère de choses qui échappent aux vôtres. N'ont-ils pu découvrir, vos yeux, ce dont tout le monde est en peine? et ne vous ont-ils point donné quelques petites lumières du penchant de mon cœur? Vous voyez les soins qu'on me rend, l'empressement qu'on me témoigne. Quel est celui de ces deux princes que vous croyez que je regarde d'un œil plus doux?

SOSTRATE.

Les doutes que l'on forme sur ces sortes de choses ne sont réglés d'ordinaire que par les intérêts qu'on prend.

ÉRIPHILE.

Pour qui, Sostrate, pencheriez-vous des deux? Quel est celui, dites-moi, que vous souhaiteriez que j'épousasse?

SOSTRATE.

Ah! madame, ce ne seront pas mes souhaits, mais votre inclination qui décidera de la chose.

ÉRIPHILE.

Mais si je me conseillois à vous pour ce choix?

SOSTRATE.

Si vous vous conseilliez à moi, je serois fort embarrassé.

ÉRIPHILE.

Vous ne pourriez pas dire qui des deux vous semble plus digne de cette préférence?

SOSTRATE.

Si l'on s'en rapporte à mes yeux, il n'y aura

personne qui soit digne de cet honneur. Tous les princes du monde seront trop peu de chose pour aspirer à vous ; les dieux seuls y pourront prétendre ; et vous ne souffrirez des hommes que l'encens et les sacrifices.

ÉRIPHILE.

Cela est obligeant, et vous êtes de mes amis : mais je veux que vous me disiez pour qui des deux vous vous sentez plus d'inclination, quel est celui que vous mettez le plus au rang de vos amis.

SCÈNE V.

ÉRIPHILE, SOSTRATE, CHORÈBE.

CHORÈBE.

Madame, voilà la princesse qui vient vous prendre ici pour aller au bois de Diane.

SOSTRATE, *à part.*

Hélas ! petit garçon, que tu es venu à propos !

SCÈNE VI.

ARISTIONE, ÉRIPHILE, IPHICRATE, TIMOCLÈS, SOSTRATE, ANAXARQUE, CLITIDAS.

ARISTIONE.

On vous a demandée, ma fille ; et il y a des gens que votre absence chagrine fort.

ÉRIPHILE.

Je pense, madame, qu'on m'a demandée par compliment ; et on ne s'inquiète pas tant qu'on vous dit.

ARISTIONE.

On enchaîne pour nous ici tant de divertissements les uns aux autres, que toutes nos heures sont retenues ; et nous n'avons aucun moment à perdre, si nous voulons les goûter tous. Entrons vite dans le bois, et voyons ce qui nous y attend. Ce lieu est le plus beau du monde, prenons vite nos places.

FIN DU SECOND ACTE.

TROISIÈME INTERMÈDE.

Le théâtre représente un bois consacré à Diane.

LA NYMPHE DE TEMPÉ.

Venez, grande princesse, avec tous vos appas,
Venez prêter vos yeux aux innocents débats
　　Que notre désert vous présente :
N'y cherchez point l'éclat des fêtes de la cour ;
　　On ne sent ici que l'amour,
　　Ce n'est que l'amour qu'on y chante.

PASTORALE.

SCÈNE I.

TIRCIS.

Vous chantez sous ces feuillages,
　Doux rossignols pleins d'amour ;
　Et de vos tendres ramages
　Vous réveillez tour à tour
　　Les échos de ces bocages :
　Hélas ! petits oiseaux, hélas !
Si vous aviez mes maux, vous ne chanteriez pas.

SCÈNE II.

LICASTE, MÉNANDRE, TIRCIS.

LICASTE.

Hé quoi! toujours languissant, sombre et triste?

MÉNANDRE.

Hé quoi! toujours aux pleurs abandonné?

TIRCIS.

Toujours adorant Caliste,
Et toujours infortuné.

LICASTE.

Dompte, dompte, berger, l'ennui qui te possède.

TIRCIS.

Hé! le moyen, hélas!

MÉNANDRE.

Fais, fais-toi quelque effort.

TIRCIS.

Hé! le moyen, hélas! quand le mal est trop fort?

LICASTE.

Ce mal trouvera son remède.

TIRCIS.

Je ne guérirai qu'à la mort.

LICASTE ET MÉNANDRE.

Ah! Tircis!

TIRCIS.

Ah! bergers!

LICASTE ET MÉNANDRE.

Prends sur toi plus d'empire.

TIRCIS.

Rien ne me peut secourir.

LICASTE ET MÉNANDRE.

C'est trop, c'est trop céder.

TIRCIS.
C'est trop, c'est trop souffrir.
LICASTE ET MÉNANDRE.
Quelle foiblesse !
TIRCIS.
Quel martyre !
LICASTE ET MÉNANDRE.
Il faut prendre courage.
TIRCIS.
Il faut plutôt mourir.
LICASTE.
Il n'est point de bergère
Si froide et si sévère
Dont la pressante ardeur
D'un cœur qui persévère
Ne vainque la froideur.
MÉNANDRE.
Il est dans les affaires
Des amoureux mystères
Certains petits moments
Qui changent les plus fières,
Et font d'heureux amants.
TIRCIS.
Je la vois, la cruelle,
Qui porte ici ses pas :
Gardons d'être vus d'elle;
L'ingrate, hélas !
N'y viendroit pas.

SCÈNE III.
CALISTE.

Ah ! que sur notre cœur
La sévère loi de l'honneur
Prend un cruel empire !
Je ne fais voir que rigueurs pour Tircis ;
Et cependant, sensible à ses cuisants soucis,
De sa langueur en secret je soupire,
Et voudrois bien soulager son martyre.
C'est à vous seuls que je le dis,
Arbres, n'allez pas le redire.
Puisque le ciel a voulu nous former
Avec un cœur qu'amour peut enflammer,
Quelle rigueur impitoyable
Contre des traits si doux nous force à nous armer!
Et pourquoi, sans être blâmable,
Ne peut-on pas aimer
Ce que l'on trouve aimable ?
Hélas ! que vous êtes heureux,
Innocents animaux, de vivre sans contrainte,
Et de pouvoir suivre sans crainte
Les doux emportements de vos cœurs amoureux !
Hélas, petits oiseaux, que vous êtes heureux
De ne sentir nulle contrainte,
Et de pouvoir suivre sans crainte
Les doux emportements de vos cœurs amoureux!
Mais le sommeil sur ma paupière
Verse de ses pavots l'agréable fraîcheur :
Donnons-nous à lui tout entière ;
Nous n'avons point de loi sévère
Qui défende à nos sens d'en goûter la douceur.

(*Elle s'endort sur un lit de gazon.*)

SCÈNE IV.

CALISTE, ENDORMIE; TIRCIS, LISCASTE, MÉNANDRE.

TIRCIS.

Vers ma belle ennemie
Portons sans bruit nos pas,
Et ne réveillons pas
Sa rigueur endormie.

TOUS TROIS.

Dormez, dormez, beaux yeux, adorables vainqueurs;
Et goûtez le repos que vous ôtez aux cœurs.

TIRCIS.

Silence, petits oiseaux;
Vents, n'agitez nulle chose;
Coulez doucement, ruisseaux :
C'est Caliste qui repose.

TOUS TROIS.

Dormez, dormez, beaux yeux, adorables vainqueurs;
Et goûtez le repos que vous ôtez aux cœurs.

CALISTE, en se réveillant, à Tircis.

Ah! quelle peine extrême!
Suivra partout mes pas!

TIRCIS.

Que voulez-vous qu'on suive, hélas!
Que ce qu'on aime?

CALISTE.

Berger, que voulez-vous?

TIRCIS.

Mourir, belle bergère,
Mourir à vos genoux,
Et finir ma misère.
Puisqu'en vain à vos pieds on me voit soupirer,
Il y faut expirer.

CALISTE.

Ah! Tircis, ôtez-vous : j'ai peur que dans ce jo
La pitié dans mon cœur n'introduise l'amour.

LICASTE ET MÉNANDRE, ensemble.

Soit amour, soit pitié,
Il sied bien d'être tendre.
C'est par trop vous défendre,
Bergère, il faut se rendre
A sa longue amitié.
Soit amour, soit pitié,
Il sied bien d'être tendre.

CALISTE, à Tircis.

C'est trop, c'est trop de rigueur,
J'ai maltraité votre ardeur,
Chérissant votre personne ;
Vengez-vous de mon cœur,
Tircis, je vous le donne.

TIRCIS.

O ciel! bergers! Caliste! Ah! je suis hors de m
Si l'on meurt de plaisir, je dois perdre la vie.

LICASTE.

Digne prix de ta foi !

MÉNANDRE.

O sort digne d'envie !

SCÈNE V.

DEUX SATYRES, CALISTE, TIRCIS, LICASTE, MÉNANDRE.

PREMIER SATYRE, *à Caliste.*

Quoi ! tu me fuis, ingrate ; et je te vois ici
De ce berger à moi faire une préférence !

SECOND SATYRE.

Quoi ! mes soins n'ont rien pu sur ton indifférence ;
Et pour ce langoureux ton cœur s'est adouci !

CALISTE.

Le destin le veut ainsi ;
Prenez tous deux patience.

PREMIER SATYRE.

Aux amants qu'on pousse à bout
L'amour fait verser des larmes ;
Mais ce n'est pas notre goût,
Et la bouteille a des charmes
Qui nous consolent de tout.

SECOND SATYRE.

Notre amour n'a pas toujours
Tout le bonheur qu'il désire ;
Mais nous avons un secours,
Et le bon vin nous fait rire
Quand on rit de nos amours.

TOUS.

Champêtres divinités,
Faunes, dryades, sortez
De vos paisibles retraites ;
Mêlez vos pas à nos sons,
Et tracez sur les herbettes
L'image de nos chansons.

SCÈNE VI.

CALISTE, TIRCIS, LICASTE, MÉNANDRE, FAUNES, DRYADES.

PREMIÈRE ENTRÉE DE BALLET.

(Danse des faunes et des dryades.)

SCÈNE VII.

CLIMÈNE, PHILINTE, CALISTE, TIRCIS, LICASTE, MÉNANDRE, FAUNES, DRYADES.

PHILINTE.

Quand je plaisois à tes yeux,
J'étois content de ma vie,
Et ne voyois rois ni dieux
Dont le sort me fît envie.

CLIMÈNE.

Lorsqu'à tout autre personne
Me préféroit ton ardeur,
J'aurois quitté la couronne
Pour régner dessus ton cœur.

PHILINTE.

Une autre a guéri mon âme
Des feux que j'avois pour toi.

CLIMÈNE.

Un autre a vengé ma flamme
Des foiblesses de ta foi.

PHILINTE.

Chloris, qu'on vante si fort,
M'aime d'une ardeur fidèle;

Si ses yeux vouloient ma mort,
Je mourrois content pour elle.
CLIMÈNE.
Myrtil, si digne d'envie,
Me chérit plus que le jour,
Et moi je perdrois la vie
Pour lui montrer mon amour.
PHILINTE.
Mais si d'une douce ardeur
Quelque renaissante trace
Chassoit Chloris de mon cœur
Pour te remettre en sa place ?
CLIMÈNE.
Bien qu'avec pleine tendresse
Myrtil me puisse chérir,
Avec toi, je le confesse,
Je voudrois vivre et mourir.
TOUS DEUX ENSEMBLE.
Ah ! plus que jamais aimons-nous,
Et vivons et mourons en des liens si doux.
TOUS LES ACTEURS DE LA PASTORALE.
Amants, que vos querelles
Sont aimables et belles !
Qu'on y voit succéder
De plaisirs, de tendresse !
Querellez-vous sans cesse
Pour vous raccommoder.

DEUXIÈME ENTRÉE DE BALLET.

(Les faunes et les dryades recommencent leurs danses, tandis que trois petites dryades et trois petits faunes font paroître dans l'enfoncement du théâtre tout ce qui se passe sur le devant. Ces danses sont entremêlées des chansons des bergers.)

CHOEUR DE BERGERS ET DE BERGÈRES.

Jouissons, jouissons des plaisirs innocents
Dont les feux de l'amour savent charmer nos sens.
Des grandeurs qui voudra se soucie ;
Tous ces honneurs dont on a tant d'envie
Ont des chagrins qui sont trop cuisants.
Jouissons, jouissons des plaisirs innocents
Dont les feux de l'amour savent charmer nos sens.
En aimant, tout nous plaît dans la vie :
Deux cœurs unis de leur sort sont contents :
Cette ardeur, de plaisirs suivie,
De tous nos jours fait d'éternels printemps.
Jouissons, jouissons des plaisirs innocents
Dont les feux de l'amour savent charmer nos sens.

FIN DU TROISIÈME INTERMÈDE.

ACTE TROISIÈME.

SCÈNE I.

ARISTIONE, IPHICRATE, TIMOCLÈS, ANAXARQUE, ÉRIPHILE, SOSTRATE, CLITIDAS.

ARISTIONE.

Les mêmes paroles toujours se présentent à dire ; il faut toujours s'écrier : Voilà qui est admirable ! il ne se peut rien de plus beau ! cela passe tout ce qu'on a jamais vu ?

TIMOCLÈS.

C'est donner de trop grandes paroles, madame, à de petites bagatelles.

ARISTIONE.

Des bagatelles comme celles-là peuvent occuper agréablement les plus sérieuses personnes. En vérité, ma fille, vous êtes bien obligée à ces princes, et vous ne sauriez assez reconnoître tous les soins qu'ils prennent pour vous.

ÉRIPHILE.

J'en ai, madame, tout le ressentiment qu'il est possible.

ARISTIONE.

Cependant vous les faites long-temps languir ;

sur ce qu'ils attendent de vous. J'ai promis de ne vous point contraindre ; mais leur amour vous presse de vous déclarer, et de ne plus traîner en longueur la récompense de leurs services. J'ai chargé Sostrate d'apprendre doucement de vous les sentimens de votre cœur ; et je ne sais pas s'il a commencé à s'acquitter de cette commission.

ÉRIPHILE.

Oui, madame ; mais il me semble que je ne puis assez reculer ce choix dont on me presse, et que je ne saurois le faire sans mériter quelque blâme. Je me sens également obligée à l'amour, aux empressements, aux services de ces deux princes ; et je trouve une espèce d'injustice bien grande à me montrer ingrate, ou vers l'un, ou vers l'autre, par le refus qu'il m'en faudra faire dans la préférence de son rival.

IPHICRATE.

Cela s'appelle, madame, un fort honnête compliment pour nous refuser tous deux.

ARISTIONE.

Ce scrupule, ma fille, ne doit point vous inquiéter ; et ces princes tous deux se sont soumis il y a long-temps à la préférence que pourra faire votre inclination.

ÉRIPHILE.

L'inclination, madame, est fort sujette à se tromper ; et des yeux désintéressés sont beaucoup plus capables de faire un juste choix.

ARISTIONE.

Vous savez que je suis engagée de parole à ne

rien prononcer là-dessus ; et parmi ces deux princes votre inclination ne peut point se tromper, et faire un choix qui soit mauvais.

ÉRIPHILE.

Pour ne point violenter votre parole ni mon scrupule, agréez, madame, un moyen que j'ose proposer.

ARISTIONE.

Quoi, ma fille ?

ÉRIPHILE.

Que Sostrate décide de cette préférence. Vous l'avez pris pour découvrir le secret de mon cœur, souffrez que je le prenne pour me tirer de l'embarras où je me trouve.

ARISTIONE.

J'estime tant Sostrate, que, soit que vous vouliez vous servir de lui pour expliquer vos sentiments, ou soit que vous vous en remettiez absolument à sa conduite ; je fais, dis-je, tant d'estime de sa vertu et de son jugement, que je consens de tout mon cœur à la proposition que vous me faites.

IPHICRATE.

C'est-à-dire, madame, qu'il nous faut faire notre cour à Sostrate.

SOSTRATE.

Non, seigneur, vous n'aurez point de cour à me faire ; et avec tout le respect que je dois aux princesses, je renonce à la gloire où elles veulent m'élever.

ARISTIONE.

D'où vient cela, Sostrate ?

SOSTRATE.

J'ai des raisons, madame, qui ne me permettent pas que je reçoive l'honneur que vous me présentez.

IPHICRATE.

Craignez-vous, Sostrate, de vous faire un ennemi ?

SOSTRATE.

Je craindrois peu, seigneur, les ennemis que je pourrois me faire en obéissant à mes souveraines.

TIMOCLÈS.

Par quelle raison donc refusez-vous d'accepter le pouvoir qu'on vous donne, et de vous acquérir l'amitié d'un prince qui vous devroit tout son bonheur ?

SOSTRATE.

Par la raison que je ne suis pas en état d'accorder à ce prince ce qu'il souhaiteroit de moi.

IPHICRATE.

Quelle pourroit être cette raison ?

SOSTRATE.

Pourquoi me tant presser là-dessus ? Peut-être ai-je, seigneur, quelque intérêt secret qui s'oppose aux prétentions de votre amour. Peut-être ai-je un ami qui brûle, sans oser le dire, d'une flamme respectueuse pour les charmes divins dont vous êtes épris. Peut-être cet ami me fait-il tous les jours confidence de son martyre, qu'il se plaint à moi tous les jours des rigueurs de sa destinée, et regarde l'hymen de la princesse ainsi que l'arrêt redoutable qui le doit pousser au tombeau ; et, si cela étoit, seigneur, seroit-il raisonnable que ce fût de ma main qu'il reçût le coup de sa mort ?

IPHICRATE.

Vous auriez bien la mine, Sostrate, d'être vous-même cet ami dont vous prenez les intérêts.

SOSTRATE.

Ne cherchez point, de grâce, à me rendre odieux aux personnes qui vous écoutent. Je sais me connoître, seigneur ; et les malheureux comme moi n'ignorent pas jusqu'où leur fortune leur permet d'aspirer.

ARISTIONE.

Laissons cela ; nous trouverons moyen de terminer l'irrésolution de ma fille.

ANAXARQUE.

En est-il un meilleur, madame, pour terminer les choses au contentement de tout le monde, que les lumières que le ciel peut donner sur ce mariage ? J'ai commencé, comme je vous ai dit, à jeter pour cela les figures mystérieuses que notre art nous enseigne ; et j'espère vous faire voir tantôt ce que l'avenir garde à cette union souhaitée. Après cela, pourra-t-on balancer encore ? La gloire et les prospérités que le ciel promettra ou à l'un ou à l'autre choix ne seront-elles pas suffisantes pour le déterminer ? et celui qui sera exclus pourra-t-il s'offenser quand ce sera le ciel qui décidera cette préférence ?

IPHICRATE.

Pour moi, je m'y soumets entièrement ; et je déclare que cette voie me semble la plus raisonnable.

TIMOCLÈS.

Je suis de même avis; et le ciel ne sauroit rien faire où je ne souscrive sans répugnance.

ÉRIPHILE.

Mais, seigneur Anaxarque, voyez-vous si clair dans les destinées, que vous ne vous trompiez jamais? et ces prospérités et cette gloire que vous dites que le ciel nous promet, qui en sera caution, je vous prie?

ARISTIONE.

Ma fille, vous avez une petite incrédulité qui ne vous quitte point.

ANAXARQUE.

Les épreuves, madame, que tout le monde a vues de l'infaillibilité de mes prédictions sont les cautions suffisantes des promesses que je puis faire. Mais enfin, quand je vous aurai fait voir ce que le ciel vous marque, vous vous réglerez là-dessus à votre fantaisie; et ce sera à vous à prendre la fortune de l'un ou de l'autre choix.

ÉRIPHILE.

Le ciel, Anaxarque, me marquera les deux fortunes fortunes qui m'attendent?

ANAXARQUE.

Oui, madame; les félicités qui vous suivront, si vous épousez l'un et les disgrâces qui vous accompagneront si vous épousez l'autre.

ÉRIPHILE.

Mais, comme il est impossible que je les épouse tous deux, il faut donc qu'on trouve écrit dans le ciel, non-seulement ce qui doit arriver, mais aussi ce qui ne doit pas arriver.

CLITIDAS, à part.

Voilà mon astrologue embarrassé.

ANAXARQUE.

Il faudroit vous faire, madame, une longue discussion des principes de l'astrologie, pour vous faire comprendre cela.

CLITIDAS.

Bien répondu. Madame, je ne dis point de mal de l'astrologie : l'astrologie est une belle chose, et le seigneur Anaxarque est un grand homme.

IPHICRATE.

La vérité de l'astrologie est une chose incontestable; et il n'y a personne qui puisse disputer contre la certitude de ses prédictions.

CLITIDAS.

Assurément.

TIMOCLÈS.

Je suis assez incrédule pour quantité de choses; mais pour ce qui est de l'astrologie, il n'y a rien de plus sûr et de plus constant que le succès des horoscopes qu'elle tire.

CLITIDAS.

Ce sont des choses les plus claires du monde.

IPHICRATE.

Cent aventures prédites arrivent tous les jours, qui convainquent les plus opiniâtres.

CLITIDAS.

Il est vrai.

TIMOCLÈS.

Peut-on contester sur cette matière les incidents célèbres dont les histoires nous font foi?

CLITIDAS.

Il faut n'avoir pas le sens commun. Le moyen de contester ce qui est moulé?

ARISTIONE.

Sostrate n'en dit mot. Quel est son sentiment là-dessus?

SOSTRATE.

Madame, tous les esprits ne sont pas nés avec les qualités qu'il faut pour la délicatesse de ces belles sciences qu'on nomme curieuses; et il y en a de si matériels, qu'ils ne peuvent aucunement comprendre ce que d'autres conçoivent le plus facilement du monde. Il n'est rien de plus agréable, madame, que toutes les grandes promesses de ces connoissances sublimes. Transformer tout en or, faire vivre éternellement, guérir par des paroles, se faire aimer de qui l'on veut, savoir tous les secrets de l'avenir, faire descendre comme on veut du ciel sur des métaux des impressions de bonheur, commander aux démons, se faire des armées invisibles et des soldats invulnérables, tout cela est charmant sans doute, et il y a des gens qui n'ont aucune peine à en comprendre la possibilité, cela leur est le plus aisé du monde à concevoir : mais pour moi, je vous avoue que mon esprit grossier a quelque peine à le comprendre et à le croire; j'ai toujours trouvé cela trop beau pour être véritable. Toutes ces belles raisons de sympathie, de force magnétique, et de vertu occulte, sont si subtiles et délicates, qu'elles échappent à mon sens matériel ; et sans parler du reste, jamais il n'a été en ma puissance de concevoir comme on trouve écrit dans le ciel jusqu'aux plus petites particularités de la fortune du moindre homme. Quel rapport, quel commerce, quelle correspondance peut-il y avoir entre nous et des globes éloignés de notre terre d'une distance si effroyable ? Et d'où cette belle science enfin peut-elle être venue aux hommes ? Quel Dieu l'a révélée ? ou quelle expérience l'a pu former de l'observation de ce grand nombre d'astres qu'on n'a pu voir encore deux fois dans la même disposition ?

ANAXARQUE.

Il ne sera pas difficile de vous le faire concevoir.

SOSTRATE.

Vous serez plus habile que tous les autres.

CLITIDAS, à Sostrate.

Il vous fera une discussion de tout cela quand vous voudrez.

IPHICRATE, à Sostrate.

Si vous ne comprenez pas les choses, au moins les pouvez-vous croire sur ce que l'on voit tous les jours.

SOSTRATE.

Comme mon sang est si grossier qu'il n'a pu rien comprendre, mes yeux aussi sont si malheureux qu'ils n'on jamais rien vu.

IPHICRATE.

Pour moi, j'ai vu, et des choses tout-à-fait convaincantes.

TIMOCLÈS.

Et moi aussi.

SOSTRATE.

Comme vous avez vu, vous faites bien de croire; et il faut que vos yeux soient faits autrement que les miens.

IPHICRATE.

Mais enfin la princesse croit à l'astrologie; et il me semble qu'on y peut bien croire après elle. Est-ce que madame, Sostrate, n'a pas de l'esprit et du sens?

SOSTRATE.

Seigneur, la question est un peu violente. L'esprit de la princesse n'est pas une règle pour le mien; et son intelligence peut l'élever à des lumières où mon sens ne peut atteindre.

ARISTIONE.

Non, Sostrate, je ne vous dirai rien sur quantité de choses auxquelles je ne donne guère plus de créance que vous. Mais, pour l'astrologie, on m'a dit et fait voir des choses si positives, que je ne la puis mettre en doute.

SOSTRATE.

Madame, je n'ai rien à répondre à cela.

ARISTIONE.

Quittons ce discours, et qu'on nous laisse un moment. Dressons notre promenade, ma fille, vers cette belle grotte où j'ai promis d'aller. Des galanteries à chaque pas!

FIN DU TROISIÈME ACTE.

QUATRIÈME INTERMÈDE.

Le théâtre représente une grotte.

ENTRÉE DE BALLET.

(Huit statues, portant chacune deux flambeaux, font une danse variée de plusieurs figures et de plusieurs attitudes, où elles demeurent par intervalles.)

FIN DU QUATRIÈME INTERMÈDE.

ACTE QUATRIÈME.

SCÈNE I.

ARISTIONE, ÉRIPHILE.

ARISTIONE.

De qui que cela soit, on ne peut rien de plus galant et de mieux entendu. Ma fille, j'ai voulu me séparer de tout le monde pour vous entretenir ; et je veux que vous ne me cachiez rien de la vérité. N'auriez-vous point dans l'âme quelque inclination secrète que vous ne voulez pas nous dire ?

ÉRIPHILE.

Moi, madame ?

ARISTIONE.

Parlez à cœur ouvert, ma fille. Ce que j'ai fait pour vous mérite bien que vous usiez avec moi de franchise. Tourner vers vous toutes mes pensées, vous préférer à toutes choses, et fermer l'oreille en l'état où je suis à toutes les propositions que cent princesses en ma place écouteroient avec bienséance ; tout cela vous doit assez persuader que je suis une bonne mère, et que je ne suis pas pour recevoir avec sévérité les ouvertures que vous pourriez me faire de votre cœur.

ÉRIPHILE.

Si j'avois si mal suivi votre exemple, que de m'être laissé aller à quelques sentiments d'inclination que j'eusse raison de cacher, j'aurois, madame, assez de pouvoir sur moi-même pour imposer silence à cette passion, et me mettre en état de ne rien faire voir qui fût indigne de votre sang.

ARISTIONE.

Non, non, ma fille ; vous pouvez sans scrupule m'ouvrir vos sentiments. Je n'ai point renfermé votre inclination dans le choix de deux princes, vous pouvez l'étendre où vous voudrez : et le mérite auprès de moi tient un rang si considérable, que je l'égale à tout ; et, si vous m'avouez franchement les choses, vous me verrez souscrire sans répugnance au choix qu'aura fait votre cœur.

ÉRIPHILE.

Vous avez des bontés pour moi, madame, dont je ne puis assez me louer : mais je ne les mettrai point à l'épreuve sur le sujet dont vous me parlez ; et tout ce que je leur demande, c'est de ne point presser un mariage où je ne me sens pas encore bien résolue.

ARISTIONE.

Jusqu'ici je vous ai laissée assez maîtresse de tout, et l'impatience des princes vos amants... Mais quel bruit est-ce que j'entends ? Ah ! ma fille, quel spectacle s'offre à nos yeux ? Quelque divinité descend ici, et c'est la déesse Vénus qui semble nous vouloir parler.

SCÈNE II.

VÉNUS, ACCOMPAGNÉE DE QUATRE PETITS AMOURS DANS UNE MACHINE; ARISTIONE, ÉRIPHILE.

VÉNUS, à Aristione.

Princesse, dans tes soins brille un zèle exemplaire
Qui par les immortels doit être couronné ;
Et, pour te voir un gendre illustre et fortuné,
Leur main te veut marquer le choix que tu dois faire.
Ils t'annoncent tous, par ma voix,
La gloire et les grandeurs que, par ce digne choix,
Ils feront pour jamais entrer dans ta famille.
De tes difficultés termine donc le cours,
Et pense à donner ta fille
A qui sauvera tes jours.

SCÈNE III.

ARISTIONE, ÉRIPHILE.

ARISTIONE.

Ma fille, les dieux imposent silence à tous nos raisonnements. Après cela nous n'avons plus rien à faire qu'à recevoir ce qu'ils s'apprêtent à nous donner, et vous venez d'entendre distinctement leur volonté. Allons dans le premier temple les assurer de notre obéissance, et leur rendre grâces de leurs bontés.

SCÈNE IV.

ANAXARQUE, CLÉON.

CLÉON.

Voila la princesse qui s'en va ; ne voulez-vous pas lui parler ?

ANAXARQUE.

Attendons que sa fille soit séparée d'elle. C'est un esprit que je redoute, et qui n'est pas de trempe à se laisser mener ainsi que celui de sa mère. Enfin, mon fils, comme nous venons de voir par cette ouverture, le stratagème a réussi. Notre Vénus a fait des merveilles ; et l'admirable ingénieur qui s'est employé à cet artifice a si bien disposé tout, a coupé avec tant d'adresse le plancher de cette grotte, si bien caché ses fils de fer et tous ses ressorts, si bien ajusté ses lumières et habillé ses personnages, qu'il y a peu de gens qui n'y eussent été trompés ; et, comme la princesse Aristione est fort superstitieuse, il ne faut point douter qu'elle ne donne à pleine tête dans cette tromperie. Il y a long-temps, mon fils que je prépare cette machine, et me voilà bientôt au but de mes prétentions.

CLÉON.

Mais pour lequel des deux princes au moins dressez-vous tout cet artifice ?

ANAXARQUE.

Tous deux ont recherché mon assistance, et je leur promets à tous deux la faveur de mon art. Mais les présents du prince Iphicrate, et les promesses qu'il m'a faites, l'emportent de beaucoup sur tout ce qu'a pu faire l'autre : ainsi ce sera lui qui recevra les effets favorables de tous les ressorts que j'ai fait jouer : et comme son ambition me devra toute chose, voilà, mon fils, notre fortune faite. Je vais prendre mon temps pour affermir dans son erreur l'esprit de la princesse, pour la mieux prévenir encore par le rapport que je lui ferai voir adroitement des paroles de Vénus avec les prédictions des figures célestes que je lui dis que j'ai jetées. Va-t'en tenir la main au reste de l'ouvrage, préparer nos six hommes à se bien cacher dans leur barque derrière le rocher, à posément attendre le temps que la princesse Aristione vient tous les soirs se promener seule sur le rivage, à se jeter bien à propos sur elle ainsi que des corsaires, et donner lieu au prince Iphicrate de lui apporter ce secours qui, sur les paroles du ciel, doit mettre entre ses mains la princesse Ériphile. Ce prince est averti par moi; et, sur la foi de ma prédiction, il doit se tenir dans ce petit bois qui borde le rivage. Mais sortons de cette grotte; je te dirai en marchant toutes les choses qu'il faut bien observer. Voilà la princesse Ériphile, évitons sa rencontre.

SCÈNE V.

ÉRIPHILE.

Hélas! quelle est ma destinée! et qu'ai-je fait aux dieux pour mériter les soins qu'ils veulent prendre de moi?

SCÈNE VI.

ÉRIPHILE, CLÉONICE.

CLÉONICE.

Le voici, madame, que j'ai trouvé, et, à vos premiers ordres, il n'a pas manqué de me suivre.

ÉRIPHILE.

Qu'il approche, Cléonice; et qu'on nous laisse seuls un moment.

SCÈNE VII.

ÉRIPHILE, SOSTRATE.

ÉRIPHILE.

Sostrate? vous m'aimez?

SOSTRATE.

Moi, madame?

ÉRIPHILE.

Laissons cela, Sostrate; je le sais, je l'approuve, et vous permets de me le dire. Votre passion a paru à mes yeux accompagnée de tout le mérite qui me la pouvoit rendre agréable. Si ce n'étoit le rang où le ciel m'a fait naître, je puis vous dire que cette passion n'auroit pas été malheureuse, et que cent fois je lui ai souhaité l'appui d'une fortune qui pût mettre pour elle en pleine liberté les secrets sentiments de mon âme. Ce n'est pas, Sostrate, que le mérite seul n'ait à mes yeux tout le prix qu'il doit avoir, et que, dans dans mon cœur, je ne préfère les vertus qui sont en vous à tous les titres magnifiques dont les autres sont revêtus ; ce n'est pas même que la princesse ma mère ne m'ait assez laissé la disposition de mes vœux ; et je ne doute point, je vous l'avoue, que mes prières n'eussent pu tourner son consentement du côté que j'aurois voulu : mais il est des états, Sostrate, où il n'est pas honnête de vouloir tout ce qu'on peut faire. Il y a des chagrins à se mettre au-dessus de toutes choses ; et les bruits fâcheux de la renommée vous font trop acheter le plaisir qu'on trouve à contenter son inclination. C'est à quoi, Sostrate, je ne me serois jamais résolue ; et j'ai cru faire assez de fuir l'engagement dont j'étois sollicitée. Mais enfin les dieux veulent prendre eux-mêmes le soin de me donner un époux ; et tous ces longs délais avec lesquels j'ai reculé mon mariage, et que les bontés de la princesse ma mère ont accordés à mes désirs, ces délais, dis-je, ne me sont plus permis, et il me faut résoudre à subir cet arrêt du ciel. Soyez sûr, Sostrate, que c'est avec toutes les répugnances du monde que je m'abandonne à cet hyménée, et que, si j'avois pu être maîtresse de moi, où j'aurois été à vous, ou je n'aurois été à personne. Voilà, Sostrate, ce que j'avois à vous dire ; voilà ce que j'ai cru devoir à votre mérite, et la consolation que toute ma tendresse peut donner à votre flamme.

SOSTRATE.

Ah ! madame, c'en est trop pour un malheureux ! Je ne m'étois pas préparé à mourir avec tant de gloire ; et je cesse dans ce moment de me plaindre des destinées. Si elles m'ont fait naître dans un rang beaucoup moins élevé que mes désirs, elles m'ont fait naître assez heureux pour attirer quelque pitié du cœur d'une grande princesse ; et cette pitié glorieuse vaut des sceptres et des couronnes, vaut la fortune des plus grands princes de la terre. Oui, madame, dès que j'ai osé vous aimer (c'est vous, madame, qui voulez bien que je me serve de ce mot téméraire), dès que j'ai, dis-je, osé vous aimer, j'ai condamné d'abord l'orgueil de mes désirs, je me suis fait moi-même la destinée que je devois attendre. Le coup de mon trépas, madame, n'aura rien qui me surprenne, puisque je m'y étois préparé ; mais vos bontés le comblent d'un honneur que mon amour jamais n'eût osé espérer ; et je m'en vais mourir après cela le plus content et le plus glorieux de tous les hommes. Si je puis encore souhaiter quelque chose, ce sont deux grâces, madame, que je prends la hardiesse de vous demander à genoux ; de vouloir souffrir ma présence jusqu'à cet heureux hyménée qui doit mettre fin à ma vie, et, parmi cette grande gloire et ces longues prospérités que le ciel promet à votre union, de vous souvenir quelquefois de l'amoureux Sostrate. Puis-je, divine princesse, me promettre de vous cette précieuse faveur ?

ÉRIPHILE.

Allez, Sostrate, sortez d'ici. Ce n'est pas aimer mon repos que de me demander que je me souvienne de vous.

SOSTRATE.

Ah! madame, si votre repos...

ÉRIPHILE.

Otez-vous, vous dis-je, Sostrate; épargnez ma foiblesse, et ne m'exposez point à plus que je n'ai résolu.

SCÈNE VIII.

ÉRIPHILE, CLÉONICE.

CLÉONICE.

Madame, je vous vois l'esprit tout chagrin; vous plaît-il que vos danseurs, qui expriment si bien toutes les passions, vous donnent maintenant quelque épreuve de leur adresse?

ÉRIPHILE.

Oui, Cléonice. Qu'ils fassent tout ce qu'ils voudront, pourvu qu'ils me laissent à mes pensées.

FIN DU QUATRIÈME ACTE.

CINQUIÈME INTERMÈDE.

(Quatre pantomimes ajustent leurs gestes et leurs pas aux inquiétudes de la princesse.)

FIN DU CINQUIÈME INTERMÈDE.

ACTE CINQUIÈME.

SCÈNE I.
ÉRIPHILE, CLITIDAS.

CLITIDAS, *faisant semblant de ne point voir Ériphile.*

De quel côté porter mes pas ? où m'aviserai-je d'aller ? En quel lieu puis-je croire que je trouverai maintenant la princesse Ériphile ? Ce n'est pas un petit avantage que d'être le premier à porter une nouvelle. Ah ! la voilà ! Madame, je vous anonce que le ciel vient de vous donner l'époux qu'il vous destinoit.

ÉRIPHILE.

Hé ! laisse-moi, Clitidas, dans ma sombre mélancolie !

CLITIDAS.

Madame, je vous demande pardon ; je pensois faire bien de vous venir dire que le ciel vient de de vous donner Sostrate pour époux ; mais, puisque cela vous incommode, je rengaîne ma nouvelle, et m'en retourne droit comme je suis venu.

ÉRIPHILE.

Clitidas ! holà, Clitidas !

CLITIDAS.

Je vous laisse, madame, dans votre sombre mélancolie.

ÉRIPHILE.

Arrête, te dis-je; approche. Que viens-tu me dire?

CLITIDAS.

Rien, madame. On a parfois des empressements de venir dire aux grands de certaines choses dont ils ne se soucient pas, et je vous prie de m'excuser.

ÉRIPHILE.

Que tu es cruel!

CLITIDAS.

Une autre fois j'aurai la discrétion de ne vous pas venir interrompre.

ÉRIPHILE.

Ne me tiens point dans l'inquiétude. Qu'est-ce que tu viens m'annoncer?

CLITIDAS.

C'est une bagatelle de Sostrate, madame, que je vous dirai une autre fois, quand vous ne serez point embarrassée.

ÉRIPHILE.

Ne me fais point languir davantage, te dis-je, et m'apprends cette nouvelle.

CLITIDAS.

Vous la voulez savoir, madame?

ÉRIPHILE.

Oui, dépêche. Qu'as-tu à me dire de Sostrate?

CLITIDAS.

Une aventure merveilleuse, où personne ne s'attendoit.

ÉRIPHILE.

Dis-moi vite ce que c'est.

ACTE V, SCÈNE I.

CLITIDAS.

Cela ne troublera-t-il point, madame, votre sombre mélancolie ?

ÉRIPHILE.

Ah ! parle promptement.

CLITIDAS.

J'ai donc à vous dire, madame, que la princesse votre mère passoit presque seule dans la forêt par ces petites routes qui sont si agréables, lorsqu'un sanglier hideux (ces vilains sangliers-là font toujours du désordre, et l'on devroit les bannir des forêts biens policées) ; lors, dis-je, qu'un sanglier hideux, poussé, je crois, par des chasseurs, est venu traverser la route où nous étions. Je devrois vous faire peut-être, pour orner mon récit, une description étendue du sanglier dont je parle ; mais vous vous en passerez, s'il vous plaît, et je me contenterai de vous dire que c'étoit un fort vilain animal. Il passoit son chemin, et il étoit bon de ne lui rien dire, de ne point chercher de noise avec lui ; mais la princesse a voulu égayer sa dextérité, et de son dard, qu'elle lui a lancé un peu mal à propos, ne lui en déplaise, lui a fait au-dessus de l'oreille une assez petite blessure. Le sanglier, mal morigéné, s'est impertinemment détourné contre nous : nous étions là deux ou trois misérables qui avons pâli de frayeur : chacun gagnoit son arbre, et la princesse sans défense demeuroit exposée à la furie de la bête, lorsque Sostrate a paru, comme si les dieux l'eussent envoyé.

ÉRIPHILE.

Hé bien ! Clitidas ?

CLITIDAS.

Si mon récit vous ennuie, madame, je remettrai le reste à une autre fois.

ÉRIPHILE.

Achève promptement.

CLITIDAS.

Ma foi, c'est promptement de vrai que j'achèverai, car un peu de poltronnerie m'a empêché de voir tout le détail de ce combat ; et tout ce que je puis vous dire, c'est que, retournant sur la place, nous avons vu le sanglier mort, tout vautré dans son sang, et la princesse, pleine de joie, nommant Sostrate son libérateur et l'époux digne et fortuné que les dieux lui marquoient pour vous. A ces paroles, j'ai cru que j'en avois assez entendu ; et je me suis hâté de vous en venir, avant tous, apporter la nouvelle.

ÉRIPHILE.

Ah ! Clitidas, pouvois-tu m'en donner une qui me pût être plus agréable ?

CLITIDAS.

Voilà qu'on vient vous trouver.

SCÈNE II.

ARISTIONE, SOSTRATE, ÉRIPHILE, CLITIDAS.

ARISTIONE.

Je vois, ma fille, que vous savez déjà tout ce

que nous pourrions vous dire. Vous voyez que les dieux se sont expliqués bien plus tôt que nous n'eussions pensé : mon péril n'a guère tardé à nous marquer leurs volontés ; et l'on connoît assez que ce sont eux qui se sont mêlés de ce choix, puisque le mérite tout seul brille dans cette préférence. Aurez-vous quelque répugnance à récompenser de votre cœur celui à qui je dois la vie ? et refuserez-vous Sostrate pour époux ?

ÉRIPHILE.

Et de la main des dieux et de la vôtre, madame, je ne puis rien recevoir qui ne me soit fort agréable.

SOSTRATE.

Ciel ! n'est-ce point ici quelque songe tout plein de gloire dont les dieux me veulent flatter ? et quelque réveil malheureux ne me replongera-t-il point dans la bassesse de ma fortune ?

SCÈNE III.
ARISTIONE, ÉRIPHILE, SOSTRATE, CLÉONICE, CLITIDAS.

CLÉONICE.

Madame, je viens vous dire qu'Anaxarque a jusqu'ici abusé l'un et l'autre prince par l'espérance de ce choix, qu'ils poursuivent depuis long-temps, et qu'au bruit qui s'est répandu de votre aventure ils ont fait éclater tous deux leur ressentiment contre lui, jusque-là que, de paroles en paroles, les choses se sont échauffées, et il en a reçu quelques blessures dont on ne sait pas bien ce qui arrivera. Mais les voici.

SCÈNE IV.

ARISTIONE, ÉRIPHILE, IPHICRATE, TIMOCLÈS, SOSTRATE, CLÉONICE, CLITIDAS.

ARISTIONE.

Princes, vous agissez tous deux avec une violence bien grande, et si Anaxarque a pu vous offenser, j'étois pour vous en faire justice moi-même.

IPHICRATE.

Et quelle justice, madame, auriez-vous pu nous faire de lui, si vous la faites si peu à notre rang dans le choix que vous embrassez ?

ARISTIONE.

Ne vous êtes-vous pas soumis l'un et l'autre à ce que pourroient décider, ou les ordres du ciel, ou l'inclination de ma fille ?

TIMOCLÈS.

Oui, madame, nous nous sommes soumis à ce qu'ils pourroient décider entre le prince Iphicrate et moi, mais non pas à nous voir rebuter tous deux.

ARISTIONE.

Et si chacun de vous a bien pu se résoudre à souffrir une préférence, que vous arrive-t-il à tous deux où vous ne soyez préparés ? et que peuvent importer à l'un et l'autre les intérêts de son rival ?

IPHICRATE.

Oui, madame, il importe. C'est quelque consolation de se voir préférer un homme qui vous est égal ; et votre aveuglement est une chose épouvantable.

ARISTIONE.

Prince, je ne veux pas me brouiller avec une personne qui m'a fait tant de grâce que de me dire des douceurs : et je vous prie, avec toute l'honnêteté qu'il m'est possible, de donner à votre chagrin un fondement plus raisonnable ; de vous souvenir, s'il vous plaît, que Sostrate est revêtu d'un mérite qui s'est fait connoître à toute la Grèce, et que le rang où le ciel l'élève aujourd'hui va remplir toute la distance qui étoit entre lui et vous.

IPHICRATE.

Oui, oui, madame, nous nous en souviendrons. Mais peut-être aussi vous souviendrez-vous que deux princes outragés ne sont pas deux enne-nemis peu redoutables.

TIMOCLÈS.

Peut-être, madame, qu'on ne goûtera pas long-temps la joie du mépris qu'on fait de nous.

ARISTIONE.

Je pardonne toutes ces menaces aux chagrins d'un amour qui se croit offensé ; et nous n'en verrons pas avec moins de tranquillité la fête des jeux pythiens. Allons-y de ce pas ; et couronnons par ce pompeux spectacle cette merveilleuse journée.

FIN DU CINQUIÈME ACTE.

SIXIÈME INTERMÈDE.
FÊTE DES JEUX PYTHIENS.

(Le théâtre représente une grande salle en manière d'amphithéâtre, avec une grande arcade dans le fond, au-dessus de laquelle est une tribune fermée d'un rideau. Dans l'éloignement paroît un autel pour le sacrifice. Six ministres du sacrifice, habillés comme s'ils étoient presque nus, portant chacun une hache sur l'épaule, entrent par le portique au son des violons. Ils sont suivis de deux sacrificateurs et de la prêtresse.)

SCÈNE I.
LA PRÊTRESSE, SACRIFICATEURS, MINISTRES DU SACRIFICE, CHOEUR DE PEUPLES.

Chantez, peuples, chantez, en mille et mille lieux,
Du dieu que nous servons les brillantes merveilles ;
 Parcourez la terre et les cieux ;
Vous ne sauriez chanter rien de plus précieux,
 Rien de plus doux pour les oreilles.

PREMIER SACRIFICATEUR.

A ce dieu plein de force, à ce dieu plein d'appas,
 Il n'est rien qui résiste.

SECOND SACRIFICATEUR.

 Il n'est rien ici-bas
Qui par ses bienfaits ne subsiste.

LA PRÊTRESSE.

Toute la terre est triste
Quand on ne le voit pas.

INTERMÈDE VI, SCÈNE I.

CHOEUR.

Poussons à sa mémoire
Des concerts si touchants,
Que, du haut de sa gloire,
Il écoute nos chants.

PREMIÈRE ENTRÉE DE BALLET.

(Les six ministres du sacrifice, portant des haches, font entre eux une danse ornée de toutes les attitudes que peuvent exprimer des gens qui étudient leurs forces, après quoi ils se retirent aux deux côtés du théâtre.)

SCÈNE II.

LA PRÊTRESSE, SACRIFICATEURS, MINISTRES DU SACRIFICE, VOLTIGEURS, CHOEUR DE PEUPLES.

DEUXIÈME ENTRÉE DE BALLET.

(Six voltigeurs font paroître en cadence leur adresse sur des chevaux de bois, qui sont apportés par des esclaves.)

SCÈNE III.

LA PRÊTRESSE, SACRIFICATEURS, MINISTRES DU SACRIFICE, ESCLAVES, CONDUCTEURS D'ESCLAVES, CHOEUR DE PEUPLES.

TROISIÈME ENTRÉE DE BALLET.

(Quatre conducteurs d'esclaves amènent en cadence huit esclaves qui dansent pour marquer la joie qu'ils ont d'avoir recouvré la liberté.)

SCÈNE IV.

LA PRÊTRESSE, SACRIFICATEURS, MINISTRES DU SACRIFICE; HOMMES ET FEMMES ARMÉS A LA GRECQUE; CHOEUR DE PEUPLES.

QUATRIÈME ENTRÉE DE BALLET.

(Quatre hommes armés à la grecque, avec des tambours, et quatre femmes armées à la grecque, avec des timbres, font ensemble une manière de jeu pour les armes.)

SCÈNE V.

LA PRÊTRESSE, SACRIFICATEURS, MINISTRES DU SACRIFICE; HOMMES ET FEMMES ARMÉS A LA GRECQUE; UN HÉRAUT, TROMPETTES, UN TIMBALIER, CHOEUR DE PEUPLES.

(La tribune s'ouvre. Un héraut, six trompettes et un timbalier se mêlant à tous les instruments, annoncent la venue d'Apollon.)

CHOEUR.

Ouvrons tous nos yeux
A l'éclat suprême
Qui brille en ces lieux.

SCÈNE VI.

APOLLON, SUIVANTS D'APOLLON, LA PRÊTRESSE, SACRIFICATEURS, MINISTRES DU SACRIFICE; HOMMES et FEMMES ARMÉS A LA GRECQUE; UN HÉRAUT, TROMPETTES, UN TIMBALIER, CHOEUR DE PEUPLES.

(Apollon, au bruit des trompettes et des violons, entre par le portique, précédé de six jeunes gens qui portent des lauriers entrelacés autour d'un bâton, et un soleil d'or au-dessus, avec la devise royale en manière de trophée.)

CHOEUR.

Quelle grâce extrême!
Quel port glorieux!
Où voit-on des dieux
Qui soient faits de même?

CINQUIÈME ENTRÉE DE BALLET.

(Les suivants d'Apollon donnent leur trophée à tenir aux six ministres du sacrifice qui portent les haches, et commencent avec Apollon une danse héroïque.)

SIXIÈME ENTRÉE DE BALLET.

(Les six ministres du sacrifice portant les haches et les trophées, les quatre hommes et les quatre femmes armés à la grecque, se joignent en diverses manières à la danse d'Apollon et de ses suivants, tandis que la prêtresse, le sacrificateur et le chœur des peuples y mêlent leurs chants à diverses reprises, au son des timbales et des trompettes.)

FIN DU SIXIÈME INTERMÈDE.

VERS

Pour LE ROI, *représentant Apollon.*

Je suis la source des clartés,
Et les astres les plus vantés,
Dont le beau cercle m'environne,
Ne sont brillants et respectés,
Que par l'éclat que je leur donne.
Du char où je me puis asseoir,
Je vois le désir de me voir
Posséder la nature entière ;
Et le monde n'a son espoir
Qu'aux seuls bienfaits de ma lumière.
Bienheureuses de toutes parts,
Et pleines d'exquises richesses,
Les terres où de mes regards
J'arrête les douces caresses !

Pour M. LE GRAND, *suivant d'Apollon.*

Bien qu'auprès du soleil tout autre éclat s'efface,
S'en éloigner pourtant n'est pas ce que l'on veut,
Et vous voyez bien, quoi qu'il fasse,
Que l'on s'en tient toujours le plus près que l'on peut.

Pour le marquis DE VILLEROI, *suivant d'Apollon.*

De votre maître incomparable
Vous me voyez inséparable ;
Et le zèle puissant qui m'attache à ses vœux
Le suit parmi les eaux, le suit parmi les feux.

Pour le marquis DE RASSENT, *suivant d'Apollon.*

Je ne serai pas vain quand je ne croirai pas
Qu'un autre, mieux que moi, suive partout ses pas.

FIN DES AMANTS MAGNIFIQUES.

RÉFLEXIONS

SUR

LES AMANTS MAGNIFIQUES.

Louis XIV donna lui-même à Molière le sujet de cette pièce, qui ressemble pour le fond à celui de DON SANCHE D'ARAGON, de Pierre Corneille : l'auteur le traita avec la promptitude qu'il mettoit à exécuter les ordres du roi. Aussi cette comédie, dont la fable n'est qu'un cadre assez commun pour des divertissements, n'intéressa que la cour, pour laquelle elle avoit été composée : elle auroit paru froide sur le théâtre de Molière ; il ne l'y fit pas représenter.

Cependant elle est aujourd'hui très-curieuse, parce qu'elle montre quels étoient alors les préjugés des grands, parce qu'elle fait des allusions délicates à quelques anecdotes de la cour, et parce qu'elle donne une idée du ton qui régnoit parmi les courtisans.

Pendant le dix-septième siècle, quoique les sciences eussent fait de grands progrès, quoiqu'il y eût un grand nombre de philosophes aussi sages qu'éclairés, on croyoit encore assez généralement à l'astrologie : les grands surtout, s'exagérant l'importance de leur existence et de leurs actions, avoient l'orgueil et la foiblesse de penser que leur sort dépendoit du mouvement des astres, et que l'univers entier devoit prendre part à tout ce qui leur arrivoit. Anne d'Autriche, mère de Louis XIV, n'avoit pas été exempte de cette foiblesse ; et Victor-Amédée, ce duc de Savoie si fameux par les maux qu'il fit à la France, voulut avoir un astrologue pour partager sa retraite, comme s'il eût cru que les astres devoient influer même sur des jours qui n'étoient plus destinés qu'à l'obscurité et au repos. Il est à remarquer que ce prince ne mourut que dans le dix-huitième siècle. L'astrologue le plus fameux de l'époque que Molière a peinte s'appeloit Morin ; il avoit eu des succès dans la médecine ; mais, trouvant cette science trop incertaine, il s'étoit livré à l'astrologie, dont il croyoit les calculs beaucoup plus sûrs. Ce qu'il y a de singulier, c'est qu'on ne trouva rien d'extraordinaire dans cette conduite. Morin continua d'être estimé et considéré par la cour, et même par les savants. Descartes étoit en correspondance avec lui, et lui témoignoit beaucoup d'égards. Il se discrédita vingt ans avant la représentation des AMANTS MAGNIFIQUES, parce qu'il eut l'imprudence de prédire que Gassendi mourroit au mois d'août de l'année 1650. Ce savant, ayant eu le bonheur de faire mentir la prophétie, on se moqua du prophète ; et Molière, ami de Gassendi, dont il étoit l'élève, ne fut pas des derniers à s'amuser aux dépens de Morin. Cette folle crédulité, qui ne diminuoit pas le respect qu'on avoit pour la religion, ne doit pas nous sembler plus extraordinaire que les systèmes auxquels on se livra dans le siècle suivant. Les hommes de tous les temps se ressemblent : on est toujours sûr de les séduire et de les tromper, lorsqu'on leur fait espérer la connoissance de l'avenir. Molière attaqua l'astrologie en présence de la cour, et à une époque où, comme on le voit, elle avoit encore beaucoup de partisans : on ne doit donc pas s'étonner qu'il ait joint dans cette attaque le raisonnement à la plaisanterie. Ces détails nous paroissent longs aujourd'hui, parce que le préjugé qu'il combattoit n'existe plus.

Une grande princesse dut se reconnoître dans le caractère d'Ériphile, qui préfère à des rois dont elle est recherchée un simple gentilhomme (*). On sait que MADEMOISELLE, petite-fille de Henri IV, eut pour Lauzun une passion pareille, mais qui fut bien moins heureuse. Un an avant la représentation des AMANTS MAGNIFIQUES, Louis XIV avoit ordonné à cette princesse de renoncer à l'espoir d'épouser son amant ; et deux mois après, elle eut la douleur de le voir enfermer à Pignerol. Louis XIV donna le sujet de cette pièce à Molière, les mémoires du temps s'accordent à l'attester ; mais lui prescrivit-il de faire cette allusion ? rien n'est plus douteux. Il est plus naturel

---

(*) Voyez Discours préliminaire.

de croire que le roi dit à l'auteur de faire une comédie où deux princes se disputeroient en magnificence pour éblouir et charmer une princesse ; et que Molière, afin de donner de l'intérêt à un sujet si simple et si peu susceptible de fournir cinq actes, y joignit cet amour dont la peinture dut singulièrement réussir en présence d'une cour qui savoit toute cette intrigue. Il n'y eut que MADEMOISELLE qui dut souffrir.

On remarque dans cette pièce quelques traits légers contre les courtisans, et des peintures qui donnent une idée du ton de la cour de Louis XIV. Clitidas, qui, par ses plaisanteries, s'est acquis beaucoup de familiarité auprès de la reine et de la princesse, qui même jouit d'une certaine faveur, est fort recherché par les deux princes amants d'Ériphile : ils lui parlent comme s'il étoit leur égal, et l'on se doute bien qu'il se moque d'eux. Il y a deux scènes très-comiques où il leur promet séparément de les servir, et où il ne manque pas de rire de l'absent avec celui qui lui parle. Ce Clitidas est un plaisant de cour, tel qu'il y en avoit autrefois chez les princes : il est moins agréable que Moron de LA PRINCESSE D'ÉLIDE.

On a vu dans LE MISANTHROPE que les compliments exagérés étoient très à la mode à la cour de Louis XIV. Le désir d'être aimable rendoit ridicules ceux qui n'avoient pas assez d'esprit pour assaisonner les louanges qu'il étoit du bon ton de se donner réciproquement. On en trouve un exemple dans le rôle d'Iphicrate, l'un des amants d'Ériphile, qui fait la cour à la mère, de cette princesse afin de parvenir jusqu'à elle : il dit à cette mère, qui n'est nullement coquette, qu'il n'aime Ériphile que parce qu'elle est de son sang : « Je vous adore en elle, poursuit-il ; et vous pourriez passer pour les deux sœurs. » Ces compliments outrés ne réussissent pas, et deviennent l'objet des plaisanteries de la sage Aristione.

Quoique Louis XIV favorisât les lettres, il n'y avoit que les poëtes d'un mérite très-distingué qui eussent accès à la cour : tels étoient Racine, Boileau et Molière. Les autres, s'ils avoient besoin des grâces du prince, étoient obligés de s'adresser à des subalternes ; et quelques femmes de chambre avoient même voulu jouer avec eux le rôle de Mécène. Ce ridicule n'avoit point échappé à Molière. Il le peint dans une scène d'Ériphile et de Cléonice. Celle-ci vante beaucoup une pastorale : « Vous avez, lui dit la prin-
» cesse, une affabilité qui ne rejette rien. Aussi
» est-ce à vous seule qu'on voit avoir recours
» toutes les muses nécessitantes ; vous êtes la
» grande protectrice du mérite incommodé ; et
» tout ce qu'il y a de vertueux indigents dans
» le monde va chez vous. » Il étoit impossible de jeter un ridicule plus amer sur les protégés et la protectrice.

Les caprices et le dépit d'Ériphile lorsque Clitidas lui dit que Sostrate est amoureux d'elle sont parfaitement exprimés. On voit une femme qui ne veut pas découvrir sa passion, qui lutte contre l'aveu qu'elle brûle d'en faire, et qui passe alternativement de l'emportement à la douceur, de la dissimulation à la confiance. Cette scène charmante, où Molière a si bien pénétré dans le secret du cœur des femmes, est le texte de presque toutes les comédies de Marivaux.

L'intermède du second et du troisième acte offre une pastorale très-agréable : c'est ce que Molière a fait de mieux dans ce genre. On y remarque surtout une imitation de l'ode d'Horace, *Donec gratus eram*, qui est pleine de grâce et de délicatesse.

Le dénoûment de cette pièce est foible : il faut que Sostrate tue un sanglier pour l'emporter sur l'astrologue, qui a tramé une intrigue contre lui : de pareils moyens ne s'emploient point dans la bonne comédie. Molière ne fit pas imprimer LES AMANTS MAGNIFIQUES ; ils ne parurent qu'après sa mort. Dancourt essaya de les remettre au théâtre au commencement du dix-huitième siècle ; il y ajouta un prologue, et substitua de nouveaux intermèdes aux anciens. Cette tentive ne réussit pas.

TABLE

DES PIÈCES

CONTENUES DANS CE VOLUME.

Pages.

L'AVARE	1
Réflexions sur l'Avare..............	137
GEORGE DANDIN, OU LE MARI CONFONDU.	155
Réflexions sur Gorge Dandin........	233
M. DE POURCEAUGNAC................	243
Réflexions sur M. de Pourceaugnac..	331
LES AMANTS MAGNIFIQUES............	335
Réflexions sur les Amants magnifiques.	417

FIN DE LA TABLE.

www.ingramcontent.com/pod-product-compliance
Lightning Source LLC
Chambersburg PA
CBHW070922230426
43666CB00011B/2270